JN233911

リフレクティブ・フロー
マーケティング・コミュニケーション理論の新しい可能性

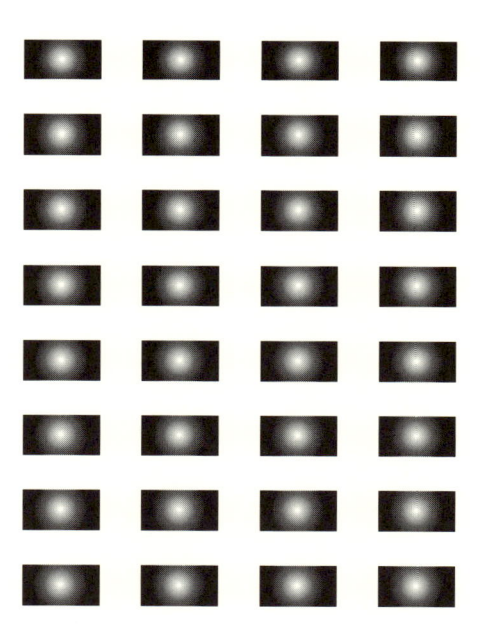

栗木 契
Kuriki Kei

東京 白桃書房 神田

まえがき

　事業活動の主体である企業は，購買活動の主体である消費者に向けて，マーケティングの諸活動を展開する．このとき，マーケティングの諸活動と，消費者との接点において，コミュニケーションが発生する．本書では，この広い意味でのマーケティング・コミュニケーションに目を向ける．「広い意味での」と述べたのは，マーケティング論では，マーケティング・コミュニケーションという言葉を，広告をはじめとするプロモーション活動に限定して用いる場合があるからである．

　マーケティングの諸活動が引き起こす消費者とのコミュニケーションは，二面的な性格をもっている．マーケティングによる消費者とのコミュニケーションは，消費者の生活課題や行動特性，あるいは社会や文化の規範や価値観を前提として行われる．しかし同時に，消費者の生活課題や行動特性，そして社会や文化の規範や価値観は，マーケティング・コミュニケーションが適応するべき単なる環境条件ではない．人々の生活課題や行動特性や規範や価値観は，絶えず変化していく．マーケティング・コミュニケーションは，この変化を推進する役割も果たしているのである．

　一般にマーケティング論では，製品の基本的な要件は，消費者の必要や欲求を満たすことだと考えられている．新製品が成功するためには，消費者の必要や欲求を満たすことが必要である．だが，マーケティング・コミュニケーションのなかで製品が果たす役割は，消費者の必要や欲求を満たす機能を提供することだけではない．新製品を見たり，使ったりすることは，消費者の新しい必要や欲求を触発する．つまり，一方で製品は，消費者の必要や欲求をつくりだしているのである．新しい店舗の形態，新しいアフターサービスのシステム，新しいプロモーションの手法，新しい価格体系を導入しようとする際にも，企業は同様に関係の二面性に直面する．

このマーケティング・コミュニケーションという，適応と創造の二面性をあわせもったプロセスを成り立たせているのは，どのようなメカニズムなのだろうか．この問題を，マーケティングの諸活動と，消費者が対象を知覚し評価する作動とが出会う，関係のインターフェイスにおいて考えることによって，マーケティングを理解するための新しい視点を提供する．これが本書の目的である．

　マーケティング・コミュニケーションは，情報伝達のための活動として理解されてきた．この視角は，マーケティング・コミュニケーションの諸活動を，企業の戦略的意図や，消費者のさまざまな生活課題や行動特性に還元して定式化していくのには有効である．しかし，マーケティング・コミュニケーションの諸活動を通じて，新しい生活課題や行動特性の創発がいかにして起こるのか，そしてそれはいかにして促進されるのかという問題を分析するのには適していない．

　この課題に対処するためには，コミュニケーションがもつ創発的な特性をとらえるための分析枠組みが必要である．このような問題意識から，マーケティングが歴史的に採用してきた諸活動を再検討するなかで，マーケティングの諸活動には，情報伝達という視角からとらえるかぎりでは必ずしも効率的とはいえない，詩的な表現や，美的な演出，色彩，サウンド，スタイル等のさまざまな表現要素が，繰り返し採用されてきたことに気がついた．本書では，それらの諸要素が果たしている役割を，リフレクティブ・フローという概念のもとで定式化することで，マーケティング・コミュニケーションの創発的な作動をとらえる，新しい分析枠組みを提示する．

　ほとんど手つかずともいえる，この領域におけるマーケティング研究を少しでも前進させたいと考え，着手した研究であったが，研究のプロセスでは問題の難しさと奥行きの深さを痛感させられた．完成にはほど遠い研究ではあるが，類書が少ないことを考え，あえて世に出してみることにした．

　本書は，1997年に神戸大学大学院経営学研究科に提出した博士論文をベースとしている．当初は，博士論文を加筆，修正したものを出版する予定であったが，いくつかの新しいアイデアを採り入れようとする間に5年を超える年月が経過してしまった．結局，博士論文の原型をとどめているのは2つの

章のみとなり，他の章は内容，構成を一新することになった．

　本書を執筆するにあたり，多くの方々からご指導，ご助言をいただいた．神戸大学での学部，大学院を通じての指導教官であった石井淳蔵先生には，この問題に取り組むことを勧めていただき，遅々として進まない研究を辛抱強く励ましていただいた．先生との出会いがなければ，私は，マーケティング研究の面白さに目を開くこともなく，おそらく別の人生を歩んでいたはずである．本書の執筆への助言だけではなく，研究の方向性，研究者としての姿勢など多くを学ばせていただいている．

　博士論文の審査をしていただいた田村正紀（流通科学大学），加護野忠男（神戸大学）の両先生からは貴重なご指導，ご助言をいただいた．大学院の先輩である，南知恵子（神戸大学），崔相鐵（流通科学大学），王怡人（広島大学），佐々木壮太郎（和歌山大学）の各先生には，折にふれ議論の相手になっていただくとともに，草稿にも目を通していただきご助言をいただいた．また，水垣源太郎先生（奈良女子大学）にも貴重な時間を費やして草稿を読んでいただき，改善すべきポイントを指摘していただいた．これらの方々からいただいたご指摘は，アイデアをより深く考え直す機会となった．

　石原武政（大阪市立大学），中西正雄（関西学院大学），山本昭二（関西学院大学），嶋口充輝（慶應義塾大学），和田充夫（慶應義塾大学），古川一郎（一橋大学），山下裕子（一橋大学），松井剛（一橋大学），坂下昭宣（神戸大学），郡司ペギオ幸夫（神戸大学），橋口理文（㈱リクルート）の各先生からは，研究会，学会などを通じて，さまざまなご示唆をいただくとともに，よい刺激を与えていただいた．

　また，一人一人のお名前を挙げることはできないが，日本商業学会，日本消費者行動研究学会をはじめとする諸学会，研究会では，多くの先生方から貴重なご指摘，ご示唆をいただいた．加えて，社会経済生産性本部，日本マーケティング協会，日本総合研究所，神戸大学大学院経営学研究科，岡山大学大学院経済学研究科において，実務家の方々の現場での経験を通じた生の情報やアイデアに触れることができたことも，貴重な機会となっている．心より謝意を表したい．

　なお，本書の研究に関連して，岡山大学産業経営研究会（岡山経済同友会

の助成），及びウエスコ学術振興財団より研究助成を得た．記して感謝したい．

　最後に，本書の出版を快く引き受けてくださり，完成に向けて丁寧なご助言と励ましをいただいた白桃書房の照井規夫さんに，心からのお礼を申し上げたい．

2002年11月

　　　　　　　　　　　　　　　　　　　　　　　　　栗　木　　契

目　次

まえがき

第1章　二重の運動としてのマーケティング ── 1

1. 消費社会の光景 …………………………………… 1
マーケティングの出現と消費社会の成立　1
変貌する消費の諸相　2

2. 資本の運動過程としてのマーケティング ………… 7
商業資本の運動過程　7
産業資本の運動過程　9
商業資本に依存する産業資本の運動過程　10
二重の運動過程としてのマーケティング　11

3. 本書の構成 ………………………………………… 14
二重の志向を実現するコミュニケーション　14
自省的な行為の主体とのコミュニケーション　15

第2章　ファッションの駆動力 ──────── 19

1. ファッションへの問い ……………………………… 19
はじめに　19
趨勢となるスタイルの絶えざる変化　20
ファッションの逆説　22

2. トリクル・ダウン理論 ……………………………… 24
絶えざる変化を構成する作動　24
階層間競争の理論であることの功罪　27

階層的序列の流動化　28
3. 模倣と差異化の文脈 …………………………………………… 31
実在から意識へ　31
メディアと産業の媒介　32
「自分らしさ」を実現する差異　34
4. 主体的他者依存 …………………………………………………… 37
差異化の奇跡と悲劇　37
「自己」の確立　39
自己と他者の相互反転の生み出すダイナミズム　41
5. マーケティング・コミュニケーションへの含意 ……… 44
消費のモデルの絶えざる更新　44
モデルの公共化とインターフェイスの分断化　45
未来の先取り　47
迂回化された提示　48
ファッションを喚起するためのコミュニケーション　50
6. 結語 …………………………………………………………………… 52

第3章　消費者情報処理の可能条件 ── 55

1. はじめに ……………………………………………………………… 55
シャドウ・ワーク　55
選択が触発する反射的作動　56
2. マーケティングの課題としての消費 …………………………… 58
消費者にとっての消費／マーケティングにとっての消費　58
やさしいことはむずかしい　60
3. 購買意思決定のための情報処理 ……………………………… 62
消費者情報処理のプロセス　62
情報処理のルールの選択　64
消費者情報処理におけるシャドウ・ワーク　65
4. 消費のジレンマ …………………………………………………… 67

  手段－目的の連鎖の功罪　67
  必要の相対化　69
  事業の定義　71
 5. 必要の相対化を超えて ……………………………… 72
  購買意思決定のドライビング・フォース　72
  循環する関係の輪　75
 6. マーケティングによる消費欲望の創発 ……………… 78
  消費欲望の起源　78
  商品との接触への誘導　80
  ブランドが触発する消費欲望　81
 7. 結語 ……………………………………………………… 84

第4章　競争的使用価値の再検討 ──────── 89

 1. マーケティングが直面する消費欲望のモデル ……… 89
  はじめに　89
  使用価値から競争的使用価値へ　90
  消費者志向モデル　91
 2. 消費者志向モデルの限界 ……………………………… 93
  消費者志向の正当性　93
  支配的イデオロギーへの適応　94
  商品の供給が消費を創出する　96
  広告の効果が消費を導く　98
  充足効果から依存効果へ　100
 3. 規定される欲望の自律性 ………………………………101
  マーケティング万能モデルの陥穽　101
  消費欲望の二面的性格　103
  競争による相殺　104
  消費者の抵抗力　106
 4. 競争的使用価値概念の意義と限界 ……………………107

使用価値をプロセスのなかで出現する作動としてとらえる　107

　　　偶有性のなかで使用価値を確立する作動をとらえる　109

第5章　記号が触発する作動 ─────── 113

1. はじめに ………………………………………………113

　　異化効果　113

　　モデル読者　114

2. 「読み」に媒介されたプロセス …………………116

　　競争的使用価値を超えて　116

　　操作概念をとらえなおす　118

3. 記号が直面する偶有性 ………………………120

　　情報としての商品　120

　　物語の構造　122

　　語られるプロセスにおける物語の体験　124

　　オープン・コンティンジェンシー構造の体験　126

　　物語の再演が直面する偶有性　129

4. 偶有性を超えて ………………………………130

　　観点を通じたコミュニケーション　130

　　商品の有用性を構成する　132

　　観点を通じて閉ざされる偶有性／開かれる偶有性　135

　　外示と共示　137

　　フレーム・メッセージ　138

　　「クリスマスの祈り」　140

　　他でもあり得る可能性の潜在化　141

5. 結語 ……………………………………………143

　　オープン・コンティンジェンシー構造　143

　　循環する解釈の軌道　144

第6章　広告を創発するユーモア ―――――― 147

1. はじめに ………………………………………………… 147
2. 反情報を用いた広告 …………………………………… 148
   広告のなかを行き交うユーモア　148
   ユーモアとは何か　150
   広告としてのユーモア　152
   問題の所在　154
3. 広告におけるユーモアの作動 ………………………… 156
   注意の喚起　156
   説得の受容　159
   商品を語らない広告　160
   なぜ，ユーモアが広告となるのか　161
4. 広告の可能条件 ………………………………………… 164
   なぜ，広告はユーモアを必要とするのか　164
   確からしさの起源　166
   仮構される妥当性　168
   広告のコミュニケーションの成立　169
5. 結語 ……………………………………………………… 171

第7章　リフレクティブ・フロー ―――――― 175

1. リフレクティブ・フロー ……………………………… 175
2. 市場のマネジメント …………………………………… 176
   市場における関係の創造　176
   優良企業の条件　178
   顧客と競争への対応　179
   市場のダイナミズム　180
   つくり出される現実　182
3. 対話を通じた市場の創造 ……………………………… 183
   顧客志向の罠　183

　　　　コロンブスの卵　185
　　　　顧客との対話　187
　　　　対話としての競争　189
　　　　他者による受容　190
　　　　妥当性の構成　191
　4. マーケティング・コミュニケーションに内在する
　　　リフレクティブ・フロー………………………………193
　　　　リフレクティブ・フローの作動　193
　　　　情報伝達型のコミュニケーションとの連動　194
　　　　リフレクティブ・フローの源泉　197
　　　　エクセレント・サービスの伝説　198
　　　　再帰的な作動を経由したコミュニケーション　200
　　　　リフレクティブ・フローの触媒としてのブランド　202
　　　　相対化の遮断　206
　5. マーケティング・コミュニケーションの可能性と
　　　限界………………………………………………………208
　　　　情報伝達型コミュニケーションの限界　208
　　　　リフレクティブ・フローがもたらす可能性と限界　210
　　　　マーケティング・コミュニケーションにおける反情報の役割　212

参考文献――――――――――――――――――――215

索　　引――――――――――――――――――――233

第1章

二重の運動としてのマーケティング

1. 消費社会の光景

†マーケティングの出現と消費社会の成立

　マーケティングの主題は，製品やサービスの販売にかかわる企業の計画，行動である．しかし，広く歴史のなかに見られる，さまざまな製品やサービスの販売にかかわる計画，行動の全てを，われわれはマーケティングと称するわけではない．森下二次也が言うように，マーケティングという概念の対象は，近代的な企業組織によって採用された，製品やサービスの販売にかかわる，特定の様式の計画，行動なのである[*1]．

　製品やサービスの販売にかかわる問題の中心を，このマーケティングという特殊な様式が占めるようになったのは，歴史的には20世紀初頭以降のこととみなされる．「マーケティング」という言葉が，今日われわれが日常用いるような意味で使われ始めたのは，アメリカにおいてである．この言葉がアメリカで定着するようになったのは，1920年代以降のことだと言われる[*2]．

　あわせて，われわれは，マーケティングがはたらきかける対象である消費の側にも目を向けておくべきであろう．19世紀半ばから20世紀初頭にかけて

[*1] 森下 (1993) pp.2-3.
[*2] 田村 (1971) p.95. 森下 (1993) p.3. なお，マーケティングの一般的な定義については，本書の177頁を参照のこと．

の時期に，アメリカにおける人々の消費生活は大きく変貌している．この変容は，欧米諸国にはじまり，その後わが国をはじめとする世界の多くの国々が体験したものである．その結果として，消費社会あるいは高度大衆消費時代と呼びうる状況が本格化する[*3]．

D. J. Boorstin は，この時期にアメリカの社会の日常生活を大きく変えていった一連の変容を，次のように語っている[*4]．

> 「アメリカ社会の変容のなかで，物を所有や羨望の対象から社会的伝達手段に変えた新しいアメリカの流儀ほどめざましいものはなかった．取得し使用する行為は新しい意味を持った．帽子や服や靴にいたるほとんどすべての物が，新しい社会のシンボルあるいは手段となった．今や人々は思想の内容よりは所有する物資によって結びつくようになった．…互いに見知らぬ人々が，所有者でさえ見分けることができないほど似通った物を同じように使用することにより結びつけられた．これらの消費者の社会は敏感で，非イデオロギー的で，民主的で，公共性を有し，漠然としており，変わりやすかった．」

† 変貌する消費の諸相

この時期にアメリカの社会が体験した消費生活の変容が，どのようなものであったかを簡単に振り返っておこう．

・**標準化された製品が，一定の規格のもとで大量に生産され，良質で安価な製品が豊富に社会に出回るようになった．**

大量に製品を生産し，柔軟に市場に供給する体制を，いちはやく確立したのは服飾産業であったと言われる[*5]．この革新を通じて，アメリカでは服装の民主主義が推進されていった．18世紀に大西洋を渡り，ヨーロッパの伝統社会からアメリカを訪れた人たちが気づいたのは，話し言葉によってその人の属する社会階級を識別することが困難なことであった．そしてさらに，19

[*3] 内田（1987）p.7. 吉見（1996）p.193.
[*4] Boorstin（1973）訳 p.110.
[*5] Ewen（1988）訳 p.317.

世紀の半ばごろには，旅行者たちは，人々の服装の一つの風変わりな点についても強い印象を受けるようになった．この国では，誰もが同じような衣服を着るようになっていて，服装によってその人の社会階級を見分けることは困難になっていたのである[*6]．

20世紀の初頭には，この服装の民主主義は，「衣服の革命」を通じて，より広範かつ堅固なものとなっていた[*7]．「衣服の革命」は，衣服の着用面と生産面とにおける二重の革命であった．それは，一面では，所属している社会階級や職業を示す衣服から，誰もが着る同じような衣服への変化であり，同時に，自家製あるいは注文生産の衣服から，工場で量産された既製服への変化であった．

人々の消費生活を導いていたのは，こうした二重の変化であった．既製服の量産化は，ミシンの発明と改良とともに進行していった．しかし，それは同時に，人体の統計的測定による標準サイズの設定という，需要を編成する新しい発想によっても支えられていた．工場で量産された既製服の大量の流通は，生産技術に加えて，標準化，規格化という「情報による消費の創出」によっても支えられていたのである[*8]．

・多くの商品がファッションと結びつくようになり，人々はファッションにしたがって必要なものを購入するようになった．

「情報による消費の創出」は，標準化，規格化に尽きるわけではない．さらに20世紀の前半，「既製服は，シルエットの劇的変化と歩調を合わせて増殖していった」と言われる[*9]．このファッションという現象は，「情報による消費の創出」のさらに高度な形式といえるだろう．ファッションは，衣服を選ぶ者の好みのばらつきを小さくすることで，効率的な大量生産の前提をつくり出す．しかし，ファッションは単なるスタイルの標準化ではない．ファッションとなるスタイルは，時間の流れの中で次々と変化していく．すな

---

* 6　Boorstin（1973）訳 pp.111-112.
* 7　Boorstin（1973）訳 pp.119-120.
* 8　Boorstin（1973）訳 pp.218-219.
* 9　Ewen & Ewen（1982）訳 p.237.

わち，ファッションの動態は，需要を標準化するだけでなく，需要を次々と新たなものへとつくり直すのである．

このダイナミックな「情報による消費の創出」を，ゼネラル・モーターズ (GM) 社は，自動車の生産と販売の局面で採用した．その直前まで，自動車の市場では，フォード社のT型フォードが，圧倒的な成功をおさめていた．フォード社は，標準的な単一車種を，合理的な生産工程で大量生産するという戦略を採用したことで，T型フォードの機能を大きく向上させる一方で，そのコストを劇的に低下させた．その結果，需要は増大し，需要の増大はさらなる大量生産によるコストの低下を推進した．この好循環のなかで，T型フォードはめざましい成功をおさめていた．

第一次世界大戦が終了したとき，地球上で走る自動車の2台に1台はT型フォードであったと言われる．T型フォードの1908年から1927年の間の生産台数累計は，1500万7033台であった．これは，トヨタ・カローラの歴代モデルの1966年から1998年までの生産台数累計が1981万4400台であったことと比較しても，大きな数字である[*10]．

T型フォードの成功は，消費社会の到来を画期づけるものであった．だが，この成功のエピソードは，消費社会の到達点を示すものではない．フォード社の確立したシステムは，複数車種と年々のモデルチェンジによって自動車を売る，GM社の戦略に敗れ去っていったのである[*11]．

この自動車という商品のファッション化を志向した，GM社の戦略は，デザインと広告をその両輪としていた．製品の大量の流通は，物質的，機械的な製品の実質を生みだす生産のしくみにおける効率の向上の所産であった．だが同時に，それは，日常生活のなかで利用する製品やサービスとその選択に関わる人々の考え方を，デザインや広告といった，製品の実質からすれば装飾的な要素を通じて，絶えずつくり直していこうとするしくみや活動の所

[*10] なお，1998年の時点での車種別累積生産記録のトップは，VW ビートルの2133万5800台である．朝日新聞，日曜版，1998.11.22.

[*11] 内田 (1987) pp.8-12. 加護野 (1988b) pp.116-121. Tedlow (1990) 訳 pp.185-206. 見田 (1996) pp.21-26. なお，フォード社がGM社に遅れをとった要因は，マーケティング上の問題に限られるわけではない．組織の面でもフォード社には問題があったことが知られている．

第1章　二重の運動としてのマーケティング　　**5**

産でもあったのである．

- **広告のあり方は，量的にも質的にもそれまでとは大きく異なったものとなり，人々を共通の標準的な商品に結びつける役割を果たすようになった．**

　このGM社が活用した「広告」においても，19世紀の後半以来，新しいスタイルへの転換が起こっていた[*12]．20世紀初頭の最大の広告媒体は，新聞であった．それ以前の新聞広告では，装飾性を欠いた字の詰まった雑多な広告が，小さなコラムで区切られた広告欄にびっしりと押し込められていた．

　だが，20世紀にはいるころには，大きな活字や，装飾的な字体，さし絵，そして紙面に残された白い空白部分，等々の価値が広く認められるようになっていった．広告は増大し，ますます大がかりなものとなっていく傾向をみせていた．新聞の広告欄は，地域社会の情報の掲示板から，全国広告による視覚的訴求の競演の場へと変わっていった．

　広告における説得は，従来の販売員による説得とは異なり，公共的，一般的な水準で展開されるものであった．販売員には，「この帽子はあなたにぴったりですよ」といった具合に，特定の個人に焦点を絞って説得を行うことが可能である．だが，広告は，そのような個別的な説得には不向きである．広告は，「この商品を買えば，周囲の人たちと同じように生活していることになる」ということを保証するものなのである[*13]．

　ところが，興味深いことに，実際に広告がくり返し伝えてきたのは，「この商品を買えば，周囲の人たちの一歩先を行くことになります」というメッセージであった[*14]．しかし，このメッセージは，広告として語られたとき，字義通りの意味とは裏腹に，メッセージを受容した人々を同じ消費に結びつけることになる．したがって，こうしたメッセージを，広告という公共的なコミュニケーションの水準で採用することは，その帰結を考えると，危うい賭とならざるをえない．だが，広告は，むしろ積極的にこの種の危ういメッ

[*12]　Boorstin（1973）訳 pp.162-168．
[*13]　Boorstin（1973）訳 pp.171-172．
[*14]　Ewen（1988）訳 p.87．

セージを用いることで，効果を発揮してきたのである[*15]．

　また，広告は，特定の商品に対する人々の忠誠心をひきだす．そして，この，商品を絆とした消費者たちの「共同体」は，さらに，ブランドや市場調査といった，市場に対する新たな手法によって，より確かなものとなっていった[*16]．

- **消費のための祝祭的な空間，儀礼が華やかに演出されるようになり，消費は公共的な空間で行われる匿名の行為となっていった．**

　消費者の宮殿，百貨店も，この時期に誕生し，繁栄した[*17]．百貨店は，都会の中心部に立地し，さまざまな種類の商品を扱う巨大な売り場を持ち，商品は部門別に陳列されていた．百貨店という，群衆の行き来する壮麗な消費のための宮殿は，積極的な新聞広告の活用とあいまって，買い物という行為に，威厳と重要性，そして公共性を付与した．

　また，百貨店の登場によって，誰もが，さまざまな種類と品質の商品が，魅力的かつ開放的に陳列されているただなかを，自由に歩きまわることができるようになった．高級品は，それ以前は，上流階級専門の店で，得意先となった顧客だけに見せられるものであった．だが，いまや誰もが百貨店に入り，最高級の品々を見ることができるようになった．買い物は，買い手が特定の生活の規範に従って商品を入手する行為であると同時に，その範囲を超えた商品の世界のなかを歩き回ることによって，新たな必要や欲求を自由に覚醒する行為となっていったのである．

　百貨店が，消費を新たな位相へと再編していった時期と前後して，他にもさまざまな新しい小売事業が，地域社会を越えた全国的な「消費の共同体」をつくりあげていった[*18]．チェーン・ストア，セルフサービス方式の安売り店，そして通信販売といった，新しい小売りの業態が全国に展開され，消

[*15] 現在でもマーケティングの世界では，こうした反コミュニケーションによるコミュニケーションが繰り返されている．Finkelstein (1996) 訳 pp.7-10.
[*16] 田村 (1971) p.100. Boorstin (1973) 訳 pp.175-184. 森下 (1993) p.161.
[*17] Boorstin (1973) 訳 pp.122-130.
[*18] Boorstin (1973) 訳 pp.131-153.

費者はますます似通った店舗で買い物をするようになった．

　そして，これらの商品の陳列や展示を重視し，店員と顧客の個人的で親密な接触の度合いを低下させた販売方法は，買い手と商品とのあいだに新しい関係をつくりだした．消費者は，店員との交渉や，顔なじみとなった彼らへの信頼ではなく，むしろ見慣れた包装や，全国的な銘柄を，重視し，信用して買い物をするようになっていったのである．

　祝祭についても，人々がただ陽気に騒ぐだけのものから，全国的な消費の饗宴へと変わっていった[*19]．それ以前には，商業上の意味はほとんどない民衆の祝日であったクリスマスが，ショッピングのシーズンとなった．クリスマスのシーズンに入ると，百貨店は特別の飾り付けをほどこし，深夜まで営業を行うようになった．新聞広告のピークは12月となり，贈答の対象となる多くの商品の販売が12月に集中するようになった．サンタクロースは，子供たちに宝物を運んでくる守護人へと生まれ変わり，人々のあいだには，クリスマス・ツリーを飾り，クリスマス・カードを互いに送りあう習慣が広まった．

　同様に，母の日も，母親に豪華な贈り物をする行事へと変容し，間もなく，父の日という行事が新たに創設されるに至った．

2. 資本の運動過程としてのマーケティング

†商業資本の運動過程

　19世紀の末頃から次第に支配的となっていった製品やサービスの販売にかかわる一連の諸活動は，アメリカにおける人々の消費生活を大きく変容させていった．これらの諸活動は，後にマーケティングと総称されるようになった．

　マーケティングの対象となる領域は，商品の規格やデザインの様式から，それを販売するための広告の手法や流通の業態，さらには，祝祭化された消費の饗宴をつくりだし，人々を新しい慣習にまきこんでいくためのさまざま

[*19] Boorstin（1973）訳 pp.184-192．

なしかけにまで及ぶ。この一見まとまりのない，雑多な諸活動が，「マーケティング」という一つの言葉によって総称されるようになっていったのである。それは，それらの諸活動が，産業資本の運動のなかから派生した新しいタイプの企業活動であったからだ，と言うことができる。

マーケティングを資本の運動過程としてとらえることで，その新しさを分析的に把握することができる。分析の前提となるのは，「商業資本の運動過程」と「産業資本の運動過程」という資本の運動過程の2つのモデルである[20]。

資本の運動過程，すなわち企業の資本が利潤の獲得によって増殖していく過程の原理的なモデルを考えてみることにしよう。企業は，資本を用いて利潤を獲得しようとする。利潤というものは，単一の交換過程からは発生しない。それは，少なくとも2つの交換過程を結合することによって与えられる。その結合の様式の違いにより，資本の運動過程にバリエーションが生じる。資本の運動過程の最も簡潔なモデルは，次のような形式で与えられる。

$$G - W - G' \qquad (G' = G + \triangle G) \qquad (1)$$

$$G：貨幣，W：商品$$

これは，「安い価格で買った商品を，別のところで高く売る」ことによって達成される資本の運動過程である。それは，かつての遠隔地間の交易において，貿易商人たちの手に莫大な利益をもたらした原理である[21]。この，遠隔地交易に代表される，(1)式に示されるような形式による資本増殖の過程は，「商業資本の運動過程」と称される。

商業資本の運動過程は，以下に示すように「売り」と「買い」の2つの交換過程に分解することができる。この売りと買いが異なる交換比率のもとで行われることが，商業資本の利潤の源泉である。すなわち，商業資本は，同じ商品 W の価格が，ある人々の価値体系のもとでは安く，別の人々の価値体系のもとでは高いということを発見し，この2つの価値体系のなかでの売

---

[20] 森下（1977）pp.71-75. 内田（1992）pp.80-82.
[21] 岩井（1984（1992））pp.17-18.

買を媒介することによって，利潤を獲得するのである．

$$価値体系\ \alpha : \underline{G-W} \qquad :商品を安く買う$$
$$\qquad\qquad\qquad\ |\quad\rightarrow\quad 利潤$$
$$価値体系\ \beta : \qquad \underline{W-G'} \qquad :商品を高く売る$$

†産業資本の運動過程

　利潤が発生するのは，財が購入されたときよりも高い価格で販売されるからである．したがって，利潤を獲得するためには，財が販売される際に，購入されたときとは異なる評価を受けるようにしなけらばならない．この「異なる評価」が，資本の運動過程にもたらすものは，商品の利幅の拡大すなわち粗利益率の上昇だけではない．「異なる評価」は，商品に対する強い需要，すなわち商品回転率の上昇をもたらす場合もある．両者をかけ合わせたものが，一定期間に資本が獲得する利潤の源泉となる．

　この「異なる評価」という，資本増殖の前提を，どのようにして確保するのかによって，資本の運動過程は大きく2つのモデルに区分される．同一の商品をめぐる異なる価値体系を発見し，そのあいだで売買を媒介する．これが，「商業資本の運動過程」であった．そこでは，利潤の源泉となる差異は，同一の商品に対する相対的な評価の違いでしかない．

　一方，利潤の源泉を，生産活動によって産出しようとするのが，「産業資本の運動過程」である．産業資本は，労働にもとづく生産により，$W \rightarrow W'$ という変換を達成し，そのことにより付加した価値の対価として利潤を獲得する．産業資本は，生産を通じてその運動を展開していく．このとき，商業資本に見られたような，相対的な評価の差異に利潤の源泉を依存することによる不安定さから，資本の運動は解放される．産業資本の運動過程のモデルは次のような形式で与えられる．

$$G-\underline{W\cdots P\cdots W'}-G' \qquad\qquad (G'=G+\triangle G) \qquad (2)$$
$$P：生産$$

この式の下線部分は生産過程を表している．産業資本は，評価の差異を媒介するのではなく，評価の対象となるものを自らが産出することによって差異をつくりだす．産業資本の運動には，資本増殖の前提となる差異を形成する活動が組み込まれている．

　だが，(2)式では明示されていない暗黙の前提，すなわち生産を遂行する労働とその対価の問題にまで視野を広げると，その相対的な評価の差異への依存をめぐる，商業資本の運動と産業資本の運動との原理的な違いはなくなる[22]．生産が価値を産出するためには，その前提として労働の評価をめぐる構造化された差異が用意されていなければならない．生産過程は，労働を通じて達成されるのであり，この労働そのものに対する対価と，生産過程のなかで労働が生み出す生産物に対する対価との間に一定の格差がなければ，生産は利潤を生みだすことができない．すなわち，それが商業資本であろうと，産業資本であろうと，資本の増殖過程は，最終的には何らかの「同一物に対する評価の差異」が存在することを前提に成り立っているのである．

　このように，商業資本の運動と産業資本の運動の両者は，共に同一物に対する何らかの評価の差異が存在することを前提に成立している．両者の違いは，その過程を駆動する際の前提としてどのような差異が必要とされるかの違いである．

†商業資本に依存する産業資本の運動過程

　産業資本の運動は，直接的には商業資本の運動とは異なった差異を利潤の源泉としている．とはいえ，産業資本の運動が，商業資本の運動と全く無関係に展開されるわけではない．生産をになう産業資本と販売をになう商業資本との社会的分業による相互補完は，歴史のなかで成立したさまざまな社会において広くみられる現象である．特に，19世紀の末ごろまでのアメリカでは，両者の境界線は明確であった．大部分の製造企業はただ製造するだけであり，卸売商を通じてその完成品を販売していたと言われる[23]．

　この産業資本と商業資本の接続によって生み出されるのは，2つの異質な

---

[22] 岩井 (1984 (1992)) pp.58-59.
[23] Chandler (1962) 訳 p.40.

資本の運動の単なる結合ではない．このとき，産業資本の運動と商業資本の運動とのあいだには,排除しつつ依存するという関係が生成する．産業資本の運動は,自らの運動過程から商業資本的な利潤の源泉を排除する一方で,その成立の前提条件を商業資本の運動によって支えられることになるのである．

このことは，以下のように説明される．原理的には，産業資本の運動過程が完了するのは，最終消費者とのあいだで売買が成立したときである．しかし，現実には，産業資本の多くは，直接に最終消費者との取引を行わない．商業資本が，最終消費者への売買の過程を肩代わりする．この関係を，森下二次也は次のように図式化している[*24]．

$$産業資本： G-W \cdots P \cdots W'-G'$$
$$商業資本： G'-W'-G''$$
$$消費者： G''-W'$$

商業資本が最終消費者への販売をひきうけ，産業資本からその生産物を購入する．このことにより発生する間接的な需要により，産業資本の運動過程における $W'-G'$ という関係が，実際の最終的な需要の発生に先立って仮構される．

産業資本による生産が，安定した価値の産出となるのは，$W'-G'$ という関係があらかじめ確立しているからにほかならない．この生産による価値産出の前提条件を，商業資本は，販売過程をひきうけ，産業資本の運動過程の最終的な完了に先立って $W'-G'$ の関係を出現させることによって支える．生産を通じた利潤獲得の運動は，産業資本から切り離された商業資本の運動があることによって，その成立のための前提を与えられる．

†二重の運動過程としてのマーケティング

ところが，以上のような関係のもとで，産業資本がその運動を拡張していくにつれて，運動は自己崩壊を引き起こす．産業資本の運動が商業資本との

[*24] 森下（1977）p.11.

間にかかえている,排除しつつ依存するという関係は,その逆説が顕在化しない限りにおいて産業資本の運動を支えている.しかし,産業資本の運動が高度化するにつれて,関係のねじれが顕在化し,運動を崩壊させる作動へと転化していくのである.

　生産方式の高度化は,生産による価値産出を拡大する一方で,その成立のための前提条件をゆるがすことになる.先述したように,生産による価値産出の源泉は,労働そのものの対価と,労働が産出する生産物の対価とのあいだの差異にある.生産方式の高度化は,生産過程の標準化や機械化により労働を安定的かつ安価に確保することを可能にし,生産過程における価値産出の基盤を強化する.しかし,その一方で,生産方式の高度化による生産力の向上は,$W'-G'$の変換が困難な水準にまで製品の供給を増大せしめ,産業資本を,「工場でつくるよりも市場で売るほうがはるかに難しい」,という事態に直面させるのである[*25].かくして,産業資本の運動は,販売の問題を商業資本に転嫁するだけでは成立しなくなる.

　この問題への対処としてマーケティングが生成し,それに連動して消費生活の再編が起こる.前節で見たような消費生活の変容がアメリカで起こったのは,森下が指摘するように,ちょうど,生産力の飛躍的な増大という可能性を手にした産業資本が,販売問題を自身の手で解決することを志向しはじめた時期だったのである[*26].

　ここで,販売問題に直面するということを,性急に,産業資本が全面的に商業資本の原理に回帰するということに結び付けてしまってはならない.実際に,この時期に製造企業が試みた対市場活動は,卸売部門の自社組織への統合や,セールスマンの直接雇用に限られるわけではない.併せて,製品の標準化や差別化,全国広告,ブランド,デザイン等々を重要視する動きも活発となっている[*27].前節で見たように,この後者の一連の活動は,消費生活を再編し,新たな消費社会を生成するものであった.

　内田隆三によれば,この後者の一連の対市場活動は,産業資本が,最終消

[*25]　内田（1992）p.81.
[*26]　森下（1993）pp.6-7.
[*27]　田村（1971）pp.95-124.　森下（1993）pp.160-162.

費者に向けた販売活動を商業資本に代わって直接手がける動きでもなければ，反対に販売における商業資本への依存を高めるという動きでもない．それは，製品とその販売における新たな局面を開発しようとするものであった．増大化する生産力の圧力を安全に処理するために，産業資本は，同一物に対する評価の差異を，商業資本のように発見し，媒介するのではなく，自ら産出，形成しようとしたのである．ここに，マーケティングの重要な特質がある．すなわち，マーケティングが導入するのは，価値は生産の局面だけではなく，評価の局面でもまた操作可能であるという考えと，その実践なのである．

　内田は，以上のようにマーケティングをとらえている．内田の分析は，マーケティングが，商業資本の運動と産業資本の運動の両者をなぞりながら，両者とは異なる運動を生成するものであることを明確に定式化している点で優れている．マーケティングには，二重の志向が内在している．マーケティングの「二重性」とは，端的には，マーケティングは適応の対象を自らがつくり出しつつ適応するプロセスだ，ということである[*28]．

　商品の価値の源泉をめぐっては，2つの考え方が成り立つであろう．商品の価値は，第1に，生産を通じて付加するものであり，第2に，同一物に対する評価の差異から生じるものである．商品は二重の価値の源泉をもつ．前者を，「内発的価値」，後者を「外発的価値」と呼ぶことにしよう．商品とは，生産されるものであり，かつ評価されるものなのである．この双方の源泉に依拠して資本の運動を展開することが可能である．産業資本の運動は，「内発的価値」に依拠した運動であり，商業資本の運動は，「外発的価値」に依拠した運動である．

　内田によれば，マーケティングは，この資本の運動の2つのモデルとは異なる，第3の可能性に向けられている．マーケティングは，「内発的価値」として形成された「外発的価値」に依拠して展開される．マーケティングが導く資本の運動は，商業資本の運動と同様に「外発的価値」に根ざすことになる．しかし，マーケティングは，商業資本のように「外発的価値」を発

[*28] 内田（1992）pp.82-83.

見，媒介の対象とするのではなく，生産，産出の対象とする．すなわち，マーケティングとは，「購買者の評価にこたえる」活動でありながら，同時にこれを自ら産出の対象へと転倒することによって，資本の運動の可能性の新たな局面を切り開こうとする活動なのである．

3. 本書の構成

†二重の志向を実現するコミュニケーション

　マーケティングという概念は，製品やサービスとその販売をめぐる企業の計画，行動の特殊な運動の様式に対応している．この様式には，適応の対象をつくり出しつつ適応するという二重の志向が内在している．

　商業資本において利潤が生じるのは，異なる価値体系のもとで「売り」と「買い」が評価されるからである．しかし，このような複数の価値体系が，常に利用可能なかたちで与えられていることを期待するわけにはいかない．

　そこで，この価値体系の差異に相当するものを，評価を受ける側が自ら創出しようとする．ここに，マーケティングの契機がある．マーケティングと総称される諸活動，すなわち製品やサービスの標準化や差別化，全国広告，ブランド，デザイン等に共通するのは，それらが消費者の評価を受けるものであると同時に，消費者の認識を一定の規範のもとに規格化する可能性を内包している点である．

　自らの産出物の価値の規定を，他者の評価に委ねつつ，その評価の作動を自らが主体的に構成しようとする．こうした二重の志向が，その萌芽期からマーケティングには内在していた．もちろん，現在では，マーケティングはより包括的な市場のマネジメントの体系へと発展を遂げている．しかし，マーケティングが，依然として，適応の対象をつくり出しつつ適応するという，ねじれた関係のもとで進行するプロセスであることも，また確かである．

　以下に本書の概要を提示しておこう．以下の各章では，マーケティングの諸活動が，消費者とのコミュニケーションの作動となることに注目する．なぜなら，マーケティングに見られる，適応の対象をつくり出しつつ適応する

という二重性をもった実践が可能となるのは，マーケティングの諸活動が，状況や情報に単に反応するだけの生命体ではない消費者を受け手としたコミュニケーションとなるからだと考えられるからである．消費者は，ものごとに反応するとともに，その反応を自覚化し，さらにそれを方向づけたり，形成したり，変化させたり，阻害したりする，自省的な行為の主体なのである．

† 自省的な行為の主体とのコミュニケーション

　企業が供給する製品やサービスは，消費者に評価される．そして，H. Blumer が言うように，消費者は，自省的な行為の主体である．消費は，消費者が単に空腹であることによって生じるのではなく，彼／彼女が空腹を自覚することによって生じるのである[*29]．この違いは重要である．すなわち，消費者の胃が空になれば，自動的に食事を行うという反応が生じるわけではない．仕事や遊びに熱中して，消費者は空腹に気づかないかもしれない．あるいは，空腹に気づいたとしても，仕事を優先して，すぐには食事に出かけないこともある．

　消費とは，消費者による自省的な行為である．以下の各章は，マーケティングの諸活動を，消費者という自省的な行為の主体とのコミュニケーションととらえることで，その二重の志向性を内包した作動に対する理解を深化させようとするものである．

　結論を先取りすれば，消費という自省的な行為に対処するために，マーケティングには，消費者を強制するのではなく，むしろ逆に消費者の主体性にそのコミュニケーションの帰結を委ねることによって，消費者の知覚や評価を規定しようとする志向性が組み込まれている．あるいは，マーケティングには，さまざまな局面で，再帰的な情報の流れを喚起する作動や，直截な情報の伝達を迂回化する反情報的な作動が組み込まれている．以下の各章は，こうしたマーケティングの諸活動から生じる，消費者とのコミュニケーションの作動のあり方を検討し，マーケティング・コミュニケーションに関わる新たな理論仮説を提示しようとするものである．

＊29　Blumer（1969）訳 p.81, pp.122-124．

第2章では，マーケティング・コミュニケーションがファッションを生成するメカニズムを検討する．消費のプロセスに，消費者が自省的な行為の主体として関わるとき，その行為者として自らの主体性を何らかのかたちで同定しなければならなくなる．この主体性の同定と，社会的な規範との相互作用のプロセスから，ファッションという現象が出現すると考えられる．マーケティングの諸活動は，消費のモデルを提示することで，この社会的な規範を広く消費者に提供する役割を果たしている．そして，マーケティングの諸活動に組み込まれた迂回的な情報伝達が，このファッションを構成する作動を増幅し，社会現象として拡張する役割を果たしていることが見いだされる．

第3章では，消費者の購買意思決定に，マーケティング・コミュニケーションが関わることで，消費欲望の創発が促進される可能性を検討する．消費欲望は，自省的な行為の主体である消費者が行う購買意思決定のドライビング・フォースである．消費者は，自らの必要を満たすための情報処理と，その必要を確立するための情報処理という，2つの情報処理のプロセスの再帰的な循環の生成を通じて，消費欲望を確立していると考えられる．また，マーケティングの諸活動には，この循環する関係を触発する可能性が内在していることが見いだされる．

第4章では，競争的使用価値概念を通じて，消費欲望とマーケティングの関係を検討する．マーケティングの諸活動は，消費欲望に応えようとするものである．だが，消費欲望は，常にプロセスに先行して消費者の内面で確定しているわけではない．一方で，マーケティングの諸活動には，消費欲望の生成を触発する可能性が内在している．企業は，マーケティングの諸活動を通じて，この消費欲望の二面的性格と関わることになる．このとき，消費者志向，依存効果，競争的使用価値といった諸概念のもとで提示されてきた消費欲望とマーケティングの関係のモデルは，それぞれどのような意義と限界をもつことになるのかを検討する．

第5章では，消費欲望とマーケティングの関係は，その受け手である消費者による自省的な読みを通じて構成されることに注目する．対象の読みあるいは知覚や評価の作動は，その可能性を特定化することによって，さらに新

たな可能性へと開かれていくというオープン・コンティンジェンシー構造のもとにあることを指摘する．加えて，このオープン・コンティンジェンシー構造のなかで対象から読みとられる意味を確定化する作動として，再帰的な循環する関係がもつ可能性を指摘する．

　第6章では，再帰的な循環する関係と，マーケティング・コミュニケーションに組み込まれた自足的な反情報との連動から生じる効果を，広告におけるユーモアの役割に注目しながら検討する．再帰的な循環する関係は，懐疑的な反省に直面するとき，その相対性を露呈する．ユーモアは，この問題を棚上げにすることで広告のコミュニケーションを構成する．ユーモアという自足的な反情報を広告に組み込むことで，広告のフレームを介して成立する循環する関係が，懐疑的な反省に直面する蓋然性が低下すると考えられるのである．

　第7章では，以上の各章の検討を振り返り，自省的な行為である消費を，マーケティング・コミュニケーションが創造し維持していく作動をとらえるために，リフレクティブ・フローという新たな概念を用いることを提唱する．リフレクティブ・フローとは，情報伝達型のコミュニケーションに相即して，受け手の記憶や知識が活性化されることで生起する，再帰的な情報の流れである．マーケティング・コミュニケーションには，情報伝達型の作動だけではなく，リフレクティブ・フローが組み込まれている．そのため，マーケティング・コミュニケーションは，自省的な行為の主体である消費者に依存しながら，当の消費者の知覚や評価そしてその前提となる必要や観点を一定の範囲で統制していくことが可能となる，と考えられるのである．

第2章

ファッションの駆動力

1. ファッションへの問い

†はじめに

　消費社会が成立する以前は，ファッションは社会の中の限られた特定の人々と産業にとっての問題であった．ファッションとは，王侯貴族をはじめとする支配階級の奢侈的消費の領域において出現する現象であった．民衆の消費の慣習は局地的なものであり，その変化は緩慢であった．だが，18～19世紀の消費革命を経て20世紀に入ると，社会的にも地域的にも広い範囲の人々の消費が，共通のファッションに巻き込まれるようになる[*1]．

　B. Roselleは，フランスにおける衣服の歴史を振り返り，19世紀後半に誕生したオートクチュール産業は，この変化と密接な関係があると述べている[*2]．オートクチュールが，上流階級の女性たちがそれ以前に利用してい

[*1] ファッションの消費は，市民革命を経た18世紀のロンドン，19世紀のパリを震源地に，王侯貴族から資産家，さらに都市の下層階級や農民といった大衆へと広がり始めた．ただし，消費革命は一夜にして成立したわけではない．18～19世紀の期間は過渡期であり，一方で民族衣装に代表される地域の伝統的な消費の慣習もヨーロッパ各地で残存していた．Roselle (1980) 訳 p.14, pp.138-152, p.163. McCracken (1988) 訳 pp.31-58. Xenos (1989) 訳 pp.11-15, pp.117-122. 北山 (1991) pp.318-319. Mason (1998) 訳 p.23. 北山 (1999) pp.186-187.
[*2] Roselle (1980) 訳 p.14.

た高級服の仕立て屋と異なっていたのは，顧客の要望をそのまま服にしてみせるのではなく，デザイナーが自らデザインした商品見本を顧客に提示し，それに対する注文をとったことである．オートクチュールの店では，シーズンごとに，この商品見本の新たなコレクションが発表された．初期の商品見本は水彩のスケッチ画であったが，やがて実際に仕立てた服をマヌカン（モデル役の女性）に着せて，贅沢に飾り付けたサロンで顧客に見せるという方法がとられるようになった[3]．

その後，このオートクチュールが確立した，商品を見せるシステムは，百貨店やプレタポルテの登場によりその作動の対象となる人々を広げるとともに，家庭向けの自動車からポップスやロックなどの音楽に至る，さまざまな産業のシステムにも採り入れられていく．それとともに，消費がファッションと結びつく領域はますます広がっていったのである[4]．

現在では，われわれは日常的に，さまざまな領域でファッションを目にし，憧れ，所有するようになっている．その程度は商品カテゴリーによって異なるものの，消費生活の多くの領域にファッションが浸透している．デザインや音楽のような審美的な特性だけではなく，携帯性や価格破壊といった実用的な機能特性もファッションの対象となる．

† 趨勢となるスタイルの絶えざる変化

ファッションという言葉には二重の意味がある．混乱が生じないように，あらかじめファッションの意味を特定しておきたい．まずファッションには，流行，すなわち一時的な趨勢という意味がある．「ある一時期に，特定の集団の大多数の人々に受け入れられ，採り入れられるスタイル」[5]のこと

---

[3]　Roselle（1980）訳 p.88, pp.98-108. 北山（1991）p.300. 柏木（1998）．
[4]　Roselle（1980）訳 pp.365-373. 柏木（1998）pp.95-104．
[5]　Nystrom（1928）p.4．
　　なお，「スタイル」については，個別の商品ジャンルにおけるデザイン，色，素材，機能の傾向とは別に，複数の商品ジャンルにまたがった一定の商品の組み合わせを消費生活に取り入れることを「ライフスタイル」と呼ぶ場合がある．本章でとりあげる問題は，個別の商品のスタイルおよびライフスタイルに共通するものであるため，両者を総称して「スタイル」という言葉を用いている．

を，われわれはファッションと呼ぶのである．本章では，ファッションという言葉をこの意味で用いている．

ところが一方で，ファッションはしばしば，装い，なかでも衣服を意味する言葉としても用いられる．例えば，「ファッション・デザイナー」といった場合，それは衣服のデザイナーのことである．

ファッションが，流行と衣服の二重の意味を持つようになった要因としては，次のような点が指摘される．衣類は，スタイルの変動にあわせた大量生産を最も早くから確立していた産業と言われる[6]．また現在でも，衣類のデザインは，あらゆるもののなかで最も激しく急速に変化すると言われる[7]．趨勢となるスタイルの変化は，衣服をはじめとする，自己を表現するための装いにかかわる領域において，最も顕著に現れるのである．趨勢となるスタイルの絶えざる変化と，自己を表現するための装いとの間には，このような親密な関係がみられる．この結びつきは，ファッションという現象を理解していくうえでの一つの糸口となる．

現在われわれが生活をしているこの社会では，「何を着るか」の判断は，基本的に個人の自由に委ねられている．しかし，街行く人々の服装が自由で多様性豊かなものとなるわけではない．ファッションとの関わりのなかで，多くの人々がいつのまにか類似の服装をしてしまっている[8]．

ファッションは，消費者の好みの共時的なバラつきを小さくする．つまり，衣服を生産する側にとっては，ファッションはたいへん望ましい現象だということになる[9]．比較的短い期間しか継続しないという限界はあるものの，需要の標準化という効率的な生産の前提を次々とつくりだしてくれるからである．

一方で，消費の側から見ると，ファッションは少し違った顔をしている．ファッションは，選択の自由を排除することによって成立しているわけではない．ファッションという現象がみられるからといって，われわれが自由に

---

[6] Ewen (1988) p.317.
[7] 柏木 (1998) pp.11-12.
[8] 北山 (1999) p.186.
[9] 北山 (1999) p.203.

自己を表現することを放棄してしまったわけではない。ファッションという現象は，制服への安住とは異なるのである。ファッションにおいて生じているのは，人々が自己の個性を際だたせようとする行為が，その装いを画一的なものへと導く，という逆説である。

では，なぜこのようなねじれた関係が生じてしまうのだろうか。それは何に根ざしていると考えればよいのだろうか。この問題に答えるためには，多少入り組んだパズルを解く必要がある。

†ファッションの逆説

ファッションを生成する作動を分析する前に，さらに角度を変えて，ファッションという現象の逆説性を確認しておくことにしよう。

ファッションには，「はやりすたり」がともなう[*10]。一時的で，安定することのない現象がファッションなのである。とはいえ，それがファッションである以上，その移ろいやすさを，個人的な気まぐれに根ざすものと見なすわけにはいかない。なぜなら，ファッションは，社会的な広がりをもつ集団的な規範として出現するからである。ファッションは，社会的な同調圧力として，多くの人々の嗜好を規定するのである[*11]。

ファッションには，ある種の逆らいがたさがある。ファッションは，その渦中にある人々にとっては，これしかないと思える確かな魅力なのである。北山晴一は，ファッションを一種の権力ととらえている[*12]。あるいは，20世紀初頭にパリで活躍し，女性をコルセットから解放したことで有名な，ファッション・デザイナーのP. Poiretは次のように述べている。

[*10] 池井 (1987)
ファッションを実現するプロセスには，「はやり」と「すたり」の2つの志向性が内在している。したがって，普及研究が，採用プロセスを問題の対象とするのに対し，ファッション研究は，急激な採用から拒絶への反転を問題の対象とする。なお，革新や新製品の普及については，E. M. RogersやF. M. Bassらの研究がある。Rogers (1982). Mahajan, Muller, & Bass (1990).
[*11] Baudrillard (1970) 訳 pp.124-125. Xenos (1989) 訳 p.13.
[*12] 北山 (1996).

「いつの時代にも，人はこう堅く信じている．現在のモード（＝ファッション）は決定的な表現であり，最も理にかなった，最も審美的なものであると」[*13]．

だが，いくら決定的なものと思えようとも，ファッションは，個人の思いを超えたところであらかじめ確立されているような要因，すなわち物理的，生理的，あるいは社会制度的な要因によって規定されているわけではない．そうした実在的な条件は変わらないのに，一方で次々と変化していってしまうのがファッションである．

Poiret と同時代に生きたドイツの社会学者の G. Simmel は，ファッションには「ふしぎな特性」があると述べている．すなわち，「熱病的な交替の形式」であるにもかかわらず，「すべての流行は，多かれ少なかれ永遠に生きるかのような顔をして登場してくる」と言うのである[*14]．そのため，長年の使用に耐えるようなものを購入する場合でも，ファッションに従って購入するということが起こる．冷静に状況の外に立って考えれば，ファッションに従って購入すれば，多くの場合，耐用期間のはるか以前にその魅力は消え失せてしまうことになるはずである．しかし，そのような不安を吹き飛ばしてしまうような魅力を，ファッションは備えているのである．ファッションは，その渦中にある人々にとっては，時間を超越するかのような魅力を備えているのである．

ファッションは，特定の一時期に選択の絶対的な指標となる．過ぎ去ってから見れば一過的な魅力であっても，その現象のただなかにおいては，その背後に何らかの確たる原因が存在するかのように思えてしまう．だからこそ，ファッションは社会的な同調圧力として作用するのである．だが，この絶対性に目を奪われて，ファッションの規範性を，状況を超えて客観的に実在する要因に還元してしまうという，過ちをおかしてはならない．そうすると今度は，多くの場合ファッションは，人間の生理的なメカニズムや社会の制度といった実在的な要因は変わらないのに，変化していくことの説明がつ

[*13] Roselle (1980) 訳 p.17. （ ）内は筆者付記．
[*14] Simmel (1911) 訳 p.58.

かなくなってしまうからである*15.

あるいは,ファッションは,社会的なコミュニケーションの道具としても逆説的な性格をもつ.ファッションは,コミュニケーションの記号となる.ファッションを身につけることは,他の人々に対してステータスや感性をアピールすることにつながるからである.しかし同時に,ファッションはコミュニケーションを阻害する.例えば,ファッションの変化のなかで,衣服のスタイルの意味は次々と更新されていく.そのため,コミュニケーションのための衣服の文法は,すぐに多くの例外をかかえてしまうのである.全く同じ衣服の組み合わせが,昨年語ったこととは異なることを今年は語り,来年はまた違ったことを語る,ということが起こるのである*16.

ファッションとは,以上のような逆説性に満ちた現象である.そして,この現象は,一回限りの偶発的な出来事ではなく,市場において繰り返し出現する現象である.ファッションは気まぐれである.しかし,この気まぐれは市場の常態なのである.

ファッションは,そのあり方を考えると,全面的に個人の主観に根ざしていると見なすわけにもいかないし,全面的に実在的な要因に基づいていると見なすわけにもいかない.では,いったいどのようにして,この絶えざる変化は生じるのだろうか.そして,この移ろうことを宿命づけられた価値に,なぜ,われわれは繰り返し魅了され支配されるのだろうか.

2. トリクル・ダウン理論

† 絶えざる変化を構成する作動

なぜファッションは,多くの人々を惹きつけながらも,一過性の現象に終わるのか.さらに,なぜこのファッションという現象は,繰り返されるのか.こうした問いに対しては,G. Simmelによる巧みな説明がある.その古典的な説明の枠組みは,トリクル・ダウン理論として広く知られている.

階層的な上下の区別のある社会グループの間で,威信の誇示を目指して,

---

*15　栗木 (1999).
*16　David (1992) p.6.

模倣と差異化という2つの行動原理を通じた競い合いが生じる．この競い合いが原動力となって，ファッションは絶えざる変化へと駆り立てられていく．これが Simmel の理論の骨子である．

　下位の階層は，模倣の原理に従う．上位の階層が採用しているスタイルを採用することによって，威信を獲得しようとするのである．この下位の階層による模倣に対して，上位の階層は，差異化の原理によって対抗する．さらに新しいスタイルを採用することで，以前のスタイルの威信を下落させ，階層間の威信の格差の維持をはかるのである．階層間でのこの模倣と差異化の競争を通じて，ファッションは，スタイルの価値を変容させながら，繰り返し出現することになる[*17]．

　この Simmel がとらえたファッションを生み出す作動は，社会的な関係の枠組みを前提としながら，個人が自由に振る舞うことによって生じる．第1に，このプロセスでは，個人の行為は，社会的な関係を前提にしながら選択される．個人による模倣あるいは差異化の意図は，それに先だって成立している諸個人の行為の構造的な配置を前提としている．そして，模倣あるいは差異化を意図した行為を人々が採用することで，その前提となる関係の構造が，個々人の意図とは無関係に変化していく．だが第2に，このプロセスでは，スタイルの自由な選択が可能でなければならない．選択の自由がない社会，すなわち採用可能なスタイルが社会階級ごとに厳格に規定されていたり，商品が豊富に流通していない社会では，模倣と差異化の競争は生じようがないのである．

　したがって，J. Baudrillard が言うように，人口の集中する都市は，ファッションの震源地としての基本的な条件を備えていることになる[*18]．都市は，自由であり，かつ他者の欲望との出会いによる刺激に充ちた場所だからである．

　Simmel は，消費がもたらす効用を，個人－商品という二者間の関係ではなく，後に R. Girard が「欲望の三角形」と呼んだ，個人－商品－他者の三者間の関係のなかでとらえている[*19]．威信の誇示，あるいは見せびらか

[*17] Simmel (1911) 訳 pp.34-38.
[*18] Baudrillard (1970) 訳 p.74.

しの効用は，対人関係を前提とした効用である．Simmel の観点は，社会における階層的秩序，及びそのなかでの対人効果に着目する点で，T. Veblen が『有閑階級の理論』において衒示的消費を論じた際の観点と共通している[20]．加えて，Simmel は，階層的序列をめぐる競争関係を，社会的なプロセスとしてとらえることで，この関係からファッションが生じることを見抜いたのである．

Simmel は，消費が，個々の消費主体の物理的，生理的な欲求や必要を満たす行為であるだけではなく，威信の獲得をめぐる対人的な競争関係のプロセスでもあることに着目した．この対人的関係のプロセスのなかでは，物理的，生理的な機能や便益は，象徴的な意味や美的な価値と等価な，社会関係における差異を表出するスタイルの一つでしかなくなってしまう．また，消費は，プロセスに先立ってあらかじめ確定している実在的な要因ではなく，プロセスにおいて出現する要因間の関係の構造によって規定されることになる．こうして Simmel は，趨勢となるスタイルの絶えざる変動を構成する作動のメカニズムをとらえることに一定の成功をおさめたのである[21]．

---

[19] Girard (1961) 訳 pp.2-3.

[20] Veblen (1899) 訳 pp.70-86.

G. Simmel や T. Veblen がとらえたのは，対人的な比較や依存のなかで消費が行なわれるという関係である．この関係は，消費を社会的に動機づけられたものとする．しかし，「社会的に動機づけられた消費」という概念は，経済学における消費理論が採用してきた前提とは対立するものである．R. Mason は，人々が夢中になっているのは，自らを社会のなかに定位し，承認されるための消費であることを，現在の経済学の主流の消費理論は依然として無視し続けていると言う．主流派経済学では，消費者は互いに独立して意思決定をし，他人の考えや行為と無関係に，個人の効用最大化に励む存在と仮定されているのである．Mason (1998) 訳 pp.1-8, p.223.

J. Baudrillard や松原隆一郎も，同様の指摘をしている．Baudrillard (1970) 訳 pp.10-101．松原 (2000) pp.179-182, p.188.

[21] 換言すれば，Simmel は，ファッションを，沼上幹のいう「変数のシステム」ではなく「行為のシステム」としてとらえていたことになる．すなわち，ファッションを「客観的」な環境要因が規定する「変数のシステム」による産出物としてではなく，意図をもった消費主体の社会的な相互依存関係を介して生成する「行為のシステム」による構成物としてとらえたのである．沼上 (2000) pp.30-31, p.38.

この「行為のシステム」という観点が必要なのは，N. Elias が指摘しているように，社会現象の生成を規定する「環境」を構成しているのは，現象が生成するプロセスの外にある実在ではなく，相互依存関係にある自省的な諸主体の行為のネットワーク形成のプロセスを通じて生成する関係の構造だからである．Elias (1970) 訳 p.155.

†階層間競争の理論であることの功罪

　Simmel の理論は，社会の中で趨勢となるスタイルが静止することなく次々と変化していくことを巧みに説明している．だが，同時にこの理論に従えば，その変化は，まず社会階級の上位層に採用され，順次下位の階層に受け入れられていくというかたちをとることになる．Simmel の念頭にあるファッションのプロセスは，階層的な社会構造のなかを上から下へと「水が滴り落ちるように」，ファッションが採用されていくというプロセスである．トリクル・ダウンという理論の名称は，このことに由来している．

　だが，このトリクル・ダウンという名称はあまりよいメタファーではないと，G. McCracken は言う．この理論がとらえている階級間でのファッションの移動は，正確には「水が滴り落ちるように」進行するのではなく，模倣と差異化という「追いかけっこ逃げっこ」を通じて進行するものだからである[*22]．この McCracken の指摘は重要である．トリクル・ダウン理論について評価すべきポイントは，ファッションが社会階級の上位から下位へと滴り落ちていくことを説いたことではなく，このファッションの移動が，模倣と差異化による「追いかけっこ逃げっこ」によって生じることを指摘した点にあるからである．単に採用されるスタイルが，社会階級の上位から下位へと伝播していくということだけであれば，Veblen や G. Tarde も指摘している[*23]．

　ともあれ，Simmel が，ファッションを「階級的区別の所産」[*24]と見なしていたことは確かである．このために，後にトリクル・ダウン理論は批判にさらされることになるのである．たしかに，社会階級の上位から下位へと伝播していくというのが，Simmel が生きた19世紀後半から20世紀の初頭のヨーロッパで見られた，ファッションの典型的な図式である[*25]．だが，この図式は，現代のファッションには部分的にしか通用しない．トリクル・ダウ

---

*22　McCracken (1988) 訳 p.161.
*23　Veblen (1899) 訳 p.84. Tarde (1890) 訳 p.430.
*24　Simmel (1911) 訳 p.34.
*25　だからこそ Veblen や Tarde も，趨勢となるスタイルは，社会階級の上位から下位へと伝播していくと述べたのであろう．19世紀における階級間のファッションの伝播については，北山晴一がパリの事例を提示している．北山 (1991) pp.320-326.

ン理論が，時代遅れの骨董品的な扱いをされがちなのも，このためである[*26]．

E. Stone と J. A. Samples は，トリクル・ダウン理論に対して次のようにコメントしている．ファッションはまず上位の階層に採用され，それから次々とより下位の階層に採用されていくというこの図式は，現在では「ある程度は正しい」．「しかし，現代の社会構造は，ピラミッドというよりも，むしろ丘がひと固まりに連なっているようなものである．ファッションは，そこで，さまざまな社会集団，方向に伝わることができるし，実際にそうなるのである」[*27]．

現代では，Simmel の生きた時代と比べると，社会や消費の階層的序列は流動化している[*28]．また，メディアや大量生産技術の発達により，社会のあらゆる層がファッションを同時に知り，採用することが可能となっている．例えば，現在ではパリの高級ファッションは，ただちに大量にコピーされる．時にはコピー商品が，オリジナルよりも先に市場に出回ることすらある．また，新奇なファッションの多くは，低所得層の若者によって創造され，いち早く採用される．あるいは，肉体労働者の衣服であったＴシャツが，あらゆる階層に採り入れられるといったことが起こる[*29]．

†階層的序列の流動化

こうした変化を受けて，1960年代以降，ファッションの流れについて，異なるモデルが提唱されるようになっている．階層を横断して，同じスタイル

[*26] McCracken (1988) 訳 p.164.
[*27] Stone & Samples (1985) 訳 p.71.
[*28] Stone & Samples のコメントは，アメリカの社会を念頭においてなされたものであろう．わが国でも同様で，現在では消費者の嗜好と社会階級の関連性が希薄化していることが指摘されてきた．藤田・宮島・加藤・吉原・定松（1992）．石井洋二郎（1993）pp.243-249．栗木（1997）．柏木（1998）p.177.
　吉見俊哉や三浦展は，1950年代以降のアメリカ，そして1970年代以降の日本において確立した郊外のニュータウンを舞台に，階級間の差異を希薄化させていくような消費文化が広まっていったことを指摘している．吉見（1996）．三浦（1999）pp.14-18, pp.114-115, pp.79-80, pp.171-172.
[*29] Stone & Samples (1985) 訳 pp.71-74.

が同時に流行するという，「トリクル・アクロス」モデルや，社会の下層から上層へという流れでファッションが採用されるという，「トリクル・アップ」モデルなどである（図2-1）[30].

図 2-1　ファッションの流れに関する 3 つのモデル

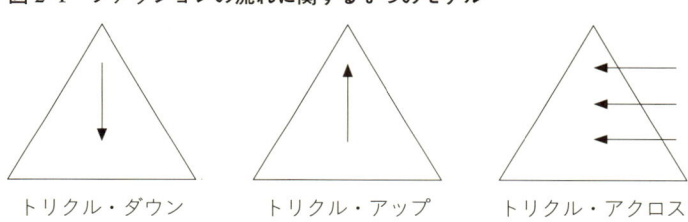

トリクル・ダウン　　　トリクル・アップ　　　トリクル・アクロス

とはいえ，Simmel の理論は，ファッションに見られる逆説的な現象を，首尾一貫して説明できるという点で，依然として優れた理論である．Simmel の理論は，ある新奇なスタイルが受容されることが，第二のスタイルの登場を推進するという，ファッションにおけるダイナミックな関係をとらえている．この理論が有する，ファッションの価値の確かさと，その移ろいやすさとを同時に説明するという特性は，他の理論には見られないものである[31].

もちろん，現代のファッションのなかにも，トリクル・ダウン理論が適用可能な領域は残されている．このことを示すことで，McCracken はトリクル・ダウン理論の延命をはかろうとしている．

McCracken が取り上げるのは，衣服の性差である[32]．特に仕事の場では，一般に男性の方がその資格，信用において高い地位にある．衣服の男性的な要素は，仕事の場における威信のシンボルとなる．一方，男性的な衣服の対極におかれた女性的な衣服は，仕事の場においては資格，信用の欠如のシンボルとなってしまう．そこで女性たちは，より高い威信のシンボルを求めて，男性的な衣服のスタイルを次々と模倣してきた．これに対し，男性の衣服の世界では，新たなスタイルを採用し，衣服の性的な区別を再確立しよ

---

[30]　McCracken (1988) 訳 p.163. Finkelstein (1996) 訳 p.144.
[31]　McCracken (1988) 訳 p.165.
[32]　McCracken (1988) 訳 pp.166-176.

うとする動きが見られる．このように McCracken は述べている．

なるほど，だからこそ，男女間で衣服の差異をめぐり，北山が指摘している次のような現象が生じるのだろう*33．第1に，男女間で衣服の差異に対する侵犯が繰り返しなされてきたにもかかわらず，依然として性差による衣服の区別が存在している．第2に，女性による男性の衣服のスタイルの採用は広く見られるものの，男性による女性の衣服のスタイルの採用は限られた範囲でしか見られない．

Simmel は，ファッションを階級的区別の所産と見なしていた．だが，その後，社会における階層的秩序が流動化していったにもかかわらず，ファッションは依然として繰り返し生じている．そこで，McCracken は，伝統的な社会階級とは異なる社会的な区分における威信の格差に着目することで，トリクル・ダウン理論がとらえた追いかけっこ逃げっこのメカニズムは，近年でも依然として機能していることを示そうとしたのである．

たしかに，伝統的な社会階級以外にも性差，年齢，民族性，等々のさまざまな社会的区分が存在する．だが，伝統的な社会階級の代わりにこうした社会的区分を導入すれば，問題が解決するわけではない．Simmel の生きた時代とは異なり，伝統的な社会階級の影響力が希薄化していることは，問題の一部である．重要なのは，現代のファッションは，性差や年齢といった特定の社会的区分における上位のグループから下位のグループへという流れで，一貫して採用されているわけではないということである．現代では，ファッションと階層的秩序の結びつきは流動化している．あるファッションが特定の社会的区分における上位のグループから下位のグループへという流れで採用されたかと思うと，その次には別のファッションがこの流れを逆行して採用されたり，こうした区分にはお構いなしに広まったりするのである．それが，トリクル・アップであり，トリクル・アクロスなのであった．

McCracken の改訂のように，伝統的な社会階級以外の区分を用いることで，トリクル・ダウン理論の現代社会における延命をはかるのも一つの手ではある．しかし，それでは，説明の対象は特定の階層的秩序のもとで生じる

---

*33 北山 (1999) pp.210-211.

現象に限定されてしまい，ファッションが一定の階層的秩序に拘束されない流動的な現象となっていることをとらえることはできないのである．

3. 模倣と差異化の文脈

† 実在から意識へ

現代の消費社会では，ファッションがどのような社会的区分に根ざした階層的秩序と結びつくかは流動的である．どのような観点に立てば，このような状況においても，ファッションという趨勢となるスタイルのダイナミックな反転のプロセスを，首尾一貫した枠組みでとらえることが可能になるのだろうか．

ここで，われわれは，さらに次のような N. Xenos の指摘に目を向けておくべきであろう．Xenos によれば，19世紀のパリにおける中産階級による貴族のスタイルの模倣は，けっして完全なものではなかった．貴族階級の人々は，大衆的消費者である中産階級の人々の成功することのない試みを軽蔑していた．中産階級の人々の装いは，カットや生地の質によって，その正体を見破られてしまっていたのである．一方，大衆的消費者たちは，自分たちが模倣したスタイルとその手本との，しばしば微妙である違いを見分けられなかった．つまり，大衆的消費者たちは，彼らが貴族的な消費のモードだと考えたものを模倣していたに過ぎなかったのである．結局のところ，彼らは，「自分自身を模倣していた」ことになる[*34]．

この Xenos の指摘は重要である．Xenos によれば，模倣の対象は，客観的な意味での「上位の階層が採用しているスタイル」ではなく，模倣する側にとっての，主観的な意味での「上位の階層が採用しているスタイル」だということになる．Xenos も，模倣からファッションが生じると見なしている点では，上述したような Simmel や McCracken の議論を引き継いでいる．だが，その模倣の対象は客観的に実在するわけではないのである．

この模倣の対象の構成の違いにより，トリクル・ダウン理論が直面してい

[*34] Xenos (1989) 訳 pp.126-127．

た問題を解決する糸口が与えられる．模倣にあたって，その前提として確保される必要があるのが，階層の実在ではなく階層の感覚なのであれば，ファッションは「実在する階級的区別」の所産というよりも，「階級的区別の意識」の所産だということになる．そして，意識の所産であるのなら，ファッションの変化は，客観的な実在する階級的区別の序列に従ってのみ進行するものではなくなる．ファッションは，階層性が希薄な社会でも生じるし，実在する階層の序列を無視するようなかたちでも生じることになる．

†メディアと産業の媒介

Xenosが指摘するように，模倣は，客観的な実在というよりは，むしろ主観的に構成されたモデルに向けてなされていく．そしてこのことに気がつけば，Simmelの時代とは異なる現代のファッションの動きも，再びトリクル・ダウン理論の射程のなかに入ってくることになる．しかし，まだ問題は残されている．さらに以下の2点に関して，J. Baudrillardの見解を参照しながら補足を加えていこう．

まず，第1に，模倣の対象は主観的に構成されると言った場合，次のような問題が生じる．模倣の対象が純粋に個人の主観によって構成されるとすると，各人の主観によって各様に模倣の対象が構成されることになってしまう．これでは，ファッションは，多くの人々を同時にとらえる社会的な同調圧力を欠いた，「個人的流行」[35]と変わらないことになってしまう．

だが，実際にわれわれが目にしているのは，主観的な選択のもとで，ファッションという社会的な広がりをもつ現象が出現してしまうという事態である．Baudrillardが指摘するのは，一方で，模倣の対象として特定のモデルを選択するように，多数の人々に対して同時に働きかける組織的な情報発信が，メディアや産業によって行われていることである[36]．モード雑誌をはじめとするメディア，広告やショウなどのプロモーション，そして商店の陳列台やショウウィンドウにおけるディスプレイなどを通じて，特定のスタイルが社会的に特別な意味を持つものとして繰り返し提示される．この，メデ

---

[35] Simmel (1911) 訳 p.54.
[36] Baudrillard (1970) 訳 p.125.

ィアや産業の組織的な働きかけが，ファッションに対する消費者の主観が形成される際の前提を構成する．

つまり，ファッションは，消費者の純粋に個人的な主観の所産なのではない．それは，個人の意識の外にあるメディアや産業の働きに媒介されることで構成される主観，すなわち間主観とでもいうべき認識の所産なのである．だからこそ，ファッションは社会的現象となるのである．

もちろん現在でも，社会のなかには，消費のモデルを提示する役割を担うさまざまな階層や準拠集団が存在する．とはいえ，その影響は，メディアと産業に媒介されなければ，限定的で緩慢なものにとどまるはずである．

メディアと産業による消費のモデルの提示は，Simmelの時代にもすでに始まっていた．Simmelの時代には，このメディアや産業による消費のモデルの提示が，「上位の階級の消費生活への憧憬」を増幅するかたちで行われていたのだと考えることができる．一方，現在では，メディアや産業が提示する消費のモデルの出自は，上位の階級の消費生活に限定されない多様なものとなっている．

この転換は，松原隆一郎が指摘しているように，T型フォードに代表される，20世紀初頭の大量生産－大量消費のシステムの台頭によってもたらされたものと見なすことができる[*37]．T型フォードの登場以前は，自動車は一部の資産家階級の乗り物であり，大衆にとっては憧れの対象であった．その憧れの対象を，大量生産を導入することで大衆にも購入可能な価格で供給し，大量消費を実現したのがT型フォードである．

このT型フォードの段階では，まだ「上位の階級の消費生活への憧憬」が，大量消費を実現するために利用されている．しかし，大量生産－大量消費により自動車が大衆に普及してしまえば，資産家階級の生活のシンボルであった自動車への憧れは，たちまち色あせたものとなる．標準的な商品の大量生産－大量消費は，消費の階層性という差異を消去してしまうのである．

すなわち，上流階級への憧憬を前提とした大量生産－大量消費のシステムは，矛盾をはらんだものとなる．システムの成功が，その前提を色あせさせ

[*37] 松原（2000）pp.42-47．

てしまうのである．しかし，それはシステムの限界ではなく，単なる経過点に過ぎなかった．増幅すべき憧憬の対象は，上位の階級の消費生活に限定されるわけではない．さらに新たな憧憬の対象を，企業が次々と提示していくことで，ファッションの作動を持続させることが可能である．

しかし，フォード社は，自動車が普及してしまった後も，T型車の生産に固執し続けた．一方，GM社は，モデル・チェンジにより，次々と新しいモデルを提示していく戦略を採用した．結果として，フォード社は，GM社に市場を奪われていったのである．Baudrillardは次のように述べている．

「産業の独占的集中は人々の間の現実的差異をなくし, 個性と生産物を均質化し，こうして同時に差異化の支配への道を開くことになった.」[*38]

†「自分らしさ」を実現する差異

第2に，差異化に関しても，その対象，すなわち差異化をはかる相手は誰なのかという問題を検討しておかなければならない．

ファッションとは，特定のスタイルに対する同調と反発のめまぐるしい変化である．T型フォードへの憧憬は，その普及によりたちまち色あせたものとなる．とはいえ，単なる幻滅からは，新たなモデルへの強い渇望は生じない．だがそこに，人々の他者に対する差異化をはかろうとする意思が加わるとき，色あせたスタイルへの反発と，変化への渇望が生じる．この渇望に応えることで，GM社が次々と提示する新しいモデルは需要を獲得していったのである．要するに，ファッションが絶えざる変化となるためには，模倣だけではなく，そこに差異化への志向が連動していることが必要なのである．

再びSimmelの理論に戻ろう．Simmelの理論では，模倣が階層間の新たな競争の火種となることで，再び差異化の契機が生じる．下位の階層の人々は上位の階層の人々の模倣を試み，そのことが上位の階層の人々を差異化へと駆り立てるのである．しかし，ファッションの採用が上位の階層から下位の階層へと順次展開していくのでなければ，Simmelの理論に依拠する限

[*38] Baudrillard (1970) 訳 p.114.

り，差異化の契機は生じない．つまり，階層的秩序の希薄な現代の消費社会では，人々は新たなスタイルの採用に駆り立てられないことになってしまう．

あるいは，そもそもSimmelの時代に見られた，上位の階層の消費生活への憧れが，下位の階層の人々の模倣をうながすという消費でも，Xenosが言うように，それが当人にとっての主観的な認識に過ぎず，けっして本物にはなり得ないのであれば，上位の階層の人々はあえて新たなスタイルを採用しなくても，その威信を脅かされることはないはずである．

図 2-2　差異化の文脈

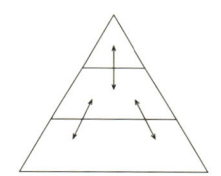

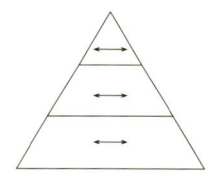

階層間での差異化　　階層内での差異化

だが，Xenosは，そのような状況のなかでも，やはり人々は差異化のための戦いを繰り返していたと認識している．なぜなら，差異化の競争は，階層間だけではなく階層内でも生じるからである（図2-2）．Xenosは，当時の中産階級の人々は，貴族たちの消費を模倣しようとしたが，そのことが貴族階級を差異化に走らせたとは考えない．また，中産階級の人々が熱心に模倣を試みたのも，さらに下位の階級による模倣の圧力にさらされていたからだとも考えない．そうではなく，差異化は，階級内部の戦いとして競われていたのである[*39]．

つまり，こういうことだ．Simmelは，「階層の威信」の収奪と防衛という，階層間の競争の文脈での差異化を考えていた．だが，スタイルの採用によって獲得されるのは，なにも階層の威信に限られるわけではない．個人の威信も獲得される．さらに現在では，何を所有するか，どのスタイルを採用するかの選択は，威信というよりは，「自分らしさ」を表現するために行われていると考えたほうが，適当であろう[*40]．

[*39]　Xenos（1989）訳 pp.125-127．
[*40]　Ewen（1988）訳 p.87．McCracken（1988）訳 pp.46-47．北山（1996）pp.118-

柏木博は，スタイルの採用とは，自らの個性を他者に向けて可視化することだと言う[*41]．すなわち，人々にとって，何らかのスタイルを採用するということは，具体的な形態や属性として表出される「自分らしさ」を同定するということなのである．

　Baudrillard は，現在ではマーケティングの諸活動が，消費は「自分らしさ」を表出するために行われるという考えを強調するようなかたちで展開されていることを指摘している[*42]．個性的な選択が可能なように，階層的な系列をなしたラインやシリーズとして，商品は市場に供給される．あるいは，広告においても，「自分らしさ」のための消費が強調される．人々は，こうした消費のモデルを目にすることで，独自の個性を見いだしたつもりになるのである．Baudrillard は，その例示として，次のような女性週刊誌のシャンプーの広告を紹介している．

　　「自分の個性を発見してそれを発揮すること，それは本当に自分だけの楽しみを発見することです．そのためにはほんのわずかのものがあれば十分．私は長いことかかってやっと気がつきました．髪の毛をほんの少しだけ明るい色にすることで，私の肌や目の色にぴったり合ったハーモニーがうまれるということに……」[*43]

　スタイルは，「自分らしさ」を表現するために採用される．このように考えることで，トリクル・ダウン理論の射程を拡張することができる．第1に，「自分らしさ」のための消費は，威信ではなく個性を求める消費である．個性を求める消費であれば，威信を求める消費の対象となる奢侈品に限定されない，幅広い商品がその対象となっていくはずである．

　第2に，「自分らしさ」のための消費では，階層ではなく個人を単位として模倣と差異化の運動が生じることになる．人々が個人としての独自性を確

---

119. 松原（2000）pp.62-63.
[*41] 柏木（1998）p.18. 同様の指摘は，Grubb ＆ Grathwhol（1967），Solomon（1983）などにも見ることができる．
[*42] Baudrillard（1970）訳 p.125.
[*43] Baudrillard（1970）訳 p.110.

立しようとするのであれば，下位の階層であるか否かにはかかわりなく，周囲の人々によって同じスタイルが採用されれば，人々は差異化へと駆り立てられることになる．つまり，「自分らしさ」のための消費では，同一の階層に所属する人々も差異化の対象となる．階層内においても差異をめぐる競争が引き起こされるのである．

　すなわち，模倣と差異化を，「階層の威信」のための消費ではなく，「自分らしさ」のための消費のもとで生じる作動ととらえることで，ファッションのメカニズムへの理解は次のように変化する．人々は，「自分らしさ」のモデルを特定の階層あるいは集団の人々の消費，あるいはメディアや産業が提示する消費のモデルに求め，模倣しようとする．これらの主観的な模倣は，模倣された側の階層や集団を差異化に向かわせるよりも，むしろ模倣した側の人々を，あらためて差異化に向かわせる圧力となる．なぜなら，仮に労働者階級の人々が資産家階級の華やかな消費生活の模倣を試みたとしても，それが彼ら労働者の入手可能な標準的な工業製品の採用によって実現するとき，スタイルが似通ってしまうのは労働者階級の人々の方だからである．そして，大量生産－大量消費のシステムの台頭により，模倣される側と模倣する側に共通の消費が実現するとき，差異化の圧力はさらに広範に及ぶことになる．

4. 主体的他者依存

† 差異化の奇跡と悲劇

　前節の内容を簡単に振り返っておこう．トリクル・ダウン理論という，階層間の威信をめぐる対抗関係のプロセスの理論を，階層内の個性をめぐる対抗関係のプロセスの理論へと転換することで，理論の射程が拡張する．この改訂された枠組みにおいても，ファッションは模倣と差異化の連動によって生成するという原理は，引き継がれている．とはいえ，同じ模倣と差異化の連動とはいっても，その作動のメカニズムは，トリクル・ダウン理論と，改訂されたわれわれの認識とでは，ずいぶんと異なったものとなる．

　トリクル・ダウン理論では，下位の階層の模倣による侵犯に，上位の階層

が差異化で対抗することで，ファッションのダイナミズムは生じるとされていた．すなわち，模倣と差異化の二重の作動は，威信の獲得をめぐる階層間の対抗関係のなかで出現する．それに対し，われわれは，人々が，社会のなかの特定の階層や集団の消費生活，あるいはメディアや産業が提示する消費生活をモデルとして，他の人々に対して自らの個性の差異化をはかろうとすることから，ファッションのダイナミズムは生じると見なす．このようにとらえることで，社会の階層的な区分に連動したファッションのダイナミズムも，現代の流動的なファッションのダイナミズムも，共に整合的にとらえることができるようになる．

また，われわれは，メディアや産業によって消費のモデルが提示されることに注目する．たしかに，人々が，社会のなかの特定の階層や集団の消費生活をモデルとすることからも，ファッションの作動は生じる．だが，それらの作動は，メディアや産業が媒介しなければ，局所的な現象に留まってしまう．メディアや産業が提示する特定の製品やサービスそしてその情報が「自分らしさ」のモデルとなることで，当のモデルに関わる模倣と差異化の運動に巻き込まれる人々の範囲が拡大するのである．

しかし，さらにわれわれは，Baudrillardの次のような指摘にも目も向けておかなければならない．Baudrillardは，この「自分らしさ」のための消費を志向した模倣と差異化の運動が，矛盾を内包したものとなることを指摘する．

> 「自己と他者を区別することは，あるモデルと一体となること，ある抽象的なモデルやあるモードの複合的形態にもとづいて自己を特徴づけることにほかならず，しかもそれゆえあらゆる現実の差異や特異性を放棄することでもある．……これこそ差異化の奇跡でもあり悲劇でもある．」[*44]

メディアや産業が提示する消費のモデルには，共有化と個性化という相反する志向が併存している．S. Ewenは，現代のメディアや産業は，特定の商

---

*44 Baudrillard (1970) 訳 p.113.

品やサービスを購入した者は,「特別に選ばれた人々」に加えられ,「自分だけの卓越」を獲得することができるという観念を,多数の人々に向けて,繰り返し説いてきたと述べている[*45].

それは,その受け手である消費者が,他の人々にも共有されたモデルに依拠して自らの独自性や主体性を表出しようとしてきたということでもある.つまり,われわれには,さらに次のような問いが残されている.なぜ人々は,差異化のために,共有されたモデルを模倣するのだろうか.そして,人々は懲りもせず,なぜこの撞着した関係のなかで個性を表出しようとし続けるのだろうか.

† 「自己」の確立

現代の消費社会では,消費は,消費者個人の自由な意思に委ねられている.消費者の自由な選択が可能であることは,ファッションが成立するための前提である.ところが,自省的な行為の主体である消費者が,自らの主体的な意思のもとで独自の選択を実現しようとするとき,次のような問題に直面してしまうことを見逃さないようにしたい.

このとき,消費の主体は,その自由な意思の拠点となる「自己」を確立することを求められる.浅野智彦は,「自己」という現象が成り立つためには,「私」あるいは「自己」という語で指示されうるなにものかの同一性が確保されていることが最低限の要件となると言う[*46].

ところが,自己を同定しようとすることによって,この自己の同一性が解体していくのである.自己とは,奇妙で特異な性格をもった現象である.福原泰平が言うように,自己の原型は,「自分になるためには自分自身を脱ぎ捨てて,他者の衣服を身にまとわねばならないという自他の不思議な関係」によって構成されているのである[*47].

新宮一成は,精神分析の根本的認識につながるものとして,自己がその始源において抱え込むことになる不確定性の問題を次のように提示してい

[*45] Ewen (1988) 訳 p.87.
[*46] 浅野 (1996).
[*47] 福原 (1998) p.60.

る*48．主体が，自己を同定しようとする．この自省的な行為は，同定される自己とともに，その自己を同定しようとする自己が構成されることによって成立する．つまり，自己を同定しようとする作業は，自己を，[同定される自己] と [同定する自己] という2つの自己に分裂させる．問題は，この二重の自己の後者，すなわち [同定する自己] が，同定の対象となる自己，すなわち [同定される自己] の外部に構成されてしまうということである*49．

自己を同定しようとすると，[同定される自己] に対する [同定する自己] という，自己でありながら同定されない残余が出現してしまう．この [同定する自己] を，さらに同定しようとする試みは，[[同定する自己] をさらに同定する自己] の出現を招く．このように自己の同定を進めていくと，「[[[自己] を同定する自己] をさらに同定する自己] をさらに同定する……」という，無限後退に陥ることになる．

自己の確立には，こうした原理的な困難がつきまとう．自己が自らの存在を確定しようとすれば，[同定する自己] という同定されない残余としての自己が出現してしまう．この残余を解消しようとして，さらに [同定する自己] を同定しようとすることは，さらなる残余を生み出すだけである*50．

ところが，自己を同定するのが他者であれば，この問題は直接的には発生しない．自己の同定のプロセスで，残余としての自己が出現するのは，同定

---

*48　新宮（1995）pp.112-123．
*49　[同定する自己] は，[同定される自己] の外部に構成されるということについては，反論が生じる余地がある．[同定する自己] は，[同定される自己] の外部に構成されるのではなく，[同定される自己] に帰属するものと位置づけることもできるからである．たしかに，そのように考えれば，自己が2つの自己に分裂するという事態は生じない．

だが，この解決は，時間的・論理的な転倒であることを，浅野智彦が指摘している．このとき，[同定する自己] は，[同定される自己] に帰属することではじめて「自己」として認定されるのであるが，[同定する自己] が帰属する [同定される自己] は，実際には [同定する自己] が自己を同定していく過程を通じて確立されていくのである．つまり，主体が自己を同定する際には，[同定する自己] が [同定される自己] に帰属するものとして同定される以前に，それを「同定する自己」を仮構するという，論点先取が必要となる．新宮の指摘する，自己の2つの自己への分裂は，この時間的・論理的な転倒の共時的な切断面なのである．浅野（1996）．

を自己が行うからである．だが，他者が同定を行うのであれば，残余としての自己の問題は回避される．他者が同定するのであれば，同定のプロセスでさらなる自己が構成されることはなくなるからである[*51]．

とはいえ，この他者による認定を経由した自己の確立は，さらに新たな困難を招き寄せるものである．自己の独自性を同定するために，他者に共有されていない，特殊なコードで自己を同定しようとすると，他者にはその同定を委ねることができなくなる．他者が同定可能であるためには，自己は他者にも共有されている共通のコードで同定されなければならない[*52]．このとき，主体は，自己の独自性を同定するためには，他者にも共有されている標準的な枠組みに依拠しなければならないという撞着を抱え込むことになる．

さらに，自己は主体的な意思の拠点でもある．ところが，主体が自らの意思の拠点の同定を他者に委ねてしまえば，主体は自らの意思を自由に語りえないことになってしまう．自己の確立が他者によって行われるのであれば，自己の主体性は他者へと回収されてしまうことになる．

† 自己と他者の相互反転の生み出すダイナミズム

すなわち，自己が自己を同定しようとすれば，同定することのできない自己が，残余として出現してしまう．だが逆に，他者に自己の同定を委ねれば，自己は独自の主体的な意思の拠点ではなくなってしまうのである．新宮はさらに続けて，自己はその始源において自己の存在をいかにして確立するのかを論じている．だが，ここではその詳細に立ち入るのではなく，この他

[*50] あるいは，福原泰平は次のように述べている．「フロイトも言うように自我とは，自分自身の主人公たりうるものでも，主体の中心に位置づけられるものでもない．なぜなら，『私』というものはその構造的必然性として，常にそこから逸脱していく線を引く他なるものとして，在ろうとしながら常に在りそこねていくものを中心に，その構造化を進めていくものとしてしかありえないものだからである．」福原（1998）p.72.

[*51] 自己意識が他者関係から反照的に構成されることについては，多くの論者によって繰り返し指摘されてきた．真木悠介によれば，その代表的なものとして，「クーリーの〈鏡に映った自己〉の理論，G. H.ミードのI/me理論，ピアジェやワロン，メルロー＝ポンティやラカンの発達心理学的考察，サルトルやボーヴォワールの対他存在論，エリクソンのアイデンティティ論，レインや木村敏の対他関係論，自我の精神病理学，フーコーの『主体』形成論」を挙げることができる．真木（1993）p.120.

[*52] Xenos (1989) 訳 p.129, p.140. 松原（2000）p.64.

者性と主体性の相克の問題と，ファッションのダイナミズムとの相同性を確認しておきたい．

　消費を通じて「自分らしさ」，すなわち自らの独自性や主体性を実現しようとするとき，消費者は，自己による自己同定の問題に直面することになる．この困難は，他者による同定を経由することで回避される．消費者が，自らの独自性や主体性を実現しようとする際に，メディアや産業をはじめとする他者が提示する，共有化された消費のモデルに依拠してしまうのは，そのためである[*53]．

　しかし，他者に委ねるだけでは，自己の独自性や主体性は消滅してしまう．同様に，与えられた標準的なモデルをそっくりまねた装いや生活のスタイルを，個性の表現というわけにはいかない．提示されたモデルに依拠しながら，独自性と主体性が確保されなければならないのである．消費を通じて「自分らしさ」を実現しようとするとき，消費者は，他者との悩ましい関係，

図 2-3　モデルを介した個性の表現

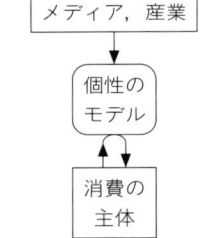

直線的な〈モデル→自己の同定〉　　受け手による採択を経由した〈モデル→自己の同定〉

[*53] 南知恵子は，自己概念とそのシンボルとなる財との関係性をとりあげ，マーケティング論の先行研究をレビューしている．南によれば，先行研究は，自己概念のシンボルとしての財を，①状況に合わせて理想の自己を表出するための用具と位置づけるものと，②準拠集団からの役割期待に沿った自己を表出するための用具と位置づけるものとに大別される．南（1998）pp.19-22.
　われわれが取り上げた，自己や個性を同定するためのモデルは，このいずれにも属さない．それは，確立された理想の自己を表出するためのモデルでもなければ，役割期待に沿って確立された自己を表出するためのモデルでもない．すなわち，本書における「消費のモデル」とは，確立された自己を表出するためのモデルではなく，自己そのものを確立しようとする際に，撞着に陥ることを回避するためのモデルなのである．

すなわち他者に依拠しつつ他者を否定しなければならないという関係に直面することになるのである．

　この問題は，局所的には解決可能である．西垣通は，情報提示のインターフェースの構成に注目し，テレビ，新聞，雑誌などのマスメディアは，個々の受け手との直接的な接点では，一対一の親密なコミュニケーションとして作用すると指摘している．メディアや産業は，全体としては多数の受け手に向けて共通の情報を発信している．だが，その情報は受け手に対しては個別に囁かれるのである[*54]．このような二重性を介することで，模倣の対象となるモデルは，他者と共有化されているのに，独自のものであるかのような，ねじれた関係のもとにおかれることになる．

　また，メディアや産業は模倣の対象となるモデルを提示するが，その採用は模倣する側の主観に委ねられている．この構成も重要な意味をもつ．この模倣する側への委託は，自己の消滅を回避するための巧妙なしかけである（図2-3）．自己の外部にある他者として構成されたモデルを経由することで，自己自身による自己の同定という撞着は回避される．その一方で，モデルの採択が，模倣する側に委ねられることにより，自己が全面的に他者に規定されてしまうという撞着も回避されるのである．

　消費の主体は，自分らしい消費を行おうとして，消費のモデルを模倣することになる．このモデルが個別化された関係のなかで提示され，その採択が消費者に委ねられているとき，他者が提示するモデルの模倣を行いながら，消費者は自己の独自の個性を表出する主体としての座を守ることができる．とはいえ，問題は先送りされている．問題の解決は，さらに異なる位相で同じ構造の問題を引き起こすのである．

　まず，当のモデルに従って，特定の商品を購入した時点で，早くも消費者は選択の主体としての地位を失ってしまう．購入するまでは，消費者は，モデルを主体的に選択する立場にある．しかし，いったん特定の商品を購入してしまうと，規定する側から規定される側へと，消費者の立場は逆転する．その商品が体現しているモデルを選択する立場にあった消費者は，当のモデ

[*54] 西垣（2001）pp.15-16．

ルに規定される立場に置かれるようになるのである．

　さらに，当のモデルに規定されるのは，当の消費者一人だけではない．モデルを提示する側のしかけが功を奏して，多くの人々が同じモデルに依拠して自分のスタイルを決定してしまうと，均質で没個性的な装いや生活のスタイルが蔓延することになる．消費者の個性は，独自性を喪失し，他者のなかに埋没してしまうのである．

　このような事態を逃れようとして生じるのが差異化である．だが，自己の他者への埋没という事態から逃れようとしたところで，他者を全く経由することなく自己が同定できるわけではない．また，そのときには，メディアと産業がさらに新たなモデルを提示している．そこで，この新たなモデルをめぐり，模倣と差異化が再び繰り返されることになる．

　まとめよう．自省的な行為の主体が自らの個性を表出しようとするときに出現する他者性と主体性の相克[*55]が，社会的なシステムを通じて増幅されることで出現する消費の動態，これがファッションなのである．

5. マーケティング・コミュニケーションへの含意

† 消費のモデルの絶えざる更新

　最後に，以上の分析が，マーケティング・コミュニケーションのデザインに示唆するポイントを確認していこう．

　ファッションはマーケティングにとって諸刃の剣である．ファッションは，消費を不安定化するリスクであると同時に，大量消費を喚起する要因でもある．このファッションに喚起されて出現する大量消費は，状況を超えて客観的に実在する要因に規定されているのではない．ファッションは，プロセスにおいて出現する関係の構造によって規定されている．

　状況を超えて実在する要因ではなく，プロセスのなかで出現する関係の構造に規定される．このため，ファッションは，大量消費が出現することにより，その前提が変化してしまうという事態に直面する．したがって，ファッ

[*55] 石井淳蔵は，このような関係の相克をとらえるために「球面発想」を提唱している．石井（1998）pp.332-333．

ションと大量生産の結合を維持するためには，変化し続ける関係のなかで，マーケティングは次々と新たなモデルを提示していくコミュニケーションを，展開し続けなければならない．すなわち，「消費のモデルの絶えざる更新」が必要となる．

　また，本章の検討は，マーケティング・コミュニケーションに対して，次のような示唆も与える．ファッションは，自省的な行為の主体が自らの個性を表出しようとする際に出現する他者性と主体性の相克を，社会的なシステムを通じて増幅することで出現する．すなわち，ファッションによる消費を推進するためには，消費者が個性の表出を自省的に推進していくことが可能となるように消費のモデルの提示を行わなければならない．

　消費者が，モデルを介して自身の個性を表出するためには，そのプロセスが次の要件を満たしていることが必要である．個性を表出するプロセスでは，自己が自己を同定することの困難が解消される一方で，自己の独自性や主体性が確保されていなければならない．このことは，より具体的には，マーケティングがファッションの喚起をめざして消費のモデルを提示する際には，「モデルの公共化」と併行して，「インターフェイスの分断化」や「未来の先取り」や「迂回化された提示」を実現することが必要となることを意味している．

　続いて「モデルの公共化」と併行して，「インターフェイスの分断化」，「未来の先取り」そして「迂回化された提示」が行われることにより構成される作動を，順次確認していこう．

† モデルの公共化とインターフェイスの分断化

　まず第1に，マーケティング・コミュニケーションがファッションを喚起するのは，「モデルの公共化」と「インターフェイスの分断化」が併行して行われているからだと考えられる．

　自分らしい消費を行おうとする消費者が，モデルに求めるのは，自己による自己の同定に随伴する，残余としての自己の解消である．しかし，このモデルが，当の消費者の意図によって規定されるのであれば，モデルは，無限後退する自己による自己同定のプロセスに回収されてしまう．つまり，消費

のモデルが消費者の外部で規定されたものとして提示されるのでなければ，同定し得ない残余としての自己は解消されないのである．

したがって，モデルは，消費者の意図からは相対的に自律して作動する関係によって規定されていることが望ましい．社会における開かれた関係のもとでの相互作用，あるいは大規模で組織的な活動などは，消費者個人の意図によって操作することが極めて困難である．例えば，公刊された記事や販売ランキングなどのような公共的言説，あるいはマス広告や，メディア・ミックスなどによる大規模なキャンペーンなどはその典型である．こうした活動によって提示されるモデルは，消費者が自己を同定する際に用いるモデルとして適しているのである．

このような多くの人々に広く共有される公共的なモデルは，一般的で標準的な性格をもつことになる．問題は，消費者が，このモデルを，自らの個性を表出するために用いようとしていることである．そのままでは，消費者は，自己の独自性を同定するために，一般的で標準的な性格のモデルを用いるという，撞着した関係に直面してしまうことになる．

だが，モデルは共有化されたものであっても，モデルを提示する際の消費者とのインターフェイスを個別化していくことは可能である．先述したように，メディアの多くは，全体としては多数の受け手に向けて共通の情報を発信しているが，その受信は，空間，時間，あるいは意識の上で，分断化された個別の状況のなかで行われることになる．

例えば，テレビや新聞や雑誌は，同時期に多数の人々に同じ情報を発信しているが，人々はそれを分断された個別の空間で受け取る．広場の看板は，多数の人々の目に触れることになるが，人々はそれを時間的に異なる状況のなかで目にする．また，ファッション・ショウは，一つの空間で同時に多くの観衆に開示されているが，人々は舞台に魅せられることにより，その意識は舞台との1対1の関係に集中することになる．

他者にも開示されているモデルが，1対1の分断化された関係のなかで消費者に提示される．メディアや産業がコミュニケーションをこのように展開することにより，公共的な性格を保ちながら，私的なものであるかのような二重性を備えたモデルが，消費者に向けて構成されることになる．

†未来の先取り

　第2に，マーケティング・コミュニケーションがファッションを喚起するのは，さらに「未来の先取り」が行われているからだと考えられる．

　上述したように，自らの個性を表出しようとするとき，消費者は，撞着した関係を経由することになる．一般的で標準的な性格のモデルを，自己の独自性を同定するために用いるのである．「モデルの公共化」と「インターフェイスの分断化」の結合，すなわち不特定多数に向けた情報の個別化された接点での提示が行われることにより，この撞着した関係のなかで個性を仮構していくことが可能となる．

　「モデルの公共化」と「未来の先取り」の結合も同様に，この撞着した関係のなかで個性を確立することを支援する．不特定多数に向けて発信される消費のモデルは，未来を先取りするかたちで提示される．例えば，ファッションショウやファッション雑誌やショウウィンドウが提示する消費のモデルは，その時点ですでに多数派となっているわけではない．大澤真幸が指摘しているように，これらのモデルが多数派となるのは，未来においてなのである[*56]．

　実際に，ショウであれ，雑誌であれ，店頭であれ，提示される消費のモデルは，程度の差はあるものの，消費に先行するかたちで開示される．例えば，パリの主なクチュール・ハウスは，シーズンごとのコレクションを発表するために，春夏物であれば1月後半に，秋冬物であれば7月後半にショウを開催する．既製服のプレタポルテはさらに早く，春夏物は前年の10月に，秋冬物は3月にショウを開催する[*57]．

[*56]　大澤（1995a）pp.225-226．
[*57]　クチュール・ハウスとは，デザイナーによる独創的なデザインとスタイルのアパレルをつくる企業である．パリには，クリスチャン・ディオール，シャネル，ジバンシィといったクチュール・ハウスがある．現在ではその全てがプレタポルテも手がけている．なお，プレタポルテのショウは，バイヤーやメーカーや報道関係者を対象としたトレードショウであるのに対し，クチュールのショウはバイヤーやメーカーや報道関係者に加えて，個人顧客も対象としている．個人顧客は，クチュールのコレクションから，特定のモデルを選び，仕立てさせることができる．バイヤーやメーカーは，コレクションのモデルを，コピーまたは焼き直して高級既製服をつくるために仕入れることができる．Stone & Samples（1985）訳 pp.289-293．

消費のモデルが，消費に先行して開示されるのは，ある意味で当然である．なぜなら，夏物の衣料のモデルを，夏物の衣料の購買が行われてしまった後で提示しても無意味だからである．だが，この自明さに目を奪われて，そこに潜在する機能を見落としてしまわないようにしなければならない．消費に先行してモデルを提示することで，当のモデルは，現在ではなく，未来における多数派を志向したモデルとなるのである．

　ファッションを喚起するために提示される消費のモデルは，大量消費の実現を志向している．すなわち，多数派を志向したモデルである．だが，そこで志向されている多数派は，未来の多数派なのである．そして，重要なのは，それらのモデルが，現在においては少数派でしかない，あるいは全く実現していないということである．

　そのため，公共的で標準的な性格と，独自性を構成する希少で特殊な性格とが，一つのモデルのなかに同居することになる．未来の多数派を先取りするものとして提示されることで，消費のモデルは，消費者個人の意図からは自立した公共的な性格を帯びながら，現在においては極めて希少で特殊なスタイルとして出現する．そして，この落差がファッションという消費の運動を喚起するのである．

†迂回化された提示

　第3に，マーケティング・コミュニケーションがファッションを喚起するのは，さらに「迂回化された提示」が行われているからだと考えられる．この「迂回化された提示」も，「モデルの公共化」と結合することで，自己の同定に際して一般的で標準的な性格のモデルに規定されながら，選択の主体としてふるまうという，ねじれた関係に消費者を誘導するものである．

　例えば広告は，自分らしい消費のためのモデルとして，消費者に商品を提示している．しかし，多くの場合，広告は直截にモデルを提示したりはしない．モデルをそのまま示すのではなく，モデルのありようをほのめかす言葉や映像や音楽などを用いて語りかけるのである．

　一例として，ティファニーの印刷広告を取り上げてみよう．上質のスーツを着た男性が，後ろ手にリボンをかけた小さな箱を持っている．その袖口と

箱を持つ手をクローズアップした写真の下に,「いつの日か」というコピーが,控えめな小さな文字で書かれている*58. これだけである. このような広告表現が,消費のモデルの提示となるのは,われわれが,男性の身なりや,指先の表情,そしてティファニーのトレードマークである白いリボンを結んだボックスから,「誰かがティファニーのエンゲージ・リングを手にしようとしている」と推しはかるからである.

あるいは,PHS の導入期に,Ｊリーグの有名選手を起用した「愛している人とピーしている」という広告があった. PHS はビジネスのための道具ではなく,いつでもどこでも会話を交わし合えるようになるための道具であることを,20代の男女に訴求しようとした広告である. ここでも伝えようとする内容は,直截には語られていない. 水野由多加と岡田浩一は,広告はこうした表現手法を採用する傾向があることを指摘し,この広告の特性を,「媒介された説得」と呼んでいる*59.

媒介された説得は,直截な伝達とは異なり,受け手に複雑な推論と数多くの前提の共有を求める*60. 重要なのは,広告がこうした表現手法をとることで,メッセージは,それでしかありえないものとして押しつけられるのではなく,読み手の主体的な解釈に委ねられることである. つまり,消費者は,提示されるモデルに依存しながら,一方で主体としての位置を保つことができるのである.

同じようなしかけは,商業店舗における商品の展示にも見られる. 目抜き通りに並び,街のファッションをリードしている,洗練されたショップのディスプレイを思い出してみよう. ショウウィンドウは,通行人に商品への注目を強制するわけではない. ショウウィンドウは,通行人が自らのぞき込むことを待っている.

さらに,こうした店は通常,販売している商品をあれもこれも,これ見よがしに全てショウウィンドウに並べたりはしない. ショウウィンドウに展示されている商品は数点で,それらは店内に用意されている多彩な商品のごく

---

*58 Schmitt (1999) pp.139-140.
*59 水野・岡田 (2001)
*60 難波 (2000) p.22.

一部に過ぎない．場合によっては，誰が買うのかと首を傾げたくなるような突飛なモデルだけが，ショウウィンドウに展示されていることもある．つまり，消費者が自らの消費のモデルとなる商品と出会うためには，ショウウィンドウを見て，店内での消費のモデルとの出会いを予期し，扉を開けて店舗のなかに入っていくという，主体的な行為が必要なのである．

そして，通常店内には，消費のモデルとなる商品が複数並んでいる．そのため，消費者は店内で，さらに提示されているモデルを吟味し，選択する主体として振る舞うことが可能になる．商業店舗のディスプレイは，消費のモデルを提示する一方で，モデルに到達するには消費者の主体的な探索が必要となるようにデザインされているのである．

選択の余地のないかたちで提示されたモデルによる規定は，消費者の主体性を消滅させてしまう．提示のためのコミュニケーションをあいまい化し，段階化し，分岐をつくることは，提示を迂回化し，消費者の主体性を引き出すためのしかけと見なすことができる．広告やディスプレイでは，あいまい化，段階的開示，選択肢の確保などの原則が採用されている．また，こうした「提示の迂回化」のための原則は，モード雑誌の紙面やインターネット上のホームページの編集，そしてそれらと広告や店舗などを組み合わせた複合的なコミュニケーション活動のデザインに際しても用いることができる．

† ファッションを喚起するためのコミュニケーション

まとめよう．ファッションを喚起するためのマーケティング・コミュニケーションの基本枠組みは，図2-4のようになる．

図2-4　ファッションを喚起するマーケティング・コミュニケーションの枠組み

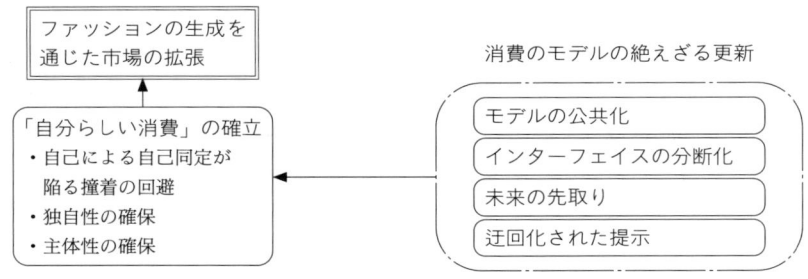

```
┌─────────────────┐
│ ファッションの生成を │
│ 通じた市場の拡張    │                消費のモデルの絶えざる更新
└─────────────────┘           ┌─────────────────────┐
          ↑                    │ モデルの公共化          │
┌─────────────────┐           ├─────────────────────┤
│「自分らしい消費」の確立 │ ←─── │ インターフェイスの分断化 │
│・自己による自己同定が   │      ├─────────────────────┤
│  陥る撞着の回避         │      │ 未来の先取り            │
│・独自性の確保           │      ├─────────────────────┤
│・主体性の確保           │      │ 迂回化された提示        │
└─────────────────┘           └─────────────────────┘
```

マーケティングは,「消費のモデルの絶えざる更新」を通じて,ファッションを喚起し,消費のフロンティアを拡張してきた．とはいえ,モデルを提示しさえすれば,ファッションを喚起し続けられるわけではない．本章の理論的な検討が示唆するのは,ファッションを喚起するためには,モデルの提示にあたり,「モデルの公共化」と連動して「インターフェイスの分断化」や「未来の先取り」や「迂回化された提示」を実現することが必要だということである．これらの要件に応えていくことが,ファッションを喚起するためのマーケティング・コミュニケーションをデザインする際の基本枠組みとなる．

　以上のような枠組みを確立することで,われわれは,まず第1に,プロモーションやディスプレイのデザインにおいて広く採用されてきた手法の意義を,あらためて評価することができるようになる．すなわち,「公共的言説としてモデルを提示する」,「モデルの広範な露出をはかる」,「1対1の関係を強調するようなかたちでモデルを消費者に提示する」,「実際の販売に先行してモデルを提示する」,「モデルに解釈の余地を残す」,「提示するモデルの全てを一度に開示しない」,「複数のモデルを提示し選択の可能性を確保する」等々の手法である．これらの手法は,消費のモデルの提示における「モデルの公共化」や「インターフェイスの分断化」や「未来の先取り」や「迂回化された提示」を実現することで,消費者が「自分らしい消費」を行うことを支援し,ファッションの生成を通じた市場の拡張を推進しているのである．

　そして第2に,ファッションを喚起するためのマーケティング・コミュニケーションのデザインに際して,諸活動の統合的な展開をはかるわれわれは,消費のモデルの提示にあたって,「モデルの公共化」と連動した「インターフェイスの分断化」や「未来の先取り」や「迂回化された提示」の実現をはかるという指針のもとで,マーケティング・コミュニケーションを構成する諸活動を位置づけ,それらを統合的に展開することができるようになるのである．

6. 結語

　近代以前の社会では，多くの人々にとって「何を着るか」という問題は，ファッションとは無縁の問題であった．社会が衣服の選択を規定してしまえば，ファッションの生じる余地はない．例えばフランスで，王侯貴族ら支配階級の人々だけではなく，社会のあらゆる階層の人々が，その装いにおいてファッションと関わるようになったのは，各人が自由に衣服を選択できるようになったフランス革命以降のことだと言われる．それ以前は，法と慣習にもとづいて衣服の規範が身分別に厳格に定められており，衣生活は固定的な規範のなかに閉じこめられていたのである．各人が自らの消費を自由に選択できることの保障は，ファッションが生じるための重要な条件の一つである[61]．

　しかし，その一方で，社会による消費の規定が全くなされないところには，起こり得ないのがファッションである．フランス革命により，消費が法と慣習から解放されることで，すぐさま大衆的な消費社会が出現したわけではないのである[62]．

　消費の解放が，消費とファッションの大衆化へと結実するためには，大量の安価な商品の流通を可能にする産業の側の革新を待たなければならなかった．加えてこの当時，消費とファッションの拡大と並行して，オートクチュール，百貨店，モード雑誌，ショウウィンドウ，博覧会，街路，カフェ，バカンスといったシステムが，社会に登場してきたことにも注目しておきたい[63]．

---

[61] Roselle (1980) 訳 p.14. Xenos (1989) 訳 pp.28-29. 北山 (1991) pp.318-319. 柏木 (1998) pp.20-22.
[62] 北山 (1999) pp.186-192.
[63] 鹿島 (1991) pp.17-23, pp.62-98. 吉見 (1992) pp.84-98. 柏木 (1998) pp.26-27. 北山 (1999) pp.192-193, pp.206-221, pp.304-306, pp.326-330.
　ショウウィンドウについては，18世紀のヨーロッパにその萌芽を見いだすこともできるが，現在のようなショウウィンドウが登場したのは，板ガラスの生産が可能になった1850年代以降である．高柳 (1994) p.i.

オートクチュールは，デザイナーの主要な役割を，顧客の注文に応じて商品制作を行うことではなく，それに先駆けて商品見本を提示することへと転換するシステムであった．百貨店，モード雑誌，ショウウィンドウ，博覧会，街路，カフェ，そしてバカンスは，多様な商品やファッション，そして日常的な交際の範囲を超えた雑多な人々の消費との出会いの場を提供するシステムであった．すなわち，消費者の主体的な選択の対象となる差異を，消費者の外部で規定し，誰もが目にしうるものとして提示する社会的なシステムが確立されていったのである．

つまり，ファッションは，社会による個人の選択の完全な統制の所産でもなければ，社会による統制から解き放たれた，完全に自由な個人による選択の所産でもない．ファッションは，社会的な規範と個人的な主体性の，両者の間で起こる相互作用の所産なのである．

社会と個人の相互作用が，ファッションという現象に結びつくメカニズムをとらえた古典的な理論として，われわれはトリクル・ダウン理論に注目した．社会のなかでルールが共有されることで，ルールそのもののあり方が変化することを，トリクル・ダウン理論はとらえている．

トリクル・ダウン理論の限界は，社会階層間の模倣と差異化の理論だということである．この理論を，個性をめぐる模倣と差異化の理論へと改訂することにより，階層性の希薄化した現代社会の消費においてもファッションの動態が見られることの説明が可能となる．

加えて指摘しておかなければならないのは，個性の表現における個人の自由な選択がファッションの原動力となるとはいっても，一方で何らかの作動が，そのモデルとなる規範を社会化されたかたちで提示することが必要だということである．例えば準拠集団などにその可能性を見いだすこともできるが，より広範な影響力をもつのは，メディアや産業である．メディアや産業は，社会に向けて組織的に製品やサービスそしてその情報を提示することで，模倣を通じた差異化のためのモデルを提示する役割を果たしている．

とはいえ，ファッションは，メディアや産業の押しつけや刺激による，一方的な強制の産物ではない．ファッションは，何を消費するのかの選択が，消費者の主体的で自由な意思に委ねられたことの帰結なのである．ファッシ

ョンのダイナミズムの背後には，消費を自省的な行為の主体の自由な意思に委ねることが，メディアや産業を通じた一種の社会的強制力を呼び込むという逆説的な関係がある．ファッションのダイナミズムを通じた市場の拡張をめざして，マーケティング・コミュニケーションをデザインしていく際には，この逆説的な関係への対応をはかることがその基本枠組みとなるのである．

　だが，さらに検討しなければならない問題が残されている．マーケティング・コミュニケーションが，ファッションとその消費を喚起するためには，さらに，自省的な行為の主体である消費者が　①マーケティング・コミュニケーションの提示する消費のモデルを，自らの消費を導く情報として知覚し評価すること，および，②消費のモデルと関わる特定の製品やサービスを消費することの必要性に駆りたてられること，が欠かせない．

　もっとも，この2つの要件に対処することを求められるのは，ファッションを喚起するためのマーケティング・コミュニケーションだけではない．これらは，マーケティング・コミュニケーション一般に課せられる要件なのである．以下では，マーケティング・コミュニケーションに組み込まれている，この2つの要件に対処するための作動を検討していく．特に，続く第3章では，特定の製品やサービスに対する消費の必要性あるいはその購買の意思を構成する作動を，そして第5章では，マーケティング・コミュニケーションに対する消費者の知覚や評価あるいは読みや解釈を一定のものとして確定化する作動を，それぞれ検討する．

第3章

消費者情報処理の可能条件

1. はじめに

†シャドウ・ワーク

　20世紀は，産業化の世紀であった．社会における製品やサービスの生産と供給は，企業組織の発展によって飛躍的に増大した．この産業化は，「工業化」のプロセスであると同時に，「商品化」のプロセスでもあった．企業は，その内部における革新とともに，その外部との関係の変容を通じて発展を遂げていったのである．

　産業化は，無条件に生じたわけではない．大量生産技術の確立と並んで重要なのが，交通や通信などの社会基盤の整備である．アメリカでは，19世紀末に，鉄道と電信のネットワークが完成した．その結果，全国規模の大量流通が可能となった．マス・マーケットが成立するための舞台が整ったのである[1]．

　この舞台の上に出現する財と情報の大量流通によって，産業化が実現する．大規模な企業活動を成立させるためには，市場を通じて，大量の原材料や労働力を調達し，産出した製品やサービスを販売することに努めなければならない．市場の拡大とともに企業は発展していったのである．

---

[1]　Tedlow (1990) 訳 p.3.

I. Illich は，さらに，この華やかな舞台の影で，隠された作動が果たしてきた役割に光をあてる．Illich が気づいたのは，今日では当然のように市場を流通している製品やサービスや情報が，産業化に先立って，あらかじめ市場交換の対象（＝商品）として確立されていたわけではなかったということである．そして，彼は，産業化の歴史的なプロセスのなかで，それらが商品となることを支える隠された作動が出現してくることを指摘し，「シャドウ・ワーク」と名づけたのである．

　シャドウ・ワークとは，産業化にあたって，商品化された労働である賃金労働と同時に出現した新しい人間の活動で，社会が産業化する上で根源的に必要であるが，商品化されていないものである[*2]．Illich が注目するのは，家事労働の次のような変容である．社会の産業化とともに，家庭内での生活を維持するための労働は，専ら女性がたずさわるものと見なされるようになっていった．家庭内へと女性は囲い込まれていったのである．この囲い込みにより，男性が家庭の外での賃金労働に専念することが容易になる．近代的な産業社会に新たに登場した，「主婦による家事労働」は，賃金労働という商品化された労働の社会への大量の供給を促進する，シャドウ・ワークとして機能したのである[*3]．

†選択が触発する反射的作動

　シャドウ・ワークという概念の適用領域を拡張し，さらに主婦による家事労働の次のような局面も，シャドウ・ワークに含めることが可能である．企業が産出する製品やサービスは，人々に必要とされることによって商品となる．主婦による家事労働は，この「生活における必要」を構成する局面からも産業化を支えることになる．必要は，固定的な前提ではなく，つくり変えられていく前提なのである．

　上野千鶴子は，家電製品がアメリカの家庭に浸透していくプロセスで，次のようなダイナミズムが生起していることを指摘している[*4]．家電製品は，

---

*2　Illich (1981) 訳 pp.2-3. 落合 (1989) p.10.
*3　Illich (1981) 訳 pp.206-208. この Illich の認識は，マルクス主義フェミニズムや歴史社会学の見解とも共通する．落合 (1989) pp.11-12.
*4　上野 (1994) pp.172-179.

家事労働の省力化・省時間化を意図した商品である．この効果をうたって宣伝，販売され，買う側も家事の省力化を意図して購入する．しかし，家庭電化が進むなかで，家事労働の時間はいっこうに減少しないという「家事労働のパラドクス」が起こる[*5]．

例えば，洗濯機が家庭に入ってくることによって，それまで週一回でよかった洗濯が，毎日の仕事となる．清潔と衛生の観念が高度化するのである．あるいは，クリーニング店に出していた洗濯物も自宅で洗濯するようになる．家事が水増しされていくのである．

家庭電化が進むなかで，家事に要求される水準の変化が，そこかしこで起こる．清潔でのりのきいたシーツ，ピカピカに磨き上げられた床，手のこんだ料理，手づくりのおやつや子供服，等々．かくして，家電製品の購入による家事省力化にもかかわらず，主婦の家事労働はいっこうに減少しない．

図3-1　家電製品の必要と欲求水準のダイナミズム

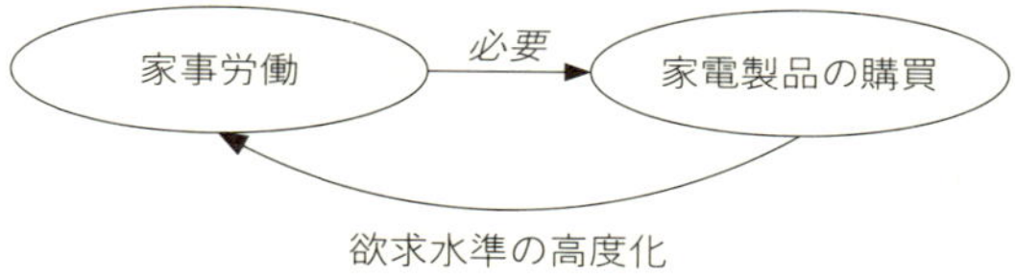

家事労働　─必要→　家電製品の購買
　　　　　←欲求水準の高度化─

目的のための手段が，目的をつくり出す．このねじれた関係によって，産業化はいっそう促進されることになる．すなわち，夫を賃金労働に送り出した妻は，主婦として近代家族的な家庭の形成という新たな課題に専念するために，ますます夫の賃金収入に依存することになる．あるいは，主婦は，家庭へ家電製品が導入されることで新たにつくり出された一連の仕事をこなすために，ますます家電製品の手助けを借りないわけにはいかなくなる．シャドウ・ワークとしての家事労働の働きは，このメビウスの輪のようなねじれた関係を通じてさらに強化されていく．

シャドウ・ワークとは産業化を支えるものでありながら，一方でその作用

[*5] J. Gershunyは，この労働節約的器具の利用が家事の量を増やしてしまうという事態を「家事労働のパラドクス」と呼んでいる．Boulding ed. (1984) 訳 pp.63-65.

を見過ごされてきた活動である．その作用が見えにくいのは，われわれにとって，行為とは，直接的には何らかの意図を実現するためのプロセスだからである．すなわち，意図された目的に従って，ある行為を選択することで，その目的を達成する結果がもたらされる．だが，その陰で，ある行為を選択することが当の目的に向けて影響を及ぼすという作動が発生する．この選択が反射的に触発する作動から，シャドウ・ワークは生じているのである．

以下では，シャドウ・ワークに見られる，「選択が触発する，当の選択の前提に対する反射的な作動」の問題を，消費者の購買意思決定の局面における問題として検討していく．選択がその前提を反射的に触発する作動を通じて構成されるプロセスとして消費をとらえ直すことで，見過ごされがちであった消費のドライビング・フォースの作動が明らかになる．あわせて，消費に対するマーケティングの働きについて再考していく．

2. マーケティングの課題としての消費

†消費者にとっての消費／マーケティングにとっての消費

消費あるいは顧客との関係の創造と維持という問題は，マーケティングにとっての中心的な問題である．マーケティングは，企業が商品として産出する製品やサービスや情報を，消費へと連結する役割を担っている．そのために，消費者に向けて，企業は自社の商品の購買を促すさまざまな活動を組織的に展開する．

もちろん，顧客との関係の創造と維持が，マーケティングにおける問題の全てだというわけではない．対市場活動の局面に限っても，事業の成長と存続をはかるためには，他社との競争への戦略的対応，そして商品の流通網の構築が必要である．加えて，企業活動と社会的価値や倫理との調和も求められよう[6]．とはいえ，競争対応や流通対応や社会対応がいかに的確に行われても，それが顧客との関係の創造と維持に結びつかなければ，事業の成長

---

[6] 嶋口（1986）pp.38-42.

と存続を果たすことはできない。このこともまた確かである*7。

一口に「消費」といっても，この言葉が意味する内容は文脈によってさまざまである。例えば，消費を通じて，さまざまな生活文化が生まれては消えていく。あるいは，消費は自然環境の汚染や多重債務などの社会問題を引き起こす。広くとらえれば，消費は，製品やサービスを購買し，使用し，廃棄することに関わる全プロセスだということになる*8。

マーケティングにとっての関心は，自社の商品をこの消費へと結びつけることにある。生産された商品が，消費へと結びつくのは購買を通じてである。したがって，マーケティングが消費によせる関心は，購買の局面を中心としたものとなる。使用，廃棄の局面も重要ではあるが，それは，それらが購買行動に影響を与えることになるからである。

購買の局面を中心に据えたとき，消費という行為は，どのようにとらえられるのだろうか。現在の日本のような社会では，ほぼ全ての人が，日々なんらかのかたちで消費を行う。例えば，夕食に必要な食材を購入するために，スーパー・マーケットへ出かける。友人と食事をしに，街のレストランへ行く。通信販売のカタログのなかに，お気に入りのスタイルのセーターを見つけ，注文する。これらは全て購買と結びついた行為である。これらの消費と呼ばれる行為は，誰もができることで，さほど難しいことではない。消費を行うには，いわゆる常識のたぐいの知識があれば充分である。

通常われわれは，マーケティングという立場を離れたところで，日々の消費を行っている。ほとんどの場合，それは深刻な問題とはならない。行う者にとっては，消費は考えるまでもなく実行可能な行為である。ところが，売

---

*7 他社の製品・サービスが選択される可能性を排除することは，自社の製品・サービスの購買を促進するための有効な手だてとなる。例えば，オフィスビルにおいて，会議の合間に缶コーヒーが繰り返し購買されることが確実であるのなら，会議室の近くの自動販売機の設置スペースを自社の製品で埋めてしまえばよい。この場合，缶コーヒーを購買するという必要は，買い手のごく限られた行動範囲の中で満たされるはずだから，その範囲から他社の製品を排除してしまえばよいのである。ただし，これは製品やサービスの必要が確実な与件である限りにおいて，有効な戦略である。問題は，製品やサービスの必要は，常に選択の確実な与件であるわけではなく，同時にこの必要自体が選択の対象となることである。

*8 Holbrook (1987).

るという立場に立つと，消費はとたんに扱うことの難しい問題となる．どうやら，同じ「消費」とはいっても，消費者として消費を行う場合と，マーケティングの側から消費に関わる場合とでは，問題の構成が異なってくるようである．

†やさしいことはむずかしい

　消費者は，商品の購買意思決定という，現代の消費社会を生きるうえで必要不可欠な技能を，生活のなかで知らず知らずのうちに身につけていく．一方で，マーケティングも，消費者による購買意思決定のメカニズムを問題とする．だが，両者にとって問題の様相が全く同じものとなるわけではない．
　マーケティングの課題は，商品の購買意思決定を行うことそのものではない．マーケティングの課題は，この消費者による意思決定と，開発や生産などからなる企業活動とを，斉合化（matching）することなのである[*9]．どちらの場合も対象となるのは同じ行為である．両者を分かつのは，自らそれを行うのか，それともその外部から働きかけるのかの違いである．この違いによって，直面する問題の姿は異なるものとなる．
　対象が同じ行為であっても，どのような立脚点から関わるかによって，問題の構成が大きく変わってしまうことがある．このことを強調するために，M. Minsky の「やさしいことはむずかしい」という洞察に満ちた立論を紹介しておこう．
　Minsky は，われわれ人間は，次のような能力をもっていると述べている．複雑で入り組んだ判断を求められる行為であっても，何度も繰り返すうちに，われわれはそれをほとんど考えることなく，容易に行うことができるようになってしまう．例えば，「積み木で塔を作る」といった，行うことの容易な，ごく簡単な行為であっても，そのなかにはたくさんの技能が隠されている[*10]．
　「積み木で塔を作る」という行為は，初歩的なちょっとした遊びである．だが，それは，複雑に絡み合った技能の束によって支えられている．積み木

[*9]　Alderson（1957）訳 p.223. 陶山（1993）pp.39-41. 石原（2000）p.46.
[*10]　Minsky（1986）訳 pp.11-14, pp.18-19, pp.25-26.

で塔を作るプロセスのなかで，新たな積み木を見つけて作りかけの塔の上に置く．この「加える」という仕事一つをとっても，見つける－つかむ－動かす－置く－手を放す，といった小さな作業の積み重ねからできあがっている．加えて，この小さな作業の一つ一つにおいて複雑な判断が求められる．

例えば，その一つ，「見つける」では，さまざまな色や形の積み木を，置いてある場所，背景，光の当たり方等々に関わりなく「積み木」と認識しなければならない．また，このとき，塔のてっぺんにある，すでに積んでしまった積み木が目にとまっても，それは無視しなければならない．また，その積み木が，つくりかけの塔の上に置くことの可能な大きさや形であるか，あるいは，さらにその上に置かれる別の積み木を支えることの可能な大きさや形であるか，といったことも判断しなければならない．問題はこれにつきない．これら各作業単位の個々の内容を習得するだけでは，「加える」という行為には至らない．作業の各部分を，それに接続する別の部分とどのように結合し調整するかという，インターフェイスの形成に関わる問題も解決しなければならないのである．

とはいえ，いったん身につけてしまえば，この複雑で入り組んだ仕事の積み重ねは，その複雑さを意識することなく行うことが可能である．われわれは，特に考えることもなく，新たな積み木を見つけて作りかけの塔の上に置くことができる．このような行為のプロセスは，通常ふつうの常識としてほぼ自動的に実行される．だが，このプロセスを自らが行うのではなく，外部からこのプロセスに働きかけて操作しようしたり，このプロセスを別のところで再現しようとしたりすると，問題はふつうの常識ではすまなくなる．Minskyらが試みたように，この積み木を加えるプロセスを，機械の手とテレビカメラとコンピュータとの組み合わせで成し遂げようとすれば，課題は複雑で入り組んだものとなる．

しかも，たいていの場合，われわれはこのプロセスがどのように行われているのかをよくわかっていない．考えるまでもなく行えることなのだから，そのような知識は日常的には不必要なのである．かくして，「やさしいことはむずかしい」という逆説的な事態が生じてしまうのである．

3. 購買意思決定のための情報処理
†消費者情報処理のプロセス

　自らが行う際には容易であることを，その外部に再構成しようとすると，とたんに難しい問題となる．消費という行為についても同様のことがいえる．われわれにとって，消費を行うことはそれ程難しいことではない．誰もが，日々繰り返し消費を行っている．そのために特別な資格や，専門的なキャリアを求められるわけではない．多くの場合，購買意思決定のための情報処理は，通常の社会生活のなかで誰もが自然と身につけてしまう．

　では，この購買意思決定のための情報処理は，どのように行われているのだろうか．このプロセスはどのように進行していくのだろうか．そして，このプロセスはどのように働きかけることで，促進されるのだろうか．こうした問題にこたえようとするときに，あらためて，われわれは，消費が複雑に入り組んだ行為であることに直面することになるのである．

　消費は，次のような「消費者情報処理のプロセス」を通じて達成されるものととらえることができる．消費に際し，われわれは，さまざまな情報を取得し購買意思決定に向けて統合していく．例えば，缶コーヒーを購入しようとすれば，通常いくつかの選択肢がある[*11]．われわれは，複数の銘柄の缶コーヒーを比較，評価し，選択する．缶コーヒーは，パソコンや自動車のような製品と比べるとはるかに単純だとはいえ，さまざまな属性から成り立っている．味，価格，量，原材料，パッケージ，ブランド，製造メーカー，等々である．さらに，味についていえば，苦み，甘み，コクといった具合に，それぞれの属性について，その細目を設定していくことができる．この

---

*11　購買意思決定における選択は，「缶コーヒー」のような特定の商品カテゴリーにおける銘柄選択に限定されるわけではない．中西正雄が言うように購買意思決定には，「ソフトドリンク」，「購買を行う店舗」あるいは「ボーナスの使途」のような，次元の異なるさまざまな集合のもとでの選択が含まれる．本章では，主に「缶コーヒー」を例に取りながら検討を進める．だが，本章で検討されるのは，こうしたさまざまな次元における選択一般に共通する構造の問題である．対象となる選択肢の集合により，問題の構造が変化するわけではないのである．中西（1984）pp.3-4．

多岐にわたる属性とその細目を選択的に知覚し，評価することを通じて，購買対象の選択へと結びつけていく．これが購買意思決定のための消費者情報処理である．

当然ながら，実際に購買を行うためには，以上のような情報処理だけではなく，予算の確保も必要である．しかし，マーケティング研究や消費者行動研究の主要な関心は，購買対象の選択の局面に向けられてきた[*12]．われわれも同様に，以下では一定の金銭的な購買力が確保されていることを所与として検討を進めていく．

それは，第1に，議論が過度に複雑になることを避けるためである．第2に，マーケティングと総称される諸活動が必要となるのは，大量生産により低コスト化した製品やサービスの大量流通が実現している状況のもとでだからである．このような状況のもとでは，支払いの面からの購買行動への制約は低下しているはずである．だが，そのことによって，企業は，販売の問題から全面的に解放されるわけではない[*13]．なぜなら，商品が購買されるためには，予算の確保に加えて，購買の対象として選択されることが必要だからである．

購買対象の選択の局面に限ってみても，購買意思決定のための情報処理のプロセスは，依然として複雑に入り組んだ行為の束である．購買意思決定のための情報処理は，知覚と評価という2つの基本的なサブ・プロセスから成り立つプロセスととらえられる[*14]．購買意思決定にあたっては，まず，代替案となる製品やサービスに関する情報の収集が行われる．知覚のサブ・プロセスである．このサブ・プロセスでは，感覚器を通じた外部刺激の選択的取得と，過去の経験や記憶に基づく情報との統合が行われる．続いて，獲得された情報を比較，考慮し，最良と判断される代替案が選ばれる．評価のサブ・プロセスである．

こうした情報の取得や統合の方法は，消費者が現実に行うことの可能な，簡便なものでなければならない．これらのサブ・プロセスの基本的モデルと

[*12] 杉本 (1997) pp.12-13.
[*13] 森下 (1993) pp.6-7.
[*14] 中西 (1984) pp.9-19. 阿部 (1984) p.122. 佐々木 (1997).

して，例えば，評価の局面における連結型ルールや，辞書編纂型ルールなどが知られている[*15]．連結型ルールは，代替案の各属性について最低限の許容値を設定し，一つでもこの必要条件を満たさない属性をもつ代替案は，他の属性の値にかかわらず拒絶するというものである．辞書編纂型ルールは，属性の重要性を順序づけ，最も重要性の高い属性で最高点を持つ代替案を採用するというものである．購買意思決定において前者の連結型ルールが採用されれば，無難で堅実な製品やサービスが選択されやすくなる．逆に，後者の辞書編纂型ルールが採用されれば，明確な特徴のある製品やサービスが採用されやすくなる．

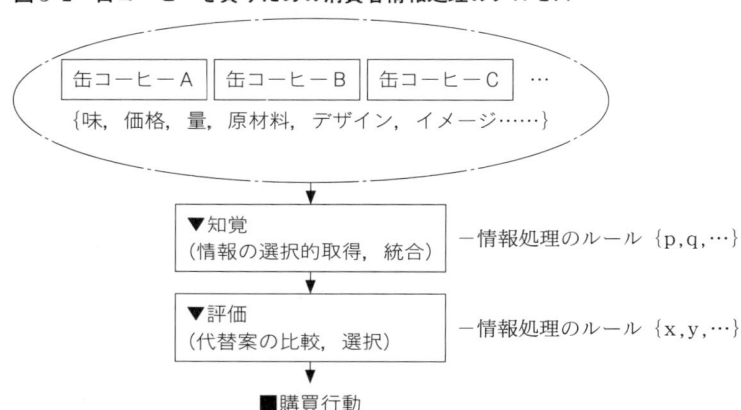

図 3-2　缶コーヒーを買うための消費者情報処理のプロセス

```
  ┌─────────────────────────────────┐
  │ 缶コーヒーA  缶コーヒーB  缶コーヒーC  …  │
  │  {味，価格，量，原材料，デザイン，イメージ……} │
  └─────────────────────────────────┘
                    │
                    ▼
         ┌──────────────────┐
         │ ▼知覚              │──情報処理のルール {p, q, …}
         │ (情報の選択的取得，統合) │
         └──────────────────┘
                    │
                    ▼
         ┌──────────────────┐
         │ ▼評価              │──情報処理のルール {x, y, …}
         │ (代替案の比較，選択)  │
         └──────────────────┘
                    │
                    ▼
              ■購買行動
```

† **情報処理のルールの選択**

しかし，問題はこれにとどまらない．購買意思決定にあたっては，知覚，評価というサブ・プロセスのそれぞれで，情報の選択的取得，統合，代替案の比較，選択等の情報処理が行われる．加えて，これらの情報処理のそれぞれについてそのルールの選択が行われなければならない．

[*15] 獲得された情報を処理して評価を形成する局面の基本モデルとしては，他に感情帰属型ルール，分離型ルール，線形代償型ルールなどが知られている．阿部（1984）pp. 128-131．青木（1992）p.147．
　また，情報を獲得し知覚を形成する局面では，その基本モデルとして，ピースミール・モード，カテゴリー・モードなどが知られている．清水（1999）pp.10-111．

例えば，評価のサブ・プロセスでは，場合によって，連結型ルールが選択されたり，辞書編纂型ルールが選択されたりする．さらに，感情帰属型ルールなど，それ以外のルールが選択されることもある．また，そうした基本的なモデルを組み合わせた混合型のルールが選択されることもある．すなわち，購買意思決定にあたっては，その情報処理のためにどのルールを適用するかの選択が行われなければならないのである．

同様の問題は，評価以外の局面でも生じる．当然ながら，あらゆる購買意思決定において，缶コーヒーの購買に際して採用されたのと同じやり方が採用されるわけではない．例えば，自動車のような商品の購入にあたっては，より慎重で時間をかけた意思決定が行われるであろう．あるいは，同じ缶コーヒーの購買であっても，電車が出発するまでの短い時間に駅の売店で急いで買い求める場合と，仕事帰りに立ち寄ったコンビニエンス・ストアの店内でゆっくりと品定めをする場合とでは，異なった意思決定のやり方が採用されることになるだろう．購買意思決定が行われる状況によって，選択代案に上る銘柄数も，選択の際に考慮される属性の数も，選択にあたって許容される最低限の基準も，記憶された情報の活用のしかたも異なってくるのである．

購買意思決定を行う際の，情報処理の進め方のルールは無数にあるといってよい．購買意思決定とは，意思決定のルールに従って選択を行うことであると同時に，このさまざまな意思決定のルールのなかからどれか一つを選択することでもあるのである．

† 消費者情報処理におけるシャドウ・ワーク

消費者情報処理は，代替案となる製品やサービスのさまざまな属性に関わる情報を選択的に取得し，それらを統合して，代替案の選択のための比較と評価とを行うプロセスである．とはいえ，このプロセスの進め方が，あらかじめ特定のものとして定まっているわけではない．消費者は，常に同じようなやり方でものを買い求めるわけではない．状況によって異なった方法を用い，異なった結論を出すのである．

消費者が採用する情報処理の方法は，その購買意思決定がどのような目的

を満たすために行われるのかによって異なってくる[*16]．購買関与概念が想定しているように，購買目的の重要性が高ければ，包括的で複雑な情報処理が行われることになるだろう[*17]．あるいは，目的が急を要するものである場合には，行うことの容易な簡略化された意思決定の方法が採用されるだろう．「缶コーヒーを買う」という目的のもとで行われる購買意思決定の方法は，なぜ「缶コーヒーを買う」のかに関わる，より上位の目的がどのようなものであるかによって，異なってくるのである．消費者が行う製品やサービスの選択意思決定を理解するためには，J. Gutmanらが言うように，なぜ消費者がそのような選択意思決定を行うのかを理解しなければならない[*18]．

すなわち，購買意思決定のための情報処理は，知覚－評価のプロセスだけではなく，「手段－目的の連鎖（means-end chain）」とも関わることになる．消費者による，知覚－評価という情報処理のプロセスの背後には，シャドウ・ワークすなわち手段－目的の連鎖に関わる情報処理のプロセスが隠されている．図3-2に示されていたのは，「缶コーヒーを買う」という所与の目的を達成するための情報処理のプロセスである．しかし，「なぜ缶コーヒーを買うのか」は示されていない．すなわち，そこでは，「缶コーヒーを買う」という目的を確立するためには，さらにその必要を示す上位の目的が不可欠なことが捨象されている．

「缶コーヒーを買う」ことは，目的であると同時に，例えば「会議の合間に気分転換をする」といった，さらに上位の目的の手段でもある．そして，さらにまたその上位には「会議における集中力を保つ」といった目的があ

[*16] 阿部（1984）pp.124-125．青木（1992）p.144．

[*17] 購買関与は，購買意思決定プロセスの違いを規定する要因の一つとされる．購買関与とは，消費者にとっての当該購買の重要性である．消費者にとって重要性の高い購買であれば，情報探索意欲は大きなものとなる．消費者は，丹念に新聞や雑誌の広告を読み，店舗へも何度も足を運んで実物を確認したり，店員に相談したりするだろう．あるいは，周囲の人に相談したりするかもしれない．そして，蓄積した情報を吟味して購買意思決定は行われる．しかし，われわれは，消費にあたって常にこのようなやり方をするわけではない．購買を思いついてからあまり情報探索をせず，すぐにどれを買うかを決めてしまう場合もある．購買関与がそれほど高くないときに，われわれはこのような購買意思決定を行うのである．この場合には，ごく限られた情報を手がかりに購買意思決定は行われる．池尾（1999）pp.109-112．清水（1999）p.104．

[*18] Gutman (1982)．Reynolds & Gutman (1988)．Gutman (1997)．

り,「会議の合間に気分転換をする」ことはそのための手段となる．目的はより上位の目的の手段となり，手段はより下位の手段の目的となる．こうした関係の連鎖のなかに，知覚－評価の情報処理は組み込まれている．

　手段－目的の連鎖と，知覚－評価の情報処理との関係は，複雑なものとなる．ここでは，まず，この手段－目的の連鎖を上位の階層へと遡ることで，知覚や評価における情報処理のルールを選択する際の採用基準が示されることに注目しておこう．

　「缶コーヒーを買う」という目的が与えられるだけでは，当の消費者が購買意思決定にあたって，どこまで包括的で複雑な情報処理を行えばよいのかは判然としない．情報処理のルールの高度化は，それ以上複雑な情報処理を行っても無駄だと判断されるところで打ち切ればよいのだが，何のために「缶コーヒーを買う」のかが明らかにならなければ，それ以上の複雑な情報処理が無駄かどうかの判断ができないのである．この問題に答えることが可能になるのは，なぜこの情報処理を行うのかを示すさらに上位の目的が与えられたときである．例えば「会議の合間に気分転換をする」ために「缶コーヒーを買う」のであれば，採用されるのは，限られた時間で素早く結論を出すことのできる簡略化されたルールでなければならないことになる．

4. 消費のジレンマ

†手段－目的の連鎖の功罪

　知覚や評価を通じた購買対象の選択意思決定は，手段－目的の連鎖のなかに組み込まれている．この連鎖を通じてより上位の目的と関係づけられることによって，知覚や評価のための情報処理の進め方が特定化される．

　手段－目的の連鎖を上位の階層へと遡ることが，消費者による知覚や評価のプロセスにもたらすものは，それだけではない．Gutman らが述べているように，手段－目的の連鎖を遡及することは，購買のための知覚や評価を推進する根拠を示すことでもある[*19]．

---

*19　Gutman (1982). Claeys, Swinnen, & Abeele (1995). Gutman (1997).

より上位の目的は，その手段となる情報処理を推進する必要性を示す役割をになう．すでに指摘したように，図3-2に明示されたような構成では，なぜ「缶コーヒーを買う」ための情報処理が必要なのかは不明である．「缶コーヒーを買う」ための情報処理の必要性は，その背後に隠された手段－目的の連鎖を上位の階層に遡ることを通じて示される．

　すなわち，手段－目的の連鎖は，購買意思決定において消費者が直面する，次のような2つの問題を解決してくれる．消費者は，「何かを購買する」という目的さえ掲げれば，後は自動的に購買意思決定を進めていくことができるわけではない．①それだけでは，購買意思決定のための知覚や評価に際して，どのような情報処理のルールを採用すればよいのかが定まらない．②また，なぜ，そのような購買意思決定を行わなければならないのかもわからないのである．

　手段－目的の連鎖は，この2つの問題を解決してくれる．手段－目的の連鎖と関連づけられることによって，購買対象の知覚や評価の進め方が特定化されると同時に，その必要性が根拠づけられるのである．

　しかし，さらに手段－目的の連鎖は，購買意思決定にとって両刃の剣であることも確認しておこう．手段－目的の連鎖と関連づけられることによって，購買意思決定は一層困難な問題となってしまいかねないのである．

　問題は，手段－目的の連鎖は，無限に遡及可能だということである．「缶コーヒーを買う」のは「会議の合間に気分転換をする」ためだという連鎖は，手段－目的の連鎖の入り口に過ぎない．すなわち，「会議の合間に気分転換をする」ために「缶コーヒーを買う」のだとすると，さらに，なぜ「会議の合間に気分転換をする」のことが必要なのかが問われることになる[20]．それに対して，「会議における集中力を保つ」ためだと答えれば，では，なぜ「会議における集中力を保つ」ことが必要なのか，が問われることにな

---

[20] あるいは，それは製品やサービスに対する，コミットメントや購買関与度の強さや弱さが，なぜ生じるのかが問われるということでもある．そこで和田充夫は，ブランド形成を進める際には，ライフスタイルなど，製品やサービスへのコミットメントや購買関与度を規定する要因となる，より上位の価値のマネジメントを行う必要があることを指摘している．和田（1999）pp.150-151．

る．このように目的は，無限に問い続けることができる．

† 必要の相対化

　手段－目的の連鎖が無限に遡及可能だということは，直接的には，消費という行為が恣意的で根拠のないものであることを逃れることができない，ということを意味している．だが，この第1の問題だけであれば，消費は根源的な確信を欠いたまま行われるというだけのことに過ぎない．

図 3-3　手段－目的の連鎖

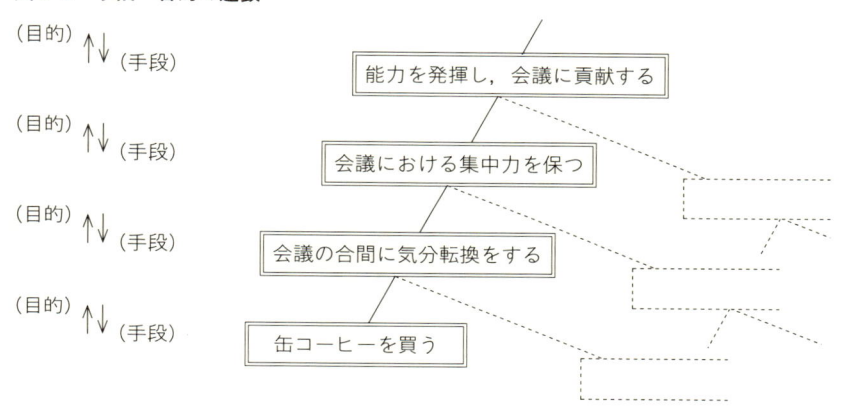

（目的）↑↓（手段）　能力を発揮し，会議に貢献する

（目的）↑↓（手段）　会議における集中力を保つ

（目的）↑↓（手段）　会議の合間に気分転換をする

（目的）↑↓（手段）　缶コーヒーを買う

　マーケティングをしかける側にとって，より深刻な問題は，手段－目的の連鎖を遡ることで，消費者が当該のカテゴリーを対象とした購買意思決定を行う必要性が，相対化されてしまうことである．この第2の問題により，マーケティングは，偶有性すなわち他でもあり得る可能性に直面することになるのである．

　例えば，手段－目的の連鎖を「缶コーヒーを買う」から「会議の合間に気分転換をする」へと遡ったとしよう．問題は，この「会議の合間に気分転換をする」という目的にこたえるための手段が，「缶コーヒーを買う」ことだけではないことである．一つの目的に対して，それを満たすための手段が常に一つしか存在しないわけではない[21]．コーヒー以外の他の飲み物を買っ

---

*21　Gutman (1990).

てもよいし，歩き回ったり，体操をしたりしてみてもよいのである．すなわち，手段－目的の連鎖を遡ることは，所与の目的であったことがらを，相対的な選択肢の一つとしてしまうことでもあるのである．そして，手段－目的の連鎖が無限に遡及可能であるということは，この相対化の可能性が無限に広がっているということなのである．

T. Levitt がその古典的な論文「マーケティング近視眼」でとりあげたのも，この手段－目的の連鎖を通じた相対化の可能性がもたらす問題である．Levitt は，アメリカの鉄道会社がどうして衰退してしまったのかを，次のように論じている．

> 「鉄道産業が，成長を停止したのは，旅客と貨物の輸送に対する需要が減ったためではない．需要は増え続けている．今日，鉄道会社が危機に見まわれているのは，旅客と貨物の輸送が鉄道以外の手段（自動車，トラック，航空機または電話）に奪われたためではなく，鉄道会社自身がそれらの需要を満たすことを放棄したからである．鉄道は自らを，輸送事業と考えるのではなく，鉄道事業と考えてしまったために，自分の顧客を他へ追いやってしまった．」[22]

鉄道会社は，「輸送を目的と考えず，鉄道が目的と考えた」ために，自ら発展の可能性を閉ざしてしまった．手段－目的の連鎖を一段遡ってしまえば，鉄道に乗るという必要は，他でもあり得る手段の一つに過ぎない．だが，鉄道会社は，この必要の相対性を見落としていたのである．

まとめよう．手段－目的の連鎖を遡ることは，一方で購買意思決定をより根源的な必要に結びつけ，かつ知覚や評価のためのルールの採用に指針をもたらす．この点では，手段－目的の連鎖の遡及は，どのように消費が行われるかを特定化することにつながる．だが同時に，手段－目的の連鎖の遡及は，当該の消費を行うことの必要性を相対化してしまうことにもつながるのである．

---

[22] Levitt (1962) 訳 pp.43-44.

†事業の定義

　Levittの論文は，企業経営における製品中心あるいは生産中心の発想を批判することを狙いとしたものである．「すぐれた製品であればひとりでに売れる」，「この製品は絶対に必要なのだ」という思い込みのもとで企業経営を進めることの危険性を指摘するために，Levittは，製品の必要性を相対化してみせたのである[*23]．

　とはいえ，Levittの論文に対しては次のような批判がある．Levittは，鉄道会社は自らが「鉄道事業ではなく輸送事業に属している」と考えるべきであったと言う[*24]．だが，このような事業の定義では，一般化のレベルが高すぎて戦略を方向づけることができないと，H. I. Ansoffは述べている[*25]．

　すなわち，「輸送事業」という定義では，可能な任務の範囲が広すぎるのである．それでは，鉄道会社は，「新たに長距離トラック事業を行うべきなのか，タクシー事業を行うべきなのか，それともレンタカー事業を行うべきなのか」という問題に答えることができない．事業の定義は，狭過ぎもせず，かといって広すぎもしないように定めなくてはならないのである．このような要件が，事業の定義に課されるのは，企業が制約された経営資源のもとでその事業を展開しているからである．

　Levittが主張するのは，消費者が特定の製品やサービスを選択する必要は絶対的なものではなく，他でもあり得る可能性に開かれたものであるということである．とはいえ，この可能性の全てを埋めつくすように事業を展開していくことは不可能である．そこでAnsoffは，さらに競争への対応，製品－市場特性や自社の経営資源などとの関連性（シナジー）といった要件を加えることで，事業展開の範囲を一定の領域に絞り込むことを提唱している[*26]．

　だが，その一方で，必要は消費を行う側にとっては相対的な可能性に過ぎ

[*23] Levitt（1962）訳 pp.54-73．
[*24] Levitt（1962）訳 p.46．
[*25] Ansoff（1965）訳 pp.130-134．
[*26] Ansoff（1965）訳 pp.135-140．

ないという問題は，依然として解消されないまま残されている．このことを見落とさないようにしたい．Levitt あるいは Ansoff のどちらが提唱する対応をとったところで，製品やサービスの必要性が，相対化の可能性に開かれたままであることに変わりはない．自社の供給する製品やサービスの消費に対する必要性が相対化される可能性は，事業の定義を行うことで解消できるわけではないのである．

　Levitt や Ansoff の提唱する対応は，必要の相対化の問題に対処しようとするものではあるが，必要の相対化の問題そのものを解消するわけではない．その意味で，これらは消極的な対応である．必要の相対化の問題を克服するために，マーケティングがより積極的な対応を行うことはできないのだろうか．節を改めて順次その可能性を検討していくことにしよう．

5. 必要の相対化を超えて

†購買意思決定のドライビング・フォース

　消費の必要は，一意に定めがたいものである．必要は，常に他でもあり得る可能性に開かれている．しかし，それにもかかわらず，購買意思決定が全面的に滞ってしまうわけではない．消費者は，恣意的で相対的な可能性のなかで，購買意思決定を逡巡しながら行うこともあれば，確信をもって行うこともある．そして，後者のような購買意思決定は，けっして例外的なものではないのである．

　「缶コーヒーを買う」ことの必要は，それ程確かなことではないのかもしれない．だが，一方でわれわれは，缶コーヒーが確かに必要だと思うことがある．これは缶コーヒーに限った話ではない．他の製品やサービスであっても当然起こりうることである．無限後退と相対化の可能性に開かれていながら，消費の必要が確信される．この心理はどのようにして生じるのだろうか．

　ラダリング法とよばれる消費者調査の手法ある[27]．製品やサービスに関

---

[27] Reynolds & Gutman (1988). Claeys, Swinnen, & Abeele (1995). Gutman (1997). 丸岡 (1998).

わる選択意思決定を振り返りながら，実際に個々の消費者に手段－目的の連鎖をたどらせてみるのである．ラダリング法による調査は，次のような流れに沿って行われる．

図 3-4　ラダリング法で採集された手段－目的の連鎖（ワインの事例）[28]

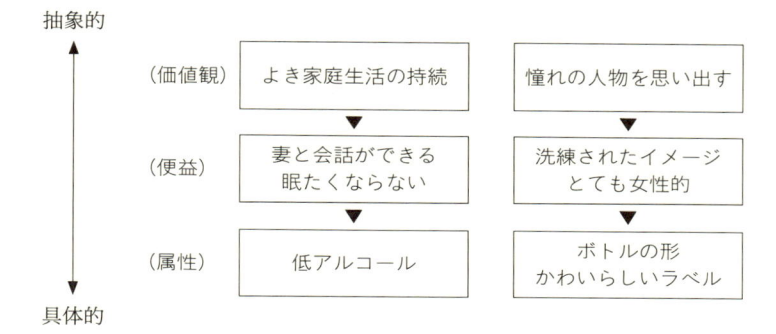

```
抽象的 ↑
        （価値観）   よき家庭生活の持続        憧れの人物を思い出す
                          ▼                        ▼
        （便益）    妻と会話ができる         洗練されたイメージ
                   眠たくならない           とても女性的
                          ▼                        ▼
        （属性）    低アルコール             ボトルの形
                                           かわいらしいラベル
具体的 ↓
```

まず，同一カテゴリーの複数の商品を選択する際に，被験者が重要視する属性を特定する[29]．続いてラダリングに入る．「なぜ」を繰り返し重ねて問いかけることで，選択時に重視された属性（attributes）を出発点に，その属性が消費者にもたらす便益（consequences），さらにその便益を意義のあるものと評価する価値観（values）をとらえようとするのである．

ラダリングのプロセスは，次のように進行する．まず，商品選択の際に重要視した属性について，「なぜ，あなたにとってこの属性が重要なのか」を尋ね，得られた回答に対して再び「なぜ，そのことがあなたにとって重要なのか」を尋ねる．さらに回答された理由に対して「なぜ，そのことがあなたにとって重要なのか」という質問を繰り返す．

---

[28] Reynolds & Gutman (1988) をもとに作成．
[29] ラダリングの出発点となる属性の特定には，いくつかの方法がある．例えば，①被験者に当該のブランドや商品に対する評価を求め，その際に注目した属性を問う，②調査対象となるブランドや商品と同一のカテゴリーに含まれる商品をリストアップし，それらを被験者にとって意味のある仕方で２つのグループに分割してもらい，その分割の基準に用いた属性を問う，③同一カテゴリーの商品リストから，ある特定の状況にふさわしい商品，あるいは当該の状況で被験者が直近に購買した商品を答えてもらい，その際に注目した属性を問う，などである．Gutman (1997)．丸岡 (1998)．

質問は，被験者の回答が，事前に定義された最終的な価値観の段階に到達する，あるいは被験者が回答をみつけられなくなったり，堂々巡りの回答をするようになるまで繰り返される．ラダリング法を用いることで，図3-4のような手段－目的の連鎖を，実際の消費者の認識をベースにしながら導き出すことができる．

　しかし，手段－目的の連鎖を遡ることで，選択のより本質的な理由に到達するわけではない．J. Gutman は，ソフトドリンクに関するラダリング調査を行った後で，あらためて被験者に，導き出された手段－目的の連鎖の各段階と，実際の商品選択との関連を評価させている[30]．その回答によれば，被験者は，ソフトドリンクの選択にあたって，より直接的な便益の方をより強く考慮している．また，被験者は，より直接的な便益であるほど，ソフトドリンクの購買によって充足される可能性が高いとみなしている．

　なるほど，たしかに，缶コーヒーを飲んで一息いれることは，会議に集中して臨み，自分の能力を充分に発揮するといった，より高次の目的を満たすための手段となる．だが，われわれが缶コーヒーを買おうとするときの関心はもっと直接的なものである．

　Gutman は，高次の価値観は，低次の便益がなぜ必要なのかを説明するが，購買意思決定のドライビング・フォースとなるわけでないと結論づけている．むしろ多くの場合，消費はより直接的な便益に突き動かされて推進される．しかし，その必要性を根拠づけることを求められたとき，この直接的な便益はより高次の便益や価値観へと結びつけて説明されるようになるというのである．

　あるいは，K. Grunert と S. C. Grunert は，ラダリング調査には，被験者が商品選択時に参照していた手段－目的の連鎖を再現するだけでなく，さらに新たな手段－目的の連鎖を創出してしまう可能性があることを指摘している[31]．ラダリングのプロセスのなかで，被験者は，商品選択の基準とした便益の必要性を説明することを求められる．説明を行おうとするなかで，被験者は，商品選択時には想定していなかった連鎖を新たに発見してしまう．

---

[30] Gutman (1997).
[31] Grunert & Grunert (1995).

ラダリングには，被験者を商品選択時に参照していた手段-目的の連鎖のさらに先へと進ませてしまう可能性があるのである．

この Gutman や Grunert らの指摘は興味深い．彼らが指摘するように，購買意思決定時には，ラダリング調査を通じて到達するような高次の価値観ではなく，直接的な便益がプロセスを推進しているのであれば，購買意思決定時には，その前提となる消費の必要性が，手段-目的の連鎖を通じて無限後退と相対化に陥ってしまうという問題は起こらない．

ところが，一方で直接的な便益は，その必要性をさらに根拠づけられなければならない中間的な目的に過ぎない．それにもかかわらず，さらなる必要性に根拠づけられることなく，なぜ直接的な便益が購買意思決定のドライビング・フォースとなり得てしまうのだろうか．われわれは，さらにこの問題を考えてみる必要がある．

† 循環する関係の輪

手段-目的の連鎖の媒介的な位置にある直接的な便益が，購買意思決定のドライビング・フォースとなり得てしまう．このようなことが起こるのは，意思決定のプロセスのなかで手段と目的が生起する際の因果の関係が，まず目的があって手段が選択されるというような，一方向の単純な連鎖には限定されないからである．

佐々木壮太郎と新倉貴士が指摘するように，手段-目的の連鎖は，購買選択のための知覚や評価を通じて獲得される知識の流動的なネットワークのある一時点における状態である[32]．さらに言えば，Grunert らが述べているように，手段-目的の連鎖は，購買対象の選択を行うための一つの前提であると同時に，購買選択を通じて獲得される知識のネットワークであるという二面性をもっている[33]．

そして，重要なのは，このことから次のような循環する関係が生み出されることである．M. Minsky は，われわれの意思決定や行為を導いているのは，手段と目的の関係が反転し合うことで形成される「因果関係の輪」を含

---

[32] 佐々木・新倉 (1999).
[33] Grunert & Grunert (1995).

んだ関係だと述べている*34．因果関係の輪は，次のように相互に支え合う2つの意識の覚醒によって形成される．

　Aが原因となってBが起こる．
　　　（ジョンは，仕事に疲れを感じたので，家に帰りたくなった．）
　Bが原因となってAが起こる．
　　　（ジョンは，家に帰りたくなったので，仕事に疲れを感じた．）

　目的の覚醒（疲れとその解消の必要の自覚）をきっかけに，その手段（家に帰ること）の覚醒がうながされる．ところが，この覚醒化した手段（家に帰ること）は，その目的（疲れとその解消の必要の自覚）の覚醒をうながす．手段と目的が相互を規定する関係のあり方が，反転するのである．家に帰ることは，手段ではなく目的となる．この関係の反転を，石井淳蔵は創造的瞬間と呼んでいる*35．

　創造的瞬間は，情報処理を構成する作動のあり方が転換する重要な契機である．とはいえ，それだけでは単なる関係の反転でしかない．より重要なのは，この関係の反転を契機として，手段－目的の連鎖に関わる情報処理が，再帰的なプロセスとなり，循環する関係（「疲れの自覚」→「家に帰りたい」→「疲れの自覚」→「家に帰りたい」……）へと導かれていくことである*36．このとき，情報処理を構成する作動は，新たな局面を創発することになる．なぜなら，この循環する関係は，手段－目的の連鎖が直面する無限の相対化の可能性を，一時的にではあれ閉ざすものだからである．ジョンは，ますます疲れを感じ，家に帰りたくなっていくのである．

　さて，Minskyが挙げた上記の事例は，直接消費へと結びつくものではない．だが，同様の再帰的な関係は，消費への欲求を形成する局面でも成立し

---

*34　Minsky (1986) 訳 pp.54-55.
*35　石井 (2002)
*36　本書では，なにものかの作動を特定化する前提を，当の作動の状態が選択あるいは規定することを，「再帰」と呼んでいる．なにものかの作動のプロセスが再帰的であることにより，当の作動とその作動を特定化する前提との間で，相互の出現を触発し合う循環的な関係が生成することになる．

得る．例えば，「太郎は，少し頭がぼんやりしていることに気がついたので，缶コーヒーを飲みたくなった」⇄「太郎は，缶コーヒーを飲みたくなったので，少し頭がぼんやりしていることに気がついた」という関係や，「次郎は，夏休みに子供たちを連れてオートキャンプに出かけるというプランを思いついたので，オフロード・ワゴンに自家用車を買い換えたくなった」⇄「次郎は，オフロード・ワゴンに自家用車を買い換えたくなったので，夏休みに子供たちを連れてオートキャンプに出かけるというプランを思いついた」といった関係をあげることができる．

　循環する関係の輪は，少なくとも2つ以上の意識あるいは情報が，相互にその生起を触発し合うことで生成する．循環する関係が形成される際には，関係を構成する複数の意識のどれが最初に生起するのであってもかまわない．例えばジョンは，仕事をしたくないということ，あるいは家に帰りたいということの，どちらからでも考え始めることができる．そして，いったんこのグルグル回る関係ができあがると，両者は相互を支え続けることになる．

　つまり，それは，手段-目的の連鎖の中間的な目的に過ぎない便益であっても，こうした循環する関係の輪を形成してしまえば，さらなる必要性に根拠づけられることなく消費のプロセスを推進することが可能となるということである．すなわち，手段と目的がこのような相互に支え合う再帰的な関係を形成してしまえば，さらにその必要性を根拠づけるために手段-目的の連鎖を遡らなくても，覚醒された意識は消費者の心をとらえて離さない問題となる．そして，購買意思決定へと向かう一連の作動は，必要の相対性の問題を逃れ，自己準拠的な再生産が進行していくことになる．

　とはいえ，この循環する関係は，その循環のなかにある限りにおいて絶対的な消費の推進力となり得るのであって，循環する関係の外部から問い直されれば，それは，単なる相対的な可能性の一つに過ぎない．ラダリング調査において見られたように，「なぜ」この循環する関係のもとで購買意思決定が行われなければならないのかが問い直されれば，さらに消費の必要性を相対化してしまう不確定な根拠へと関連づける他にないのである．

　意識の覚醒を相互に触発する循環する関係が，消費のプロセスを推進する．これは，あくまでも当座の可能性に過ぎない．循環する関係を形成する

ことで，必要の相対化の問題が全面的に克服されるわけではない．しかし，重要なのは，この輪が回り続けている間は，根源的な確信が不在であるにもかかわらず，消費は必要の相対化に陥ることなく推進されることである．

すなわち，マーケティングは，消費における循環する関係を触発することで，特定の製品やサービスに向けて消費を推進することが可能になるのである．次節では，このマーケティングにとっての可能性を検討していくことにしよう．

6. マーケティングによる消費欲望の創発

† 消費欲望の起源

目的を完全に欠いた状態で，消費は行われるわけではない．しかし，この目的は，消費における揺るぎのない前提ではない．消費という行為の目的は，購買へと至る意思決定のプロセスの与件というよりは，むしろこのプロセスのなかで覚醒する意識と見なすべきなのである．目的は，目的を満たすための意思決定のプロセスに先行して，確たるものとして定まっているわけではない．

消費が定まった一つの目的によって導かれるのは，当の目的が意思決定のプロセスの前提となると同時に，意思決定のプロセスを通じて支持されているからである．すなわち，手段－目的の連鎖を遡っていった先にある至高の価値に対する必要や欲求ではなく，この連鎖がかたちづくる循環的な相互に支え合う関係こそが，今ここで成立している消費欲望を妥当なものとして構成する作動の起源なのである[37]．

---

[37] この「消費欲望を妥当なものとして構成する作動の起源」は，時間的な意味での起源ではない．それは，特定の目的と手段の結びつきを，行為や意思の拠点として採用することの妥当性を構成する作動の起源である．

たしかに消費欲望は，時間的に先行する行為や意識の結果として成立する．だが，先行する行為や意識がどのように展開されたとしても，意思の主体である当事者がその帰結を自らの行為や意思の拠点として採用することの妥当性が，今ここで構成されなければ，先行する行為や意識の帰結は，当事者の消費欲望とはなり得ない．われわれがとらえようとしているのは，この行為や意思の拠点としての妥当性を構成する作動の起源なのである．

この消費のドライビング・フォースとなる循環する関係は，消費者がなんらかの意識を覚醒することなしには生成しない．もちろん，ジョンの心の中での「仕事をしたくない」という意識の覚醒が，彼の心をとらえている循環する関係を形成するための，不可欠の前提だというわけではない．この関係の輪を形成するきっかけは，「家に帰りたい」という意識の覚醒であってもかまわないのである．また，最初のきっかけとなる意識が，循環する関係をいつまでも支え続けるわけではない．いったん形成されてしまえば，循環する関係を支えることになるのは，循環する関係そのものなのである[*38]．

　とはいえ，ジョンの心のなかに「仕事をしたくない」あるいは「家に帰りたい」といった意識が全く芽生えなければ，この循環する関係は出現しないのである．すなわち，消費の必要や欲求は，消費者が，製品やサービスに関わる何らかの意識を覚醒することをきっかけにして確立する．ここに，マーケティングの可能性がある．

消費欲望の出現	←	行為の意思の拠点としての妥当性	←┈	先行条件の帰結	←┈
		消費欲望の起源			

　物理的あるいは生理的な次元では，人間の行為は，時間的に先行する作動に規定されることになる．ところが，人間の行為は，単なる物理的，生理的な作動ではない．人間の行為は，同時にその自省的な意識によっても規定される．この自省的な意識の次元では，人間の行為を導く先行条件すなわち動機は，過去だけではなく，未来にも由来するものとなる．A. Schutz は過去の経験に由来する動機を「理由動機」，未来の予期にもとづく動機を「目的動機」と呼んでいる．例えば，「仕事に熱心に取り組む」という行為の動機は，「学生時代にしかじかの経験をした．だから……」といった理由動機として形成されることもあれば，「将来高い収入を得たい．そのために……」といった目的動機として形成されることもある．Schutz (1970) 訳 pp.96-97．

　だがさらに，理由動機であれ，目的動機であれ，それが，行為や意思を導く拠点となるためには，その妥当性が，少なくとも今ここで成立していなければならない．われわれは，この行為や意思の起点としての妥当性を構成する作動に注目し，定式化しようとしているのである．

[*38]　2つの木片を摩擦させることで火がつく．この摩擦から火への転換は，質的に異なるものの間の転換である．われわれが論じている，断片的な意識から生成するプロセスが循環する関係となるという局面で生じているのも，同様の質的に異なるものの間の転換である．河本英夫は，こうした新たな回路の創発を伴う生成のプロセスを「産出的因果」と呼び，創発を伴わない単なる生成のプロセスと区別をしている．河本 (2000) p. 44．

†商品との接触への誘導

消費という行為のドライビング・フォースが,以上のようなかたちで確立するのであれば,マーケティングが消費に対する際のアプローチは,消費者の必要や欲求をとらえ,それを満たす手段を市場に供給することに尽きる,と断言するわけにはいかなくなる.

たしかに,消費需要と企業活動の斉合化 (matching) をはかろうとする際に,「消費者の必要と欲求を満たす製品とサービスの開発・提供」を軽視することはできない.しかし,この「消費者の必要と欲求に従う」という指針,すなわち適合化 (fitting) を,「企業の至上命令」[39]と見なすのは行き過ぎである.消費という,循環する関係のなかで成立する行為に,企業活動を斉合させる際の指針が,消費者の必要と欲求に従うことだけではないことは明らかである.

現実にマーケティングは,次のようなアプローチを併用している.消費者が具体的な製品やサービスに接触する機会を提供するのである.例えば,メディアを使った広告や,店舗でのディスプレイや,ショウアップされた展示会といった手法を,マーケティングは古くから採用し,そのさまざまなバリエーションを開発してきた.こうした活動の端的な意義は,商品を見せることにある[40].

商品を見せるという活動は,特定の商品を志向した「見る」という行為への消費者の参加を引き出す.ここにわれわれは,適合化とは異なる,触発型のマーケティングの原初的形態を見いだすことができる.

具体的に,缶コーヒーの購買に関わるごく日常的な一場面をとりあげてみよう.消費者が缶コーヒーを飲みたいという欲求を感じて,缶コーヒーを販売している自動販売機の前で立ち止まる.このとき,必要や欲求は行為に先行しているように思える.自動販売機の前で立ち止まったから,缶コーヒー

---

[39] 村田 (1974) p.233.
[40] 富の増加は,消費の増加と常に結びつくわけではない.パリにおいて,資本家たちの富の増加が消費の増加と結びつくようになる転換点は,19世紀の後半であった.この時期に,パサージュや百貨店に代表される,視覚(照明,品物のディスプレー,広告)重視の商法が出現していることを,北山晴一が指摘している.北山 (1991) pp.191-192, pp.206-212.

を飲みたくなったわけではないのである．

　だが，状況をとらえる枠組みをもう少し広げてみよう．石井淳蔵が言うように，消費者は，何気なく道を歩いていて缶コーヒーの自動販売機が目に入ることで，「ちょっと一休みするか」と思い，缶コーヒーを買おうとしたのかもしれない[*41]．そうだとすると，缶コーヒーを飲みたいという欲求が確立される以前に，消費者はすでに缶コーヒーを志向した行為のプロセスに巻き込まれていたことになる．すなわち，消費者は，見るという，缶コーヒーを志向した行為に巻き込まれることで，缶コーヒーが触発する「ちょっと一休み」というメッセージを想起し，缶コーヒーの購買に対する必要や欲求を覚醒しているのである．

　商品を見る．この行為をきっかけに，当の商品に対する必要や欲求が覚醒し，そしてこの必要や欲求の自覚が，当の商品に対する消費者の情報処理への取り組みをさらに推進する．創造的瞬間が，循環する関係を導くのである．すなわち，商品に視線を注ぐことに相即した必要や欲求の再帰的な想起が，特定の商品を購買することに向かう循環的な情報処理の生成をうながすのである．このように，マーケティングの活動は，消費者の必要や欲求に従うだけではなく，特定の製品やサービスあるいはそれに関わる情報への接触の機会を消費者に提供することを通じて，消費者の必要や欲求を構成する循環する関係を触発するのである．

† ブランドが触発する消費欲望

　繰り返すが，消費者が特定の商品へと意識を向けることは，消費への必要や欲求が生じる上での一つのきっかけに過ぎない．見るという行為から直接的に生じるのは，単なる知覚や想起でしかない．しかし，そこで生じるのが「ちょっと一休み」という，缶コーヒを見るという行為に対する必要や欲求を覚醒する再帰的な知覚や想起であるとき，消費者は循環する関係に巻き込まれることになる．

　何気なく商品に向けられた視線が，循環する関係の生成へと結びつくこと

[*41]　石井（1999b）pp.178-179.

によって，特定の商品を購買しようとする意図すなわち消費欲望が創発する．商品を見せることは，この消費欲望の創発をうながす契機となる．だがさらに，上述した缶コーヒーの購買のケースでは，企業が商品を見せることに加えて，商品をブランド化していることが，循環する関係を生成する上で重要な役割を果たしている．このことを見落とさないようにしたい．

　ブランド化とは，単に名前やマークを製品やサービスに付与することではない．ここで重要なのは，ブランド化を通じて，商品が強いメッセージ性を帯びるようになるということである[*42]．このブランド化，すなわち商品のメッセージ性の強化は，企業が展開する広告，販売促進，スポンサーシップ，イベント，店頭における商品陳列，特徴のある商品の開発などを通じて推進される[*43]．

図 3-5　消費欲望を触発するマーケティング・コミュニケーション

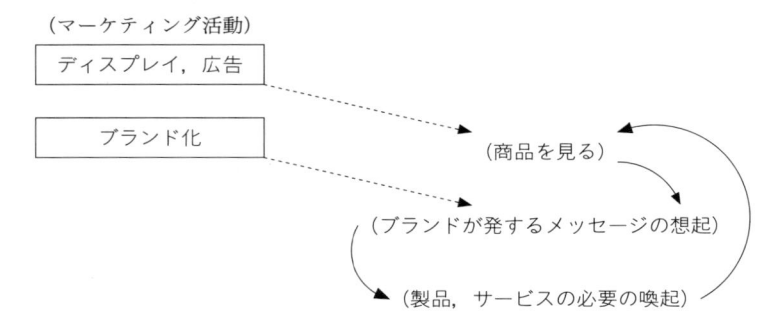

（マーケティング活動）
- ディスプレイ，広告
- ブランド化

（商品を見る）
（ブランドが発するメッセージの想起）
（製品，サービスの必要の喚起）

　重要なのは，ブランドのメッセージには，商品を見るという行為を，循環する関係へと媒介し，消費欲望を触発するきっかけを与える可能性が潜在していることである．例えば，ブランド化によって，上述した「ちょっと一休み」のような，缶コーヒーを購買の対象として知覚する必要や欲求を喚起する再帰的な意味づけを，商品に与えることができる．そのために，商品を見るという行為を通じて，当の行為の目的が生起することになり，消費者は循環する関係へと巻き込まれていくのである．

---

*42　上原（1999）pp.65-67.
*43　栗木（2002）.

このようにブランド化した商品を見ることは，消費者の知覚や評価の作動を当の商品に対する必要や欲求のもとでの循環的に構成していく契機となる*44．ブランド化は，消費者が商品を見ることと，特定の概念や感情やイメージを想起することとを媒介し，結合する．このブランドによる媒介により，対象を知覚し評価する作動と，その作動の目的や必要を触発する作動とが連動するようになるのである．

　それだけではない．ブランドからは，他にもさまざまな概念や感情やイメージが想起される．そのため，消費者は，ブランドから連想されるメッセージを介して，さらに異なる循環の軌道へと導かれることになる．例えば，ブランドは，特定のライフスタイルの象徴となる．あるいは，ブランドは，商品を評価する際に，デザイン，品質，アフター・サービス等々の属性のなかで，何を重視するべきかを示唆する．そして，このライフスタイルや評価の観点の想起は，当のブランドの選択を推進する循環する関係の生成を媒介するのである*45．

　その作動の概要は次の通りである．第1に，あるブランドを選択することは，そのブランドが象徴しているライフスタイルの想起をうながす．そして

---

*44　このプロセスは，和田充夫が提唱している「トライアル誘導」－「インタラクション促進」－「顧客リテンション」の3つのアプローチから成るマーケティングのフレームワークに対応する．すなわち，商品を見せることは「トライアル誘導」であり，ブランドのメッセージが果たしているのは「インタラクション促進」による「顧客リテンション」である．和田（1999）p.61.
　　ただし，和田はこの3つのアプローチを，時系列的な3つのステップ，すなわち(1)購買前のプロセス，(2)購買のプロセス，(3)購買後のプロセスのそれぞれに対応するものと見なしている．ところが，本稿でわれわれが行ったのは，この「購買のプロセス」に限定した検討である．すなわち，購買のプロセスそのものが，上記の3つのアプローチによって触発される作動が循環する関係を形成するときに成立するプロセスなのである．つまり「トライアル誘導」は，購買の単なる先行条件ではないのである．「トライアル誘導」は，その作動を，購買のプロセスにおける再帰的な循環を通じて支え続けられることで，与件として持続することになる．購買前のプロセスの再現と，購買後のプロセスの先取りとが，購買のプロセスのなかで生じるとき，はじめて購買のプロセスは成立する．選択に相即して起こる，選択の与件に対する先行投射を通じて，再帰的な循環の形成がなされなければ，「トライアル誘導」，「インタラクション促進」，「顧客リテンション」の3つのアプローチからは，商品の単なる知覚や理解や想起が生じるだけで，消費者を特定の商品の購買へと駆り立てる消費欲望は創発されないのである．
*45　石井（1999b）pp.182-196.

消費者が，この想起されたライフスタイルに沿って商品を買い揃えようとするとき，当のブランドが選択されやすくなる．

第2に，商品の購買時にあるブランドを考慮することで，そのブランドが示唆する属性が想起される．そして，この属性を中心に商品の評価と選択が行われることで，当のブランドが選択されやすくなる．

マーケティングが，ブランド化を進め，製品やサービスが強いメッセージ性を帯びることで，選択が同時に当の選択の基準の選択となるという，再帰的な作動が生成する可能性が生じる．そして，このブランド化がもたらす再帰的な作動を通じて，視線の対象の無自覚な選択から，消費を推進する循環する関係が触発される．マーケティングの諸活動は，消費者の必要や欲求を満たすだけではなく，消費者の必要や欲求を構成する役割も果たしているのである．

7. 結語

缶コーヒーを買おうとする消費者が，競合する缶コーヒーのなかから，特定の銘柄を選択する．この選択意思決定のメカニズムをとらえることも，たしかにマーケティングの重要な課題である．だが，消費者は選択を望んでいるのではない．消費者は，欲しいものを手に入れたがっているのである．A. F. Firat が言うように，購買意思決定とは，必要をよりよく満たす製品やサービスを選択する意思決定であると同時に，何を必要とするかを確立する意思決定でもある[*46]．消費は，このように少なくとも2つの意思決定のための情報処理を通じて達成されるのである[*47]．

[*46] Firat (1985).
[*47] 同様に，上原征彦も，購買意思決定のための2つの情報処理の存在を指摘し，それらを情報処理系と情報創造系と名づけている．上原 (1999) p.264.
　本書は，こうした先行研究における指摘を念頭に置きながら，さらにこの情報処理系と情報創造系との結合のモードについての検討を進めようとするものである．情報処理系が単独で機能する限り，そこで生じるのは単なる知覚や評価に過ぎないはずである．あるいは，情報創造系が単独で機能する限り，そこで生じるのは相対的な必要の可能性が存在することの理解に過ぎないはずである．しかし，この2つの系の間で円環的な結合が果たされたとき，個々の商品に対する単なる知覚や評価や可能性の理解ではなく，

この2つの情報処理は，相互に自立したプロセスではない．消費者が特定の商品の購買へと向かう局面では，両者は相互に依存し合いながら進行する．必要の確立は，商品選択を推進することを意義付け，選択意思決定に用いるルールを特定化する．一方，選択を行うことから反射的にその必要が触発される．

　必要は，そもそも危うさを秘めた前提であることを忘れてはならない．選択のために対象を知覚し，評価するという，購買意思決定のプロセスの背後には，必要を構成する手段-目的の連鎖が隠されている．しかし，必要は，この選択意思決定の単なる先行条件ではない．必要を構成する手段-目的の連鎖は，所与の購買対象に対して行われる選択意思決定のプロセスを方向づけると同時に，相対化するという二面性を有しているのである．消費がダイナミックな変化のプロセスであり続けるのは，一つ一つの商品選択の局面が，手段-目的の連鎖を通じて，他でもあり得る可能性に向けて開かれているからである．

　とはいえ，同時に忘れてはならないのは，この他でもあり得る可能性なかでも，消費者は，個々の局面では確信をもって自らが消費するものを選択することができるということである．そのようなことが起こるのは，他でもあり得る可能性が閉ざされてしまうからである．

　手段-目的の連鎖が他でもあり得る可能性を閉ざすのは，この連鎖が循環する関係を構成するときである．われわれは，特定の商品の消費へと向かう欲望を妥当なものとして構成する作動の起源を，この循環する関係に見いだすことができる．消費者にとって，商品が単なる知覚や評価の対象ではなく，購買の対象となるのは，知覚や評価のプロセスが，手段-目的の連鎖を通じてこの循環する関係に組み込まれたときなのである．

　循環する関係は，商品選択のプロセスに内在する他でもあり得る可能性を，除去するのではなく，隠蔽することによってプロセスを導く．そのため，消費は常に「基底はないが規範はある」という性格を帯びることになる[48]．循環する関係は，今ここで生じている欲望の起源なのであって，不

　その購買へと意思決定を推し進めていく作動が消費者の内に創発するのである．
[48] 石井（1999a）．

変の確固たる欲望の起源ではない．

　この循環する関係は，消費者の心の内で覚醒する意識の所産である．だが，この覚醒の契機は，消費者個人の外部からの働きかけによって与えることも可能である．すなわち，マーケティングは，消費者の必要や欲求を満たすだけではなく，消費者の必要や欲求を触発する可能性を有しているのである．われわれは，消費者の必要や欲求が創発する契機を，ディスプレイ，ブランドなどに見いだすことができる．マーケティングは，必要や欲求を充足する活動であるとともに，必要や欲求をつくり出す活動なのである．

　マーケティングが提示する，製品やサービスおよびそれらに関連する情報は，第2章でファッションの駆動力を検討した際に指摘したように，消費者による選択の対象でありながら，消費者自身の個性のあり方を同定するためのモデルとなる．すなわち，このとき，マーケティングによるコミュニケーションは，消費者による知覚や評価の対象でありながら，同時に，消費に際して消費者が行為の主体としてふるまうことを可能にする前提を構成する作動となる．

　とはいえ，消費の全ての局面でファッションが出現するわけでなはい．消費者は，消費の全ての局面で「自分らしさ」を実現しようとするわけではないのである．しかし，そのような局面においても，マーケティング・コミュニケーションは，消費者が行為の主体として消費に向かうことを可能にする前提を構成していると言うことができる．

　なぜなら，さらにマーケティング・コミュニケーションには，消費者が消費を主体的に行う「必要」を構成する働きが内在しているからである．すなわち，本章で指摘したように，マーケティングによる製品やサービスとその情報の提示は，消費者を循環する関係に誘導するトリガーとなることで，当の製品やサービスを購買しようとする消費の意思を創発する役割を果たすのである．

　消費者の内的な消費の意思は，マーケティングの成果を規定する主要な要因である．ところが，消費の意思を構成する作動は，必ずしも消費者個人の心の内において完結するわけではない．マーケティングの諸活動には，消費者が特定の商品を購買しようとする意思を構成する働きが内在している．消

費とマーケティングの関係は，相補的な循環する関係のもとで成立しているのである．

　次章では，この相補的な消費とマーケティングの関係を前にしたとき，消費者志向，依存効果，競争的使用価値の3つの概念のもとで描かれる消費欲望とマーケティングの関係のモデルが，それぞれどのような意義と限界をもつことになるのかを検討していくことにしよう．

第4章

競争的使用価値の再検討

1. マーケティングが直面する消費欲望のモデル

†はじめに

　アガタの時計が欲しい．マッキントッシュのパソコンが欲しい．日々の消費生活のなかで，われわれの脳裏には，さまざまなブランドあるいは商品を手に入れたいという思いが，浮かんでは消えていく．本書では，この，消費者が特定の商品を購買しようとする意思のドライビング・フォースを，「消費欲望」と呼んでいる．

　言うまでもなく，この消費への欲望の主体は，個々の消費者である．だが，これまでの各章で検討してきたように，個々の消費者が特定の商品を購買しようとする意思の拠点は，社会的な関係のプロセスを通じて確立する．

　マーケティングの諸活動が果たしている役割は，既に確立された消費欲望への対応だけではない．マーケティングの諸活動は，個々の消費者を新たな消費欲望の主体として構成していくプロセスを触発する役割も果たしている．マーケティングが提示する，製品やサービスおよびそれらに関連する情報は，消費者による主体的な選択の対象でありながら，消費者自身の個性のあり方を規定するモデルとなる．また，それらは，ブランド連想等と連動することで，当の製品やサービスに対する必要を構成するトリガーともなる．

　われわれの意思は，マーケティングとの関わりのなかで，特定の商品の購

買に向かうものとして構成されていく．私が特定の商品を購買しようとするのは，その商品が私にとって必要だからである．あるいは，その商品が私らしさを表現してくれるかけがえのないものだからである．しかし，この必要や個性は，マーケティングの諸活動との関係のなかで成立しているのである．

このようなマーケティングとの相補的な関係のもとにある消費のあり方を，石原武政は「競争的使用価値」という独自の概念を用いてとらえようとした．以下では，消費者志向，依存効果，競争的使用価値，といった諸概念のもとで描かれる消費欲望とマーケティングの関係のモデルを検討し，その意義と限界を考察していく．

† 使用価値から競争的使用価値へ

「競争的使用価値」という概念は，使用価値を構成する作動に対する理解を深化させたものである．詳細な検討に先立ち，まず使用価値に関する基本的な関係を確認しておくことにしよう．

使用価値とは，製品やサービスの有用性のことである．売買の対象となる製品やサービス，すなわち商品は，人間のなんらかの必要や欲求を充足するという性質をもっている[*1]．この性質のことを使用価値という．だが，使用価値を有する全てのものが商品となるわけではない．例えば空気や，主婦による家事活動などは，使用価値を有するが，その全てが商品として取引の対象となるわけではない．

一方で，われわれは，製品やサービスが商品として取引される際の価格を，その価値の代理指標とすることがある．この価格を代理指標とする価値は，使用価値とは一致しない．取引における製品やサービスの価値を規定するのは，使用価値すなわちその有用性だけではない．取引における製品やサービスの価値は，その稀少性や，生産のために要するコストや，他の生産者が供給する代替的な製品やサービスとの競合などの条件によっても変動するのである．

---

*1 小泉・川口・伊達・加藤編（1979）pp.120-123．経済学事典編集委員会編（1979）p.485．大阪市立大学経済研究所編（1992）p.680．

製品やサービスが，商品として取引される際にどれだけ価値を有しているかは，使用価値によって全面的に規定されるわけではない．その一方で，最終的になんらかの必要や欲求を充足する性質がなければ，製品やサービスは，商品となることができない．使用価値を有していることは，製品やサービスが市場取引の対象となるための必要条件なのである．

　以上に加えて，競争的使用価値という概念は，使用価値が次のようなねじれた関係のもとにあることを強調する．上述したように，商品は，使用価値を有しているから取引の対象となる．だが，使用価値は，取引の単なる前提条件ではない．使用価値は，取引をめぐる循環的な関係のなかから生成するのである．

　すなわち，商品が有している，消費欲望を満足させる性質には，次のような二面性がある．商品は，消費欲望に依存している．商品は，消費者が商品を購買しようとする欲望に応え，消費需要を獲得しなければ商品たり得ない．しかし同時に，消費欲望もまた商品に依存している．生産された製品やサービスを，商品化しようとして行われる一連の活動に触発されることによって，商品を購買しようとする消費者の意思は形づくられるのである．

　このような消費とのねじれた関係のもとで，製品やサービスの取引を実現化しようとする活動，すなわちマーケティングの諸活動は進行する．消費需要があってそれをめぐる企業間競争が生じるだけではなく，その企業間競争のなかから消費需要がつくり出される．この関係の二面性のもとで構成される使用価値を，石原は「競争的使用価値」と呼んだのである．

†消費者志向モデル

　ややもすると，このねじれた関係の一面だけが強調されてしまいがちである．消費者志向モデルは，「マーケティング・コンセプト」，「顧客主義」などのスローガンとともに広く行き渡たり，企業がマーケティングの諸活動に取り組もうとする際のドグマ的な原理となっている．

　消費者志向モデルは，「消費者の欲求充足」こそが，マーケティングさらには企業活動の中心的課題だととらえる[*2]．企業活動は，最終的には消費需要を獲得できなければ成り立たない．そして消費需要は，消費者の消費欲

望によって支えられている．したがって，消費欲望を的確にとらえ，それに応えた製品やサービスを供給する体制を整えることこそが，マーケティングの中心的課題となるというのである．

市場調査により，セグメンテーション，ターゲティング，ポジショニングを行い，それに従ってマーケティング・ミックスを確定する．この「マーケティングのプランを立てる際の典型的な思考パターン」[*3]は，消費者志向モデルが成立することを前提にしている．

消費者志向モデルを，全面的な誤りとして否定することはできない．たしかに，このモデルは，マーケティングと消費が織りなす関係の一面をとらえている．しかし，この一面だけを見て，マーケティングの本質は，消費への適合化を実現することにある，と考えるのであれば，それは行き過ぎである．

とはいえ，関係の一面しかとらえていないにもかかわらず，消費者志向モデルは，マーケティングの中心的概念として，広く受け入れられている[*4]．モデルが広く受け入れられるかどうかは，現実を的確にとらえているか否かだけではなく，現実に対処する上で有用か否かによっても左右される．消費者志向モデルのような，消費に始まり消費に終わる活動としてマーケティングをとらえるモデルが普及しているのは，このモデルが提供する観点に，次のような3つの有用性があるからだと考えられる．

第1に，消費者志向モデルを採用すれば，マーケティングの正当化が容易になる．消費者志向モデルは，マーケティングを擁護する働きをする．マーケティングが消費者一人一人の必要や欲求を充足するために機能しているという，消費とマーケティングとの間の関係の一面は，個人の幸福の追求に重きをおくわれわれの社会の価値観にかなったものである．「マーケティングは消費者に奉仕する科学だ」と言い切ることで，社会においてマーケティングの諸活動を正当化することが容易になるのである．

第2に，消費者志向モデルは，マーケティングを推進する際に企業が陥り

[*2]　Levitt (1962) 訳 pp.60-61. 大澤 (1992) pp.5-8. Kotler (1994) pp.18-19.
[*3]　古川 (2001) p.248.
[*4]　Levitt (1962) 訳 pp.60-61. 村田 (1974). McCarthy (1975) 訳 p.19. Rapp & Collins (1990) 訳 p.53. 大澤 (1992). Kotler (1994) pp.18-19. 杉本 (1997).

がちな近視眼を回避するための指針となる．第3章で見たように，T. Levitt は，製品開発や販売促進などにおいて成功を重ねるなかで，経営者やマーケティングの担当者たちが，自分たちは絶対的な有用性をもった製品やサービスを供給している，あるいは消費者の必要や欲求といった問題はとるに足らない問題である，といった盲信に陥ってしまいがちであることに警鐘を鳴らしている[*5]．消費への適合化を説き続けることは，こうした盲信が招く近視眼への予防となる．すなわち，消費者志向モデルをマーケティングの中心概念と見なす考え方は，企業が成功体験を絶対化してしまうことへのアンチテーゼとなるのである．

第3に，消費者志向モデルは，マーケティングの諸活動を合理的な問題解決型のシステムとして設計することを可能にする．ご都合主義的な話ではあるが，消費者志向モデルが成立するということにしてしまえば，マーケティングの諸活動は，形式的には，消費者の欲求という所与の課題を効率的に充足するためのシステムとして，合理的に設計していくことが可能になるのである．

消費者志向モデルは，以上のような有用性をもつ．ただしそれは，限定された特定の状況のもとでの有用性である．消費者志向モデルは，以下のような問題に直面するとき，その有用性を喪失することになる．

2. 消費者志向モデルの限界

† 消費者志向の正当性

まず，第1の問題から検討していこう．消費者志向モデルによるマーケティングの正当化は，次のような限界に直面することになる．

消費者の必要や欲求を充足する活動であることをもってマーケティングを擁護する．そのためには，「消費者が消費欲望を充足することは善である」ことが認められていなければならない．ところが，市場経済が社会問題や環境問題に直面するとき，消費者諸個人の必要や欲求に従って製品やサービス

[*5] Levitt (1962) 訳 pp.43-45.

を供給し続けることが，常に望ましいとはいえなくなってくるのである．

　企業や消費者の個別的な利益の追求が，社会環境や自然環境との共生関係の崩壊を引き起こす．現代社会は，多くの領域でこの深刻な問題に直面している．マーケティングを含めた経済取引のシステムを，社会あるいは生態系システム全体の厚生にとって最適なものへと再編していくことが求められている．だが，マーケティングの諸活動を，消費者志向モデルに基づいて推進すれば，逆にこうした問題を悪化させかねない．このように，消費欲望を充足することが，他方で深刻な問題を引き起こす場合には，消費者志向モデルによってマーケティングを正当化することはできなくなる．

　「ソーシャル・マーケティング」，「コーズリレイティッド・マーケティング」，「エコロジカル・マーケティング」，「グリーン・マーケティング」等々の，社会志向あるいは環境志向のマーケティング・モデルは，消費者志向モデルが直面する，以上のような限界を解消することを志向している[*6]．社会志向あるいは環境志向のマーケティング・モデルは，企業と消費者が，社会環境や自然環境から自立した存在ではなく，それらと共生関係にあることを強調する．その上で，企業はこれらの共生関係の長期的な維持に貢献するマーケティングを展開するべきであることを指摘する．

　消費者志向に，社会志向そして環境志向を加えることで，マーケティングに突きつけられられていた，その正当性への懐疑はいったん棚上げされる．しかし，後述するように，社会志向あるいは環境志向のマーケティング・モデルも，やはり消費者志向モデルと同様の問題に直面することになるのである．

†支配的イデオロギーへの適応

　問題のポイントを明確にするために，消費者志向モデルによるマーケティングの正当化が直面する限界とは何だったのかを，あらためて確認しておこう．消費者志向モデルはマーケティングを擁護する．それは，消費者志向モデルを通じて提示されるマーケティング像が，社会を構成する諸個人の幸福の追求を尊重するという，われわれの社会の価値観にかなっているからであ

[*6] 嶋口（1986）pp.252-259．佐藤（1993）pp.150-156, pp.165-175．嶋口（1994）pp.138-153．西尾（1999）pp.15-23．

った．つまり，消費者志向モデルによってマーケティングが正当化されるのは，消費者に適合しているからというよりは，社会の支配的イデオロギーに適合しているからなのである．

このような関係に気がつけば当然のことなのだが，そこで確立されたマーケティングの正当性は，あくまでも特定の支配的イデオロギーの内部でのみ通用するものであって，そのイデオロギーの外部にまで及ぶものではない．したがって，従来の支配的イデオロギーとは異なる，新しい価値観が台頭してきたときには，確立されていた正当性の限界が露呈することになる．例えば，先述したように，「自然環境の保全」という新しい価値観が台頭してきたとき，消費者志向モデルはマーケティングを擁護する力を失うのである．

特定の社会の支配的イデオロギーに合致することによって，モデルは正当性を確立する．このような関係のもとにある点では，社会志向あるいは環境志向のマーケティング・モデルも，消費者志向モデルとなんら違いはない．社会志向あるいは環境志向のマーケティング・モデルとは，社会問題や環境問題が深刻化しつつあるなかで，わが国も含めた先進国の社会で台頭し始めた，新たな価値観に適合したモデルなのである．

環境問題，なかでも地球レベルの環境問題の解決を模索することは，特定の社会の利害を超えた普遍的な課題ではないか，と思われるかもしれない．たしかにわれわれには，問題はそのように見える．だが，その普遍的な装いは，先進国の住人にとってそう見える，というだけの話である．森岡正博は次のように指摘している．

> 「考えてみれば，地球が危機にあるということを叫びだしたのは，先進国の人々でした．地球環境問題を，国際政治の最大の問題だと位置づけたのも，先進国でした．なぜかと言えば，資源が枯渇し，大気が汚染され，二酸化炭素が増加し，オゾン層が破壊されたとき，いちばん困るのは先進国に住んでいる人々だからです．そんなことがおこれば，先進国の人々はいままでのような生活スタイルを維持することができなくなります．」[*7]

[*7] 森岡 (1994) p.61.

支配的イデオロギーのもとでいかに妥当なモデルに見えようとも，モデルの価値がイデオロギーの枠組みを超えて普遍的に通用するわけではない．これが，消費者志向モデルが直面することになる第1の問題である．

もっとも，この正当性にかかわる限界は，消費者志向モデルに固有の問題ではなく，あらゆるモデルで生じる一般的な問題である．したがって，この第1の問題だけをもって消費者志向モデルを否定するわけにはいかない．たしかに，この問題は，消費者志向モデルの有用性の限界を示すものであるが，このことをもって消費者志向モデルが全面的に否定されてしまうのであれば，社会に関するあらゆるモデルが成り立たなくなってしまうのである．

†商品の供給が消費を創出する

しかし，さらに第2の問題がある．消費者志向モデルが成立するのは，消費欲望が，少なくともマーケティングの諸活動からは独立して，消費者によって形成されるという前提が満たされている場合である．だが，もし，消費欲望が，マーケティングの諸活動に触発されて生成するのであれば，どうだろうか．そのような関係が作動しているのであれば，消費者を起点として，消費そしてマーケティングのプロセスは推進されている，とは言えなくなる．したがって，消費者が主導する関係であることに，マーケティングの正当性を見いだそうとする主張は，成り立たなくなる．また，そこにマーケティングの近視眼を回避する可能性を期待することも，かなわなくなる．これが第2の問題である．

J. K. Galbraith は，その著書『豊かな社会』のなかで，この第2の問題の存在を指摘している．仮に，消費欲望を満足させようと努めることが社会にとって善であったとしても，消費者志向モデルにはさらに第2の問題がある．そのため，たとえ第1の問題がクリアされたとしても，消費者志向モデルをもってマーケティングを擁護するわけにはいかなくなると言うのである[8]．

消費者志向モデルは，「消費がマーケティングを導く」という関係を強調

---

[8] Galbraith (1976) 訳 pp.166-176．

する.一方でその陰には,「マーケティングが消費を導く」という関係が隠されている*9.考えてみれば,この「消費要望を充足するための活動に触発されて消費欲望が創発する」という現象は,特殊なものではない.Galbraith がとりあげている,以下のような消費欲望の形成プロセスも,ごくありふれた,日常的に作動している関係である.

まず第1に,Galbraith は,いわゆる「みせびらかしの消費」をとりあげる.消費欲望は,直接的には個人-商品という二者間の関係において生じる作動である.だがさらに,この二者間での作動が,社会的な対人関係と連動している場合がある.みせびらかしの消費は,個人-商品-他者という「欲望の三角形」*10のもとで生成し,進行する.

富はその所有者に名誉を与えるが,富の所有による名誉の基礎をなすのは,他人よりも少しでも多く所有することである.このような,他人に遅れまい,あるいは他人の先を行こうとする,人と人との張り合いの関係のもとに人々が置かれているとき,ある人々の消費欲望を充足するために製品の供給を行うマーケティングの活動は,乗り遅れまいとする他の人々の消費欲望をつくりだすことになる.見せびらかしの消費と関わるとき,消費欲望を充足する活動は,同時に消費欲望をつくりだす活動としても機能することになるのである.

あるいは,松原隆一郎が述べているように,人々が同じ商品を所有するこ

---

*9 消費がマーケティングを導くとともに,マーケティングが消費を導く.この消費とマーケティングの双方向的な関係は,需要と供給の斉合化に関わるものである.上原征彦は,需要と供給の斉合化には,「量的な需給マッチング」と「質的な需給マッチング」の2つの局面があることを指摘している.量的な需給マッチングは,価格をシグナルとして需要量と供給量を一致させる市場メカニズムにより達成される.だが,この市場メカニズムが機能するためには,その前提として質的な需給マッチングが成立していなければならない.質的な需給マッチングとは,どのような製品やサービスを,誰に向けて,どのようなチャネルやプロモーションのルートを通じて到達させればよいのか,という質的な局面での関係の斉合化を達成しようとするものである.上原は,新古典派経済学が,市場を量的な需給マッチングの場ととらえてきたのに対し,マーケティング論は,市場を質的な需給マッチングの場ととらえてきたと言う.われわれが,以下で論じていく消費とマーケティングの関係も,この質的な需給マッチングの局面を扱うものである.上原 (1999) pp.1-3.
*10 Girard (1961) 訳 pp.2-3.

とによる一体感の形成を求めている場合にも，消費欲望を充足する活動が消費欲望をつくりだすというメカニズムが作動する[*11]．この「人並みの消費」を人々が志向しているときにも，ある人々に商品を供給することは，同じ生活経験や行為を共有したいと思っている他の人々の消費欲望をつくりだすことになるのである．

†広告の効果が消費を導く

マーケティングが消費を導くという関係の第2は，「広告の効果」である．第1の関係では，マーケティングの働きかけは，消費者間の関係を通じた間接的なものであった．さらにマーケティングは，消費者への直接的な働きかけを通じても消費欲望を触発する．

広告は，商品に関わる情報を伝達するためのコミュニケーション活動である．より正確には，商品に関わる情報を伝達するコミュニケーションは，広告に限定されるわけではなく，セールス・プロモーション，販売員による商品説明，店頭における商品の陳列などのマーケティング上のさまざまな局面でも生じる．こうした一連の情報伝達活動は，既に確立された消費欲望を充足するために必要な情報を提供する役割を果たす．だが，同時に，それらは消費欲望の生成を推進する役割も果たしているのである．

Galbraithは，マーケティングが消費を導くという関係として，見せびらかしの消費に媒介されたメカニズムとともに，広告が消費欲望を触発する効果をあげている．だが，彼は，広告という情報供給活動がどのようなメカニズムを通じて，消費欲望の創発をうながすのかということについては，言及していない．

もっとも，われわれは，既にそのメカニズムの一端を第2章や第3章で検討している．ディスプレイを通じた商品を見ることへの誘導は，個性的な消費の主体を触発する消費のモデルの提示となる．あるいは，広告を通じたブランドへの概念や感情やイメージの付与は，消費者が購買時にそれらを想起することから，再帰的な循環を通じて消費欲望を構成する作動を触発する．これらの効果を通じて，特定の商品を購買しようとするドライビング・フォ

[*11] 松原（1993）pp.96-97．

ースが生成する．

　広告が消費欲望を触発するメカニズムは，以上に尽きるわけではない．商品の広告や流通を推進することで，当の商品に関わる情報が社会に広がる．このとき，さらに以下のようなメカニズムが作動する．

　消費欲望は，抽象的な一般概念としての消費欲望と，実際の消費に結びつく具体的な消費欲望とに区別することができる．前者の欲望は，「なにか食べたい」といった，人間が生きていく上で感じる必要一般で，ニーズと呼ばれる．後者の欲望は，「戸隠そばを食べたい」などのように，対象を具体的に特定化して感じる欲求で，ウォンツと呼ばれる[*12]．W. Alderson は，ニーズをウォンツに変換することで，マーケティングは創造的な販売活動となると述べている[*13]．

　石原によれば，抽象的な消費欲望は，「欲望の具体的な対象」を獲得することで，実際の消費に結びつく具体的な消費欲望となる[*14]．この「欲望の具体的な対象」は，当然のことながら，われわれが思いつくことが可能な対象に限定される．すなわち，特定の商品が多くの人々の具体的な消費欲望の対象となるためには，当の商品が，社会のなかで実際に供給されており，入手可能であることが広く知れ渡っていなければならないのである．店頭や広告で当の商品を目にしていなければ，消費欲望の充足手段として当の商品を想像することは難しい．

---

*12　石原（1982）pp.41-42．Kotler（1994）p.7．江尻（2000）p.15．
*13　Alderson（1957）pp.321-323．
　　Alderson はさらに，ニーズをウォンツに変換することが，一般化された消費欲望の確立に寄与する場合と，特定の商品への消費欲望の確立に寄与する場合とを区分している．ニーズのウォンツへの変換が，特定のカテゴリーに属する商品が共通して備えている属性に対する消費欲望を形成していく場合には，当該のカテゴリーの商品一般に対する消費欲望が確立されていくことになる．また，ニーズのウォンツへの変換が，商品カテゴリーのなかの特定の商品が備えている属性に対する消費欲望を形成していく場合には，特定の商品への消費欲望が確立されていくことになる．本書の以下の議論では，この一般化された消費欲望の確立と，特定の商品への消費欲望の確立とを，特に区別しない．それは，本書の狙いが，一般化された消費欲望の確立と，特定の商品への消費欲望の確立とに共通する，知覚や評価とその前提の絶対化の原理的なメカニズムを定式化することにあるからである．
*14　石原（1982）p.44, p.58．

商品とその情報の供給を通じて、人々の想像可能な消費欲望の充足手段のリストに組み入れられることで、当の商品に向けて消費欲望が具体化される契機が生じる。ここでもまた、商品とその情報の供給が、それが満足させるべき消費欲望をつくりだす働きをする、という関係が作動している。

†充足効果から依存効果へ

消費欲望を充足するためのプロセスに依存して、消費欲望が成立する。Galbraithは、このねじれた関係の作動を指摘し、これを「依存効果」と呼んだ。

マーケティングの諸活動には、消費欲望を充足するとともに、消費欲望を新たに触発する可能性が組み込まれている。このような消費とマーケティングのねじれた関係は、消費者志向モデルにはおさまりきらない。Galbraithが指摘した依存効果は、われわれに、消費そしてマーケティングに対する理解を転換することを迫る。消費に向かう欲望を新たに生成するためには、消費者の意思とともに、マーケティングの意思が必要なのである。消費の意思だけを強調することは、マーケティングの意思だけを強調する場合とは逆のかたちで、企業を近視眼に陥らせることになる。

Galbraithによれば、依存効果のもとでのマーケティングは、「自分で廻している車にのっかって懸命に走っているリス」になぞらえることができる。その含意は次のようなものである。

この車の上のリスにとって、そのゴールへの到達は、自らが走り続けるかぎり、どこまでも先延ばしされる。依存効果のもとでのマーケティングも同様である。マーケティングが消費欲望を充足させていくことで、一方で消費欲望は満たされ飽和していく。しかし他方で、マーケティングを通じて、消費欲望が新たに触発される。依存効果が働くのである。マーケティングは、次々と消費欲望を充足していくと同時に、次々と新たな消費欲望をつくりだしていく。このねじれた関係を通じて、商品は販売の可能性を拡大していくのである。

「消費者が求めるものをつくる」ということと、「消費者が欲しがるものをつくる」ということとの間には、微妙だが決定的な相違がある。消費者志向

モデルがマーケティングの唯一の原理なのであれば,「全ての製品は,カスタム・メイドであるべきだ」という主張に対する反論の余地はない．だが,その背後に隠された関係,すなわちマーケティングの諸活動には消費欲望を触発する作動が組み込まれていることにも,われわれは目を向けなければならない[*15]．この作動が加わることで,マーケティングは,受注生産の型通りの遂行だけでは獲得し得ない,活力に充ちた需要を獲得するようになるのである．

例えば,第2章で検討したように,オートクチュールの登場によって,衣服の消費の世界に,ファッション,すなわち新しいスタイルを次々と競うように採用する消費が出現している．オートクチュールは,上流階級の女性を相手にした高級服の仕立ての領域で19世紀の後半に登場したシステムで,ファッションに乗ってマーケティングを推進しようとする20世紀の多くの産業システムの雛形でもある．重要なのは,このオートクチュールの新しさが,顧客の要望をそのまま服にしてみせるのではなく,デザイナーが自らデザインした商品見本を顧客に提示し,それに対する注文をとった点にあったことである．現在ではさらに,さまざまな領域で,ショウや雑誌や店舗等々を駆使して,消費者の要求に先駆けて商品見本を提示する,大規模なシステムが確立している．

3. 規定される欲望の自律性

†マーケティング万能モデルの陥穽

Galbraith は,さらに次のように主張している．消費欲望を満たさなければならないという制約を,企業あるいはマーケティングは課されている．しかし,この要件は,もしマーケティングが消費欲望を意のままにつくりだせるのであれば,マーケティングに対する制約とはならない．

だが,この Galbraith の主張については慎重に受けとめる必要がある．われわれは,消費者志向モデルの一面性を批判をするなかで,逆の意味で一面

[*15] 石原 (1982) p.50.

的なマーケティング万能モデルに陥ってしまうことのないように注意しなければならない.

一方で見落としてはならないのは，石原が強調しているように，「欲望の操作はけっして完全ではありえない」ことである*16. P. A. Samuelson は，その著書『経済学』のなかで，Galbraith の主張に対して次のようにコメントしている.

> 「たしかに……企業の成長を追うにあたっても，消費者にたいし，会社が売りたいと思う品を，彼らが買う気になるように誘導することもできるのだ.
> しかし，巨大企業は絶対君主ではない．たとえばフォードは『エドセル』モデルを売ることができなかった．リヴァー・ブラザーズは，マジソン街がその魔術のかぎりをつくしたにもかかわらず，『スワン』石鹸を売ることができなかった．モンゴメリー・ウォードは，シーウェル・アヴェリーの頑固な愚鈍さのおかげで，次第に業界筆頭の座から引きずりおろされていった．巨大会社である RCA も，コンピューターでは何億ドルもの損失を招き，この分野から不面目な撤退を余儀なくされたし，ジェネラル・フッヅ社も，食糧にかんする一手販売権獲得運動では，大損をしたのである.」*17

Galbraith は，マーケティングに内在する消費欲望をつくりだす作動を強調するあまりに，その作動の限界に対する認識が希薄であったといわざるをえない．商品は，企業が巧妙に消費欲望を触発することにより，売れていく．とはいえ企業は，常に意のままに商品を売ることができるわけではない．十分な成果をあげることができずに，市場から消え去っていく商品は，後を絶たない．Galbraith は，関係の一面を強調するあまり，別の一面を切り捨ててしまったのである.

もっとも，Galbraith の立場も，理解できないわけないではない．Galbraith の意図は，あくまでも消費者志向モデルを批判することにあった．根井雅弘が言うように，おそらく Galbraith は，「批判というものは，でき

---

*16 石原 (1982) p.63.
*17 Samuelson (1976) 訳 p.847.

るだけ『大胆』なモデルに依拠しなければ，強力にはなりえない」という，「法則」に従ったにすぎないのであろう[*18]．とはいえ，Galbraith が描く消費とマーケティングの関係を，そのまま受け入れるわけにもいかないのである．

　薬効が強ければ，それだけ副作用も大きいことを忘れてはならない．依存効果という概念を持ち込むことによって，消費者志向モデルの限界，すなわちマーケティングが消費欲望をつくりだすという関係を見落としている近視眼を克服することができる．しかし，この関係を絶対視してしまうと，消費者志向モデルとは逆のかたちでの近視眼を生み出してしまうことになる．依存効果という概念には，「マーケティングは消費欲望を計画的に制御できる」という盲信に対する歯止めが，欠けているのである．

†消費欲望の二面的性格

　田村正紀は，マーケティングに対して「消費者は2つの側面をもつものとして現れてくる」と述べている．消費者は，「マーケティング活動による働きかけの対象」であり，かつ「マーケティング目的の実現を阻害する要因」なのである．したがって，「全体としての消費者行動は，寡占的製造企業の勢力の部分的な支配下にありながら，同時にそれ自体として部分的な自律性をもつもの」となる[*19]．マーケティングにとって消費欲望は，操作の対象でありながら，その操作を超越するという性格をもつのである．

　消費欲望は，マーケティングによる，直接あるいは間接の働きかけによって出現する．だが，それにもかかわらず，消費欲望はしばしば，マーケティングの目的に反する結果をもたらすことになる．マーケティングの作動を通じて出現する消費欲望を，マーケティングは完全に制御することができないのである．石原が「競争的使用価値」概念のもとでとらえようとしたのも，マーケティングの規定のもとにありながらマーケティングを超越するという，消費欲望のこの二面的性格であった．

　もっとも，消費欲望の二面的性格それ自体は，問題の通過点に過ぎない．

[*18]　根井（1995）p.31.
[*19]　田村（1971）p.364.

重要なのは，さらにどのようなメカニズムの産物として，マーケティングに対して消費欲望がみせる，被規定性と超越性という二面的性格をとらえるかである．マーケティングに対して消費欲望の二面的性格が生じるメカニズムを理論仮説として提示する．これが，石原の設定した課題である[20]．

　消費者志向モデルあるいは依存効果モデルは，ともに消費欲望の二面的性格の一面のみを強調してしまう．なぜ，これらのモデルは，消費欲望を二面的性格をもつものではなく，一面的なものとする理解を導いてしまうのだろうか．

　これらの2つのモデルの難点は，消費欲望の作動を「一つの源泉」によって支配されるものとして理解しようとした点にある．消費者志向モデルは，消費欲望の源泉を独立した個人の心理に求めるものであった．依存効果モデルは，消費欲望の源泉をマーケティングによる欲望の操作に求めた．そして，この各々の源泉が，消費欲望に導かれた消費行動さらにはマーケティングを支配する，としたのである．こうした還元論は，関係を単純化してくれると同時に，関係を隠蔽してしまう[21]．

　そこで石原は，問題の焦点を，消費欲望あるいはマーケティングを規定する源泉を特定することから，消費欲望とマーケティングとの関係を解き明かすことへと転換した．還元論から関係論への転換とでも言えばよいのだろうか．石原は，購買行動あるいはマーケティングの諸活動を，根源的な要因に起因する現象ではなく，要因間の相互的な関係のプロセスから出現する現象としてとらえようとしたのである．

†競争による相殺

　まず，石原は，マーケティングを消費者の意向に全面的に規定されるものと見なす「消費者志向」の議論を批判し，消費欲望を規定する作動が，マー

---

[20]　石原（1982）p.40．
[21]　N. Elias は，権力の問題を分析しようとする際に，特定の要因に問題を還元するアプローチは，問題を単純化してくれるが，同時に問題を隠蔽するという弊害があることを指摘している．むしろ権力は，二者間の関係であれば，「AのBに対する依存がBのAに対する依存に結びついている」といった相互的な関係から出現する．権力は要因間の関係が生み出す構造特性なのである．Elias（1970）訳 pp.103-106．

ケティングの諸活動によって生じていることを指摘する．

ここまでは，Galbraith が依存効果という概念のもとで提示した考えと同じである．さらに石原は，依存効果に見られる一面性も乗り越えようとする．石原が着目したのは，次のような関係である．

> 「……欲望は，価値実現競争によって規定され，そこから創出された欲望であり，したがってまた，それに対応するかぎりでの使用価値は価値実現競争に規定され，価値実現競争のなかから生まれた使用価値であるといわなくてはならない．」[*22]

石原は，消費欲望あるいはそれを触発する商品の使用価値が，企業間のマ・・ーケティング競争のプロセスのなかで出現することに注目した．そして，この相互的な触発の過程を通じて出現する価値を「競争的使用価値」と呼んだのである．消費欲望を満たしつつ，つくりだす，マーケティングの諸活動のあり方は，企業の意図とともに，複数の企業間の競争関係によって規定される．つまり，消費欲望の対象となる商品の使用価値は，企業間の競争を反映したものとなるのである．

さらに，石原は次のように述べる．

> 「……寡占企業の欲望操作はけっして完全ではありえない．……自己の銘柄に欲望をひきつけようとする努力は，競争企業の同様の努力をきりくずすことなしには十分な効果を発揮しえない．各企業は自己の製品の差別性を訴求するが，すべての企業がそうする結果，消費者の手もとでは訴求の差別性自身が中和化される…．この点はすでに多くの論者によって，とくに広告効果の相殺の問題として指摘されてきたところである．」[*23]

消費欲望は，マーケティング競争のプロセスのなかで生成する．重要なのは，このことから，企業による消費欲望の操作が，完全ではありえないこと

[*22] 石原（1982）p.59.
[*23] 石原（1982）pp.63-64.

が説明されることである．個別企業によるマーケティングの諸活動の効果は，他の企業との競争のなかで相殺されることになる．競争によって，マーケティングの諸活動が全く無効となるわけではないが，その個別企業にとっての効果は低下することになる．

このような競争のメカニズムに目を向けることによって，なぜ，消費はマーケティングに操作されているのに，マーケティングは消費を完全に制御できないのか，という問題に答えることができるようになる．

† 消費者の抵抗力

さらに石原は，企業間の競争による相殺に加えて，もう一つの要因をあげている．消費者の抵抗力である．石原は次のように述べている．

> 「欲望操作の限界は企業＝説得者と消費者＝被説得者との内的な関係からも画される．……企業の説得努力は同時に消費者のその説得に対する抵抗力を培ってゆく．……他ならぬ企業の説得活動が消費者のそれへの抵抗力をきたえあげ，それ自身の限界をつくりだすというわけである．」[24]

マーケティングによる操作を，消費者は，無防備に受け入れるわけではない．マーケティングによる消費欲望の操作が強まるにつれて，消費者の側ではマーケティングによる操作に対する抵抗力あるいは批判的評価の能力が高まる．こうした関係を通じて，マーケティングによる消費者欲望の操作の限界が形成される．このように石原は述べる．

注目しておきたいのは，石原が，抵抗力に対する，安直な実在的基盤を与えていないことである．石原は，抵抗力を，マーケティングの諸活動を開始する以前に消費者に内在するものとしてではなく，マーケティングによる働きかけのなかではじめてその機能および作用水準が規定されるものとして論じている．つまり，石原は，抵抗力を関係論的に規定しているのである．

---

[24] 石原（1982）p.65.

石原の競争的使用価値概念は，消費欲望を，所与の前提と位置づけるのではなく，マーケティングによる働きかけによって生じる関係のなかから出現する作動としてとらえようとするものであった．この，「プロセスのなかで生じる関係として消費欲望をとらえる」というスタンスは，競争による操作の相殺や消費者の抵抗力を論じるにあたっても一貫して採用されてる．消費欲望は，マーケティングの働きかけによって出現する作動でありながら，マーケティングによって部分的にしか操作することができない．石原は，この消費欲望の二面的性格についても，要因間の相互的な関係のプロセスのなかから出現するものととらえているのである．

4. 競争的使用価値概念の意義と限界

† 使用価値をプロセスのなかで出現する作動としてとらえる

競争的使用価値概念のもとでとらえられる，消費欲望とマーケティングの関係は，次のようにまとめることができる．

消費欲望は，所与の前提として，マーケティングの諸活動に先立ち確定しているわけではない．マーケティングの諸活動には，消費欲望を新たに触発する作動が組み込まれているのである．しかし，マーケティングは消費欲望を全面的に操作できるわけではない．マーケティングが消費欲望の生成に及ぼす効果は，企業間の競争を通じて相殺される．また，操作のプロセスは，同時に操作に対する消費者の抵抗力を高めていくプロセスでもある．

以上のような関係のなかで，消費欲望は出現する．石原が，競争的使用価値という概念のもとでとらえようとした，この関係のモデルは，次のような点で優れている．第1に，このモデルは，消費欲望あるいはそれを触発する商品の使用価値が，マーケティングの諸活動に先行して確立している実在ではなく，マーケティングとの関係のなかではじめて出現する作動であることを示している．第2に，このモデルは，出現した消費欲望が，マーケティングによって，部分的に規定され，部分的に自律していることを示している．石原は，消費欲望をマーケティング競争のプロセスのなかで出現する作動としてとらえることで，消費欲望の二面的性格，すなわちマーケティングにと

って，操作の対象でありながら，操作を超越するという性格を説明することに成功したのである*25．

しかし，以上のモデルには，次のような限界があることも指摘しておかなければならない．最後に，この2つの問題を確認して，本章を終えることにしたい．

第1に，マーケティングによる操作と消費者との間で生じるとされる，「操作―抵抗」の関係である．この関係のように，消費欲望を触発する作用が強まるにつれて，それに対する抑止力が強まるのであれば，出現する消費欲望の強度は一定の水準に収れんすることになる．すなわち，フィードバックを組み込んだ，一種のサーモスタットのようなメカニズムが消費欲望の水準を規定することになる．

このようなサーモスタット型のメカニズムは，定常状態を生み出すものである．だが，マーケティングによる消費欲望の操作の帰結は不確定である．消費者は，意外なほど容易に説得されることもあれば，思わぬ抵抗を示すこともある．マーケティングの働きかけによって，消費ブームは起こりうるが，常に一定の水準の消費ブームが出現するわけではない．

とはいえ，この問題に限れば，企業間の競争による「相殺」という関係を考慮することで，解決することが可能である．だがさらに，第2の問題がある．

第2に，操作とそれに対する相殺や抵抗という関係の枠組みの固定性である．競争的使用価値概念は，企業が製品やサービスに見いだした特定の有用性に対して，消費欲望が確立されるか否かという問題設定のもとで，マーケティングによる消費欲望の操作とその限界をとらえようとする．ところが，この製品やサービスの有用性の定義それ自体が，マーケティングが消費者に

---

*25　石井淳蔵は，消費欲望や商品の価値の恣意的性格，すなわち「消費欲望や商品の価値を，歴史過程の外にある規定因に還元して，アプリオリに論じることはできない」というテーゼが，石原の論述のなかで不徹底な点を批判している．たしかに石原の論述のなかに，そのような批判をまねきかねない部分がないわけではない．石井（1993）pp. 229-232．

　もっとも，対象をモデルの基本的な構成に限れば，われわれが検討したように石原のモデルは，消費欲望や商品の使用価値といった消費のルールのもつ恣意的性格をとらえたものとなっている．

働きかけることを通じて変化してしまうことがある．すなわち，マーケティングによる働きかけを通じて，消費者とマーケティングの関係は，操作とそれに対する相殺や抵抗という関係の枠組みを超えたものとなっていくのである．

要するに，石原のモデルは，製品やサービスの有用性に関わる特定の定義を所与として，その枠組みのなかでのマーケティングの操作に対する消費欲望の被規定性と超越性とをとらえるものであったということができる[*26]．だがさらに，当の有用性の定義そのものが，マーケティングによる消費欲望の操作のプロセスのなかで変容していくのである．

†偶有性のなかで使用価値を確立する作動をとらえる

石井淳蔵は，「製品が開発者の思わぬ用途で使われるとか，思わぬ顧客層に使用されるとか，開発企画者が製品に対して与えたアイデアが消費者によって違った意味で読み替えられる例は少なくない」と述べている[*27]．

例えば，わが国の洗面台メーカーは，家庭での洗面方法の「ためおき洗い」から「流水洗い」へという変化に合わせて，流水洗いでも水が跳ね飛ばない大型の洗面ボールを導入してきた．この洗面ボールの大型化にともない，さらに消費者の側で「洗面の場」から「化粧や洗濯や洗髪などの場」へという，洗面台の意味の読み替えが生じ始めた．具体的な商品の供給は，開発者が意図していた消費欲望を触発するだけではなく，意図しなかった消費

[*26] 石原は，使用価値となる商品の属性を固定化することはできないと述べている．石原にとっても，商品のどのような有用性が消費欲望の対象となるかは，相対的な問題であった．しかし，われわれが指摘しようとしているのは，そのことではない．問題は，商品の新たな有用性あるいはそれに対する消費欲望が，どのようなプロセスから生起するのかである．石原のモデルでは，①新たな消費欲望は，企業がその対象となる新たな属性と有用性を見いだし，商品に体現させることによってつくりだされると考えられている．②また，この消費欲望をつくりだす操作のプロセスは，完全なものではなく，限界があると見なされている．③だが，当の操作のプロセスが，さらに新たな有用性を生成するとは考えられていないのである．すなわち，石原の立論では，商品の使用価値の相対性を，マーケティングが消費者に働きかけるプロセスの前提を構成する問題と位置づけてしまい，それが当のプロセスのなかでも出現する問題であることが見落とされているのである．石原（1982）pp.54-55, pp.59-62, pp.63-65.

[*27] 石井（1993）pp.20-22.

欲望も触発するのである．この意図せざる結果を見逃さなかったことが，東陶機器のシャンプー・ドレッサーの成功の伏線となっている．

あるいは，東レは，眼鏡レンズ拭きの「トレーシー」を，高機能の実用品として開発した．これを消費者たちはおしゃれ用品，贈答用品として評価した．この意味づけの変化に対応して，製品の色柄・サイズの拡大，眼鏡店以外の販路の開拓，PRやテレビ宣伝を行うことで，「トレーシー」は市場を拡大することに成功した．

また，ヤマハの小型ステレオ・システム「ティファニー7」は，一人暮らしの若い女性をターゲットとして市場導入された．だが，そのユーザーの3割は40～50代の男性であった．

マーケティングが市場において直面するのは，触発しようとした消費欲望が思うように生成しないという問題だけではない．マーケティングは，市場において，想定していなかった消費欲望が生成してしまうという事態にも直面するのである．

同様に，藤川佳則と竹内弘高も，次のような製品の有用性に関わる，消費者による意味の読み替えの事例を挙げている[28]．

- 三菱自動車の四輪駆動車「パジェロ」は当初，オフロード車として開発された．だが実際には，パジェロのほとんどは，街中で使用された．
- キヤノンの電子辞書「ワードタンク」は，外国語を使う日本人を対象に開発された．だが実際には，この製品を使用した人の多くは，日本語を学ぶ外国人であった．
- キリンが，1.5リットル入りペットボトルで市場導入した「午後の紅茶」は，主婦層が嗜好飲料として消費する家庭需要を想定していた．だが実際には，この1.5リットルサイズの「午後の紅茶」は，女子高生をはじめとする若年層がゴクゴク飲む止渇飲料として消費された．

また，藤川と竹内は，日経消費経済研究所が1989年に行った調査から，5

---

[28] 藤川・竹内（1994）．

年前と比べて「開発時点では考えつかなかった製品の使い方を消費者が発見することが多いか」という問いに対して，40％近くの企業のマーケティング担当者が「多くなっている」（「多くなっている」と「やや多くなっている」の合計）と答えているのに対して，「少なくなっている」（「少なくなっている」と「やや少なくなっている」の合計）という答えは5％に満たないというデータを挙げている．製品の意味の読み替えは，多くの企業のマーケティング担当者が直面する問題なのである．

　企業は，市場導入した製品やサービスの有用性をめぐって，消費者による意味の読み替えに直面する．すなわち，マーケティングによる消費欲望の操作のプロセスは，予想外の必要や欲求が成立する可能性へと開かれているのである．この他でもあり得る可能性に開かれた関係のなかで，マーケティングによる操作が行われ，消費欲望が形成されていく．このように，マーケティングによる操作のプロセスは偶有的である．この偶有性への認識が，競争的使用価値概念には欠落しているのである．

　まとめよう．企業が市場で直面するのは，マーケティングの諸活動から触発される消費欲望の不確定性と偶有性とを反映したダイナミズムである．消費欲望は，マーケティングとの関係のなかで出現する作動でありながら，マーケティングによる操作を超越する．競争的使用価値概念が，このような消費欲望の二面的性格をとらえるモデルとなる点は評価に値する．

　しかし，このモデルは，消費欲望の二面的性格を，マーケティングによる操作－被操作の成否の不確定性としてとらえている．そのために，消費欲望に対するマーケティングの操作のプロセスでは，操作－被操作の成否が不確定なだけではなく，操作－被操作という関係の前提となる製品やサービスの有用性の定義それ自体が不確定であり，流動的であることへの認識が欠落してしまうのである．

　残された課題は，この不確定性と偶有性のもとで，製品やサービスの使用価値をめぐる一定の認識が市場において確立するメカニズムを定式化することである．この課題については，章をあらためて検討することにしたい．

第5章

記号が触発する作動

1. はじめに

†異化効果

　「一撥,一吹の一音は論理を運ぶ役割をなすためには,あまりにも複雑(Complexity)であり,それ自体既に完結している。一音として完結し得るその音響の複雑性が,間という定量化できない力学的に緊張した無音の形而上学的持続をうみだしたのである。」(武満徹)[*1]

　世界的な作曲家であった武満徹は,純度の高い弛緩することのない音楽を作り続けてきた。冒頭の言葉は,武満が邦楽器の「音」について語った文章の一節である。この大作曲家の言葉を,私が充分に理解しているのかという点については,はなはだ心許ないのだが,この一節から,音を聴くという体験に対する次のように理解を引き出すことができる。

　人は一つの音から,多様で複雑な可能性を聴きとる。われわれは,一撥の音の物理的な音響のなかに,さまざまなニュアンスを聴きとることができる。われわれは,たった一つの音のなかに,春の空気や,生の躍動や,ある

[*1] 武満 (1971) p.196.

いは宇宙の広がりを見いだすことができるのである．これらさまざまのことがらは，論理的には次元の異なる世界に帰属するもので，それらを統一的に論じることは難しい．一つの音あるいは無音のなかに，さまざまな異質な世界と結びつく複数の可能性が潜在している．音を聴くという体験は，この潜在している複数の可能性のなかの一つをとりだし知覚することでもあれば，その複数の可能性を同時に感受することでもある．

　音という記号を受容する体験を語る言葉として，武満の言葉を冒頭に掲げた．しかし，それだけのために，どうしてわざわざ，難解な武満の言葉を持ち出したりしたのか，と思われるかもしれない．それは，この文章の書き手である私が，異化効果を求めたからである．つまり，私は，聞き慣れない言葉と論理を突きつけることによって，私の文章の読み手を，ある種の不安感にさらし，慣習化された思考の惰性から引きずり出そうとしたのである．

　「異化」の概念はロシア・フォルマリズムの一員であったV. Sklovskij が提起したものである*2．ロシア・フォルマリズムの成果の多くは，現代の記号論に引き継がれている．異化効果もその一つといえよう．ロシア・フォルマリズムがめざしたのは，芸術作品の形式面での構造分析であった．ほかにも，ロシア・フォルマリズムの成果としては，V. J. Propp による『物語の形態学』が有名である．これについては，後に詳述する．

　われわれは何かを表現しようとするとき，同じ内容をさまざまな異なる表現を用いて表すことができる．表現のための記号は，一定の内容を伝えるための媒体として選択される．だが，コミュニケーションにおいて記号が果たす役割は，「伝達のための媒体」に限定されるわけではない．異化効果は，言葉や音といった表現のための記号から，単なる伝達という枠組みを超えた効果が生じることを示すものである．

† モデル読者

　もっとも，私の用いた程度の異化では，あまり効果はなかったかもしれない．異化効果は，筒井康隆の小説『文学部唯野教授』における「講義」で取

---

*2　Dundes (1964) p.44. 山中 (1989) pp.34-35. 内多 (1993) pp.70-71.

りあげられたことから，既に広く知れ渡ってしまっている．したがって，多くの人が免疫をもっている可能性が高い．加えて，この手の晦渋な文章を読み慣れている人にも免疫があるだろう．ところで，さすがに筒井康隆は本職の作家で，異化効果を私よりもずっと上手に使っているので，『文学部唯野教授』をまだお読みでない方は，一読されるとよい[*3]．

さて，さらに以上のように述べることで，私は，U. Eco の言う「モデル読者」の構成を行っている．つまり，本章の読み手として望ましい読者のモデルを暗に示すことで，読解の前提となる条件を読み手に提示しているのである．

テクストは読まれることに対して，全面的に受動的であるわけではない．テクストは，読むという行為に依存する一方で，この読むという行為のあり方を積極的に構成しようとするのである．Eco は，次のように述べている．

「読者は……けっしてどんなタイプの読者でもよいというのではない．……テクストが要請もせず，その生産を助けもしない読者に帰せられるなら，テクストは（実際以上に）読めないものとなるか，さもなければ別の書物となってしまう．」[*4]

筒井康隆の『文学部唯野教授』は，たしかにベストセラーとなったが，ありとあらゆる人たちに読まれたわけではない．また，これを読んだ人たちの大多数は，唯野教授の高度な「講義」の内容を，おそらく覚えてはいないはずである．一般には，異化効果などは知らないのが普通なのである．いくらなんでも，異化効果の概念（実践ではない）が八百屋の店主や生命保険のセールスレディたちの一般常識になっているとは思わない．異化効果の概念などを知っているのは，世の中のごく特定の層に属する限られた人たちであ

[*3] 筒井 (1990 (1992)) pp.108-111.
　　筒井 (1990) は，現代の文芸批評の理論的なベースを概観するための入門書としても要を得たものである．この分野におけるさらに専門的な記述を求めるのであれば，Eagleton (1983) がある．
[*4] Eco (1979) 訳 pp.92-93.

る．このことを私は充分承知している．

　その上で，私はあえて，「異化効果は，有名な『唯野教授』の講義で取りあげられたことから，既に広く知れ渡ってしまっている．したがって，多くの人が免疫をもっている可能性が高い．」と書いた．このような文章は，たしかに事実認識という点では偏りがある．だが，読者を構成するという点では効果がある．つまり，この文章は，『文学部唯野教授』のような小説を通じて，異化効果の概念を知っていることが，さも当然であるかのように語りかけることで，理想的な読者のモデルを提示し，おそらくこの条件にあてはまらない多くの読者も，表現の技法に関わる専門家に要求される知識や立場や嗜好を前提に，本章を読み解くように誘導しているのである．

　「異化効果」や「モデル読者」という概念の楔を打ち込むことにより，われわれが他者に意味を伝達しようとする際に，半ば無意識に用いている技法が顕在化する．こうして，われわれは，音楽や言葉や映像などの記号が伝えているのは，いわゆる字義通りの意味だけではなく，一つの記号から，異なる水準における複層的な意味を構成する作動が生成していることに，あらためて気づかされるのである．

　マーケティングによる消費者への働きかけも，意味を伝達するプロセスを通じて成立する．以下では，意味を伝達するプロセスで出現する偶有性の問題と，それを克服するための原理とを検討していく．そのなかで，マーケティングが記号を用いて消費者に働きかける際に，半ば無意識に用いているさまざまな技法の一端が浮き彫りになっていく．

2. 「読み」に媒介されたプロセス

†競争的使用価値を超えて

　問題の所在を明確にするために，前章の内容を簡単に振り返っておこう．消費欲望とマーケティングの関係について，われわれは「消費者志向」，「依存効果」，「競争的使用価値」の3つのモデルを対比しながら検討を進めた．

　まず，消費者志向モデルである．このモデルは，マーケティングを，消費者の必要や欲求に的確に応えた製品やサービスを供給する活動と見なす．す

なわち，マーケティングとは，消費者の消費欲望を起点とし，これを充足するためのプロセスを構築する活動だと考えるのでる．

消費欲望を充足する活動のプロセスに依存して，当の消費欲望が成立する．J. K. Galbraith は，このねじれた関係の作動を指摘することで，消費者志向モデルを批判した．消費者志向モデルは，消費欲望を，マーケティングの諸活動に先立って確立している所与の前提と見なす．「しかし」と，Galbraith は問いかける．その消費欲望は，そもそもマーケティングの諸活動との関係のなかで生成したものではなかったのか．

例えば，製品やサービスを店舗で提供する．あるいは，広告のように商品に関わる情報を提示する．これらのさまざまな局面で，マーケティングは，商品を「見せる」ことに関わっている．商品を「見せる」ことは，消費欲望を充足するために必要な情報を提供する活動であると同時に，新たな消費欲望を触発する契機をつくりだす活動でもある．

マーケティングの諸活動は，消費欲望を満たすと同時につくりだすという，二重の作動を伴っている．マーケティングの諸活動がこの二重の作動を併せ持つことから生じる関係を，Galbraith は「依存効果」と名づけたのである．

石原武政は，Galbraith の依存効果を，マーケティング論の立場から批判的に摂取しようとした．その中心となる概念が，競争的使用価値である．まず石原は，依存効果の考えを，Galbraith から引き継ぐ．消費欲望を，マーケティングが働きかける以前に存在する実在ではなく，マーケティングとの関係のなかではじめて出現する作動と見なすのである．

加えて石原は，消費欲望の二面的性格を指摘する．消費欲望は，マーケティングとの関係のなかから出現するものでありながら，マーケティングに完全に操作されているわけではない．この消費欲望の二面的性格が生じるメカニズムをとらえるために，石原は，企業間の競争による操作の相殺と，消費者による操作への抵抗をモデルに導入する．

だが，石原のこのモデルでは，消費欲望とマーケティングのねじれた関係のプロセスから，さらに次のような現象が生成することをとらえることができない．マーケティングによる消費欲望の操作の帰結は安定しておらず，操

作という作動の前提を構成する必要や欲求そのものが操作を行うなかで変わってしまうことがある．すなわち，消費欲望とマーケティングの相互作用のプロセスでは，操作－被操作の成否が不確実なだけではなく，何をめぐって操作－被操作が行われるのかという，操作－被操作の前提にある関係の枠組みそのものが不確定で，流動的なのである．

†操作概念をとらえなおす

競争的使用価値が示すのは，消費欲望を形成しようとするマーケティングによる操作の作動の限界は，操作を行う企業の側での競争による相殺と，操作される消費者の側で生じる抵抗力とによって生じるというモデルである．すなわち，操作の限界は，操作の作動そのものに内在するわけではなく，その外部の作動に起因するものと見なされている．

だが，消費欲望の操作については，その作動のメカニズムをあたかも機械を操作するかのように制御可能なものととらえてよいのかどうかを，疑ってみることも可能である．マーケティングによる消費欲望の操作は，具体的な製品そのものや，映像，言葉，サウンド等々を記号として用いることで成立する．記号として用いるということは，受け手となる側による読みあるいは解釈を経ることで，その作動が完遂するものとして用いるということである．

記号が媒介するのは，多重な可能性に開かれた不確定な作動である．このことを踏まえて，R. Chartier は，フランス革命に対する通俗的な見解を以下のように批判している[*5]．18世紀は啓蒙の時代として知られている．啓蒙あるいは啓発とは，言葉を用いて自らの思想を他の人々に伝え，その考えを望ましい方向に転換しようとする活動である．18世紀が啓蒙の時代となったのは，印刷物の流通により，地理的および社会的空間の広がりのなかに分散している人々に対して，同時に語りかける手段が確立されたからである．その結果，改革を志向する啓蒙的な書物が広範に流通し，フランス革命が準備されることになった．この通俗的な見解を，Chartier は批判する．

---

*5　Chartier（1991）訳 p. 6, pp.125-129.

第5章　記号が触発する作動　　**119**

　問題は，通俗的な見解が，書物という記号は常に人々を一定の反応に導く，と見なす単純な前提を採用していることである．歴史の現実はもう少し複雑であった．Chartier は，一方で18世紀の貴族たちも，民衆を導いた啓蒙思想家の書物の愛読者であったことを指摘する．当時の貴族たちは，ジャン・ジャック・ルソーの著作に他の階層の人々と変わらぬ愛着を示していた．また，『百科全書』は，その価格からして，名士にしか買えないものであり，その主要な予約購入者は，絶対王政下での伝統的な支配階層に属する人たちであった．

　つまり，啓蒙思想の書物の読者は，革命の担い手にも，革命の犠牲者にも，革命の敵対者にも，革命の傍観者にもなったのである．たしかに，書物は，読者の考えを変える可能性をもっている．だが，その作動は，作者と読者との相互的な関係のなかから生じるものであり，書物という記号そのものは，いく通りもの読みの可能性に開かれた構成物に過ぎないのである．

　マーケティングによる消費欲望の操作は，記号を用いた操作であり，記号が媒介するのは，他でもあり得る可能性に開かれた不確定な作動である．われわれにとって必要なのは，以上のような記号が媒介する作動の偶有性を踏まえた，操作観の転換である．この転換によって，競争的使用価値概念ではとらえることができなかった消費欲望とマーケティングの関係をとらえることができるようになるのである．

　すなわち，マーケティングが消費欲望を操作しようとするプロセスを，何をめぐって操作－被操作が成立するのかという関係の枠組みそのものが，多重な可能性に開かれてしまうプロセスとしてとらえることができるようになる．消費欲望の操作のプロセスは，多重な読みの可能性に開かれた記号に媒介されることで成立する．そのため，消費欲望の操作の帰結は，その読みの多重な可能性と不確定さを反映したものとなるのである．

　あわせて，競争的使用価値概念がそのメカニズムを解明しようとした当初の問題も説明される．マーケティングとの関係のなかから出現する消費欲望を，マーケティングは完全に操作することができない．このような二面的性格が消費欲望に生じるのも，消費欲望の操作が多重な読みの可能性に開かれ

た記号を用いて行われるためだと考えることができる．消費欲望の操作の帰結は，操作される側の読みに依存している．操作する側が事前に意図したとおりの反応が，常に引き出せるわけではないのである．

操作は常に一定の作動を引き起こすわけではない．操作の帰結は多重な可能性に開かれている．記号論という，読まれるものから読みとられる動的な意味の体系の理論は，この操作観の転換をわれわれに迫るものである．なお，本書では，この読まれるもの，すなわち読みの対象となる表現形態を「記号」，記号から読みとられる内容を「意味」，表現形態である記号とその内容である意味の結合体を「情報」と呼んでいる．

とはいえ，この操作観の転換は，問題の終着点ではない．それは転換点なのである．操作観の転換は，さらに新たな問題を投げかけるものである．マーケティングによる記号を用いた操作は，そのいく通りもの読みの可能性のなかで，なぜ多数の消費者から一定の反応を引きだすことができるのだろうか．われわれはさらに，操作観の転換により，偶有性のなかでの秩序生成という問題に直面するのである．

以下では，「読ませる－読まれる」あるいは「見せる－見られる」という関係のプロセスを通じて成立する，マーケティングによる消費欲望の操作には，①多重な可能性が潜在していること，そして，②そのなかで，なぜ多数の消費者から一定の反応を引きだすことが可能となるのかを，記号論の知見を参照しながら検討していくことにしよう．

3. 記号が直面する偶有性

†情報としての商品

マーケティングの諸活動のさまざまな局面から消費欲望が触発する．その作動は，「読ませる－読まれる」という関係のプロセスなかで成立することになる．

前章までの各章で取り上げてきたマーケティングによる消費欲望の触発には，次のようなものがある．例えば，商品を販売することは，消費者間の顕示的な張り合いの関係を通じて，他の人々の消費欲望を触発する．あるい

は，ブランド化された商品の提示は，商品属性の伝達と連動してその使用目的を想起させることで，消費欲望を支える循環する関係を触発する．また，広告，PR，店頭での商品の陳列は，個性的な消費の主体のあり方を示唆する「消費のモデル」，あるいは消費欲望が生成する際の前提となる「消費欲望の充足手段のリスト」の提示となる．

　大別すると，マーケティングによる消費欲望の触発は，商品そのものによって生じる場合と，映像や言葉を用いた商品に関わる情報によって生じる場合とがある．すなわち，消費欲望を触発するマーケティングの諸活動には，①市場への商品そのものの供給，および，②市場への商品に関わる情報の供給の，2つの局面がある．

　もちろん，商品そのものの供給によって消費欲望が触発されるといっても，商品の物理的な特性が直接に作用するというわけではない．岩井克人が言うように，洋菓子屋の店先でどのプディングを買おうか考えているとき，消費者はプディングそのものを比較しているのではない．消費者が実際に比較しているのは，ウィンドウのなかのプディングの外見から読みとった意味なのである[*6]．

　市場への商品の供給は，消費欲望を触発するが，それは商品の物理的な特性の直接な作用ではない．商品が消費欲望に具体性を与えるという場合でも，あるいは所有者の社会的名誉を高めるという場合でも，その作動は，読みとられた意味に媒介されることで成立する．消費欲望は，商品そのものの属性や機能によって直接的に生成するのではなく，商品に関して消費者が読みとった意味を介して構成されていくのである．

　マーケティングには，商品の供給と，情報の供給という2つの異なる局面がある．とはいえ，消費欲望の触発に関わるときには，この2つの異なる局面は，ともに物理的実在としての商品ではなく，記号としての商品から生成する作動の局面であるという点で，共通のプロセスとなる．そして，この記号としての商品とそれに関わる情報の供給は，単に商品の属性や機能を消費者に伝達するだけではなく，テクストとしての体験を消費者にもたらすので

＊6　岩井（1984（1992））p.115.

ある*7.

†物語の構造

商品であれ広告であれ,テクストとしての体験をもたらす「読ませる−読まれる」という関係のプロセスは,一定の約束事を前提にそれを再生産する,というかたちで進行する.記号の読みや解釈には,文法がある.記号が媒介するのは,カオスではなく,社会的な秩序である.

だが同時に,「読ませる−読まれる」という関係は,偶有性すなわち他でもあり得る可能性に開かれている.記号が秩序を創発するプロセスには,偶有性が常に併存している.まず,このことを,物語(ストーリー)というテクストの体験が生成するプロセスをとりあげ,確認していこう.

TV広告をはじめ,広告表現の多くは物語的な特性を備えている.広告は,時間の流れのなかで連鎖的な出来事の展開として情報を伝える.あるいは,消費者と商品そのものとの接点も,時間の流れのなかでの出来事として連鎖的に継起する.例えば,SONYやHONDAといったブランドの製品を,生活のさまざまなシーンで繰り返し目にしたり,使用したりすること

---

*7 「テクスト」は,文学作品を開かれた言語構造としてとらえる際に用いられる概念である.端的に述べれば,「テクスト」とは,読むという行為のなかで記号から生成する動的な意味の体系のことである.浅田彰は,「テクスト」について次のように述べている.「後期バルトやデリダの言う《テクスト》とは何か.それは完結した言語構造ではないし,いわんや構造に包摂されざる非定形の闇でもない.たえず自らを解きほぐしては織り返していく多層的なクモの巣ごときもの,かくこと・よむことをも含めた運動体,それを《テクスト》と呼ぶのだ.《テクスト》を抽象するとき,一方に完結した差異の体系,他方に非定形のカオスが現われ,両者の弁証法的相互作用によって共時的構造が通時的に変化していく,というフィクションが語られることになる.この抽象を廃棄し,それに先立つ《テクスト》の現実をとらえねばならない.それはまた,《テクスト》を,共時/通時の双対性に先立つ差延化(差異化=遅延化)のたわむれとしてとらえることでもある.」浅田(1984(1986))pp.251-252.

同様に,枝川昌雄によれば,テクスト論は「主体の壊乱を通じて記号の概念そのものを変革しながら,社会性・歴史性を回復してゆこうとする」運動を対象とする.そして,枝川が紹介しているバフチーンの次のような規定もテクスト概念を理解する手がかりとなる.「言葉(テクスト)は,他者の言葉との対話的交流(エクリチュールの主体と読者との対話であると同時に,以前の,或いは同時代の文学作品総体との対話)が現実化されるポリフォニックな言葉である.」枝川(1985).

第5章 記号が触発する作動　123

で，SONY あるいは HONDA に関する体験の物語が成立していく．マーケティングが扱う商品やそれに関わる情報の多くは，物語すなわち時間のなかでの連鎖的な出来事の展開として，消費者に提示されるのである[*8]．

　商品やそれに関わる情報が，時間のなかでの連鎖的な出来事として提示される．このことにより，その読み手である消費者には，どのような体験がもたらされるのだろうか．この，マーケティング・コミュニケーションが消費者にもたらす物語としての体験を考える手がかりを，V. J. Propp の物語構造の研究に求めることにしよう．

　Propp は，魔法昔話を分析し，その物語には不変の構造があると主張した．物語構造の研究は，さまざまな物語が，物語として共通にもっている原理，すなわち「物語の一般原理」を確立しようとして行われてきた．例えば，物語における出来事の展開のパターンや，登場人物たちの行動の論理などが分析されてきたのである．ロシア・フォルマリズムは，物語構造の研究の先駆となる多くの成果を生みだしている．Propp の『昔話の形態学』は，このロシア・フォルマリズムの代表的な成果の一つである[*9]．

　Propp は，魔法昔話というジャンルに属する100編の民話を分析し，さまざまな形態の魔法昔話が，全ての物語に共通する「定項」と，物語によって異なる「可変項」とから成り立っていることをとらえた．「定項」となるのは，「機能」である．Propp の言う「機能」とは，登場人物の行為，すなわち「何を行うか」を，物語全体の流れのなかで果たしている役割という観点のもとでとらえたものである．例えば，Propp は，物語における「機能」

[*8] 本章では，物語（ストーリー）が備えている，出来事の時間的な展開の連鎖という特性に焦点をあてて，物語がその受け手にもたらす体験を検討している．とはいえ，物語は，出来事の展開の連鎖（＝筋）だけで成り立っているわけではない．例えば，北岡誠司は，グレマスを引いて，筋とシーンと母型の重層的関係として物語をとらえている．あるいは，B. Anderson は，物語に描かれる「世界」を構成する視点に着目し，小説という形式の特質を論じている．小説の作者と読者は，小説のなかには位置づけをもたない超越的な視点から，小説の登場人物達の行為を関連づけてとらえる．一方，中世の物語は，物語の内部に位置づけられる局所的な単一の視点，すなわち主人公の視点から語られ，受容される．北岡 (1994)．Anderson (1983) 訳 pp.44-54．大澤 (1995a) pp.139-140．

[*9] Propp (1928) 訳 pp.7-40．

として,「禁止」,「贈与」,「闘い」,「勝利」などをあげている.

　もちろん,物語は「機能」だけで成り立つわけではない.「機能」以外にも,物語を構成する要素はいくつもある.例えば,「機能」となる行為を「誰が行うのか」,すなわち登場人物の「呼び名」や「属性」,あるいはその行為を「どのようにして行うのか」,すなわち「行為の手段」といった要素である.ただし,Proppによれば,これらの要素は「可変項」に属するものであり,「物語の一般原理」となる構造をかたちづくるものではない.

　Proppは,魔法昔話について,以下の4つの基本テーゼを提示する.

1. 魔法昔話の恒常的な不変の要素となっているのは,登場人物たちの「機能」である.
2. 魔法昔話に認められる「機能」の数は,限られている.
3. 「機能」の継起順序は,常に同一である.
4. あらゆる魔法昔話が,その構造の点では,単一の類型に属する.

†語られるプロセスにおける物語の体験

　「機能」の継起順序をとらえたとき,あらゆる魔法昔話に共通する単一の類型が出現する.この類型を,Proppは魔法昔話の不変の構造だと考えた.

　だが,Proppがとらえた類型を,物語の不変の構造と見なすことには以下のような難点がある.まず,容易に指摘できるのは,魔法昔話という特定のジャンルで見いだされた類型が,他のジャンルの物語でも適用できるのかという疑問である.

　それだけではない.より重要な問題は,分析された対象の限界ではなく,分析を導く論理に内在する限界である.D. G. Mickは,Proppのテーゼには,物語は「読ませる-読まれる」関係のプロセスにおける体験として出現することへの認識が欠落している,と述べている[*10].この問題は,「時間のなかで展開される連鎖的な出来事が,その読み手に与える体験」を考えるための重要なポイントを提示するものなので,少し丁寧に検討しておくことに

---

*10　Mick (1987).

しよう．

　Proppの分析には，何が欠落しているのだろうか．Proppの分析によって抽出されたのは，語られた物語の構造であって，語られるプロセスにおける物語の体験ではない．Proppは，物語を構成する「機能」を判別していくのにあたって，「常に，機能は，その結果によって決定すべきという原理」を採用している[*11]．つまり，Proppが物語から抽出した「機能」の構造は，物語の結末から出発することで導き出されたものなのである．これは，実際に物語が語られる際の順序とは異なる構成である．

　C. Bremondは，Proppが抽出した物語の構造は，語られるプロセスにおける物語の体験とはなり得ないことを次のように指摘している[*12]．Bremondの指摘を，魔法昔話にも出現する「闘い」－「勝利」という「機能」の連鎖を例にとり，確認していこう．

　Proppのアプローチでは，「機能」は，その結果によって決定される．すなわち，「勝利」がその分析の出発点となる．この「勝利」という終着点から出発すれば，「闘い」の機能は，論理的に要請される必然的な前提となる．「闘い」もしないのに，「勝利」することはできないのである．物語が終わり「勝利」が確定した後では，それに先立つ「闘い」との連鎖は，選択の余地のない必然となる．

　しかし，物語が語られるプロセスで出現する「闘い」－「勝利」の連鎖は，選択の余地のない必然ではない．たしかに「勝利」にとっては，先行する「機能」は，「闘い」以外に選択の余地はない．だが，逆に，「闘い」にとっては，必ずしも「勝利」の「機能」が後に続かなければならないわけではない．「闘い」にとって，「勝利」は可能な結果の一つであって，他の結果に至る可能性が同時に併存することを妨げるものではない．

　「闘い」にとっては，「勝利」との結合は，あくまでも可能性であって，「闘い」－「勝利」という連鎖が出現する蓋然性がいかに高くても，「勝利」以外の結果が「闘い」の後に続く可能性は残されている．そうでなければ，主人公が「闘い」の末に「勝利」に至ったとしても，そこには何の感動もな

---

*11　Propp（1928（1969））訳 p.104．
*12　Bremond（1964）訳 pp.29-30．

くなってしまう．物語のなかで主人公と敵対者との「闘い」が始まったとき，読者が思わず手に汗握るのは，主人公の「勝利」以外の結末が選択される余地が残されているからである．

†オープン・コンティンジェンシー構造の体験

Proppが分析の対象とした魔法昔話でも，意外な結末が選択される余地が全くないわけではない．魔法昔話には，2つの「機能」の連鎖の間にさまざまなエピソードを挿入することで，結末の出現を遅延するという，物語の進行を阻害するような構成がしばしば採用されている[*13]．例えば，「闘い」の結末が，すぐに示されるのではなく，どうなるかわからず，主人公の勝利が示唆されたかと思うと，逆転して敵対者の勝利が示唆されたりする．あるいは，いつわりの情報で，主人公が闘いに破れたと思わせる，等々である．

この遅延化は，読者をはらはらさせ，その結末の出現をより劇的なものとするための修辞法だと考えられている．だが，「闘い」に対して主人公の「勝利」以外の結末が接続する可能性が全く存在しないのであれば，この修辞法は意味をなさないはずである．すなわち，魔法昔話でも，後続する「機能」の偶有性，すなわち他でもあり得る可能性を前提にした修辞法が用いられているのである．

あわせて，ここでは次のような関係が生じていることにも，注意しておこう．このとき，偶有性に直面するのは，これから新たに語られようとしている出来事の「機能」だけではない．すでに語られた出来事の「機能」も，同様の偶有性にさらされている．来るべき未来の「機能」も，過去の「機能」も，同様に不確定な他でもあり得る可能性に開かれているのである．

具体的に考えてみよう．物語のなかで，主人公が老人と太刀を交わすという場面を想像して欲しい．いよいよ「闘い」が始まったかに見える．だが，物語は次のように展開していくかもしれない．老人は思いの外強く，主人公は老人に組み伏せられてしまう．そして，老人の前にひざまずく主人公に，この老人の任務が明かされる．彼の正体は，主人公を支援する贈与者であっ

[*13] Bremond (1964) 訳 pp.23-24.

た．呪力を授ける言葉とともに，主人公に太刀が手渡される．すなわち，主人公が老人と太刀を交わすという出来事の「機能」は，主人公と敵対者の「闘い」ではなく，主人公に対する贈与者の「試み」だったのである．

そして，その先の物語の展開しだいでは，この「試み」－「贈与」という「機能」の連鎖も，さらに他の「機能」の連鎖に転換してしまうかもしれない．物語が語られるプロセスで，その受け手が体験するのは，この不確定な可能性に開かれた関係である．

物語が語られるプロセスで出現する出来事の「機能」は，確定したものではなく，その結果しだいで異なるものとなってしまう．Proppは，物語の分析にあたって，「機能は，その結果によって決定すべきという原理」を採用した．Proppが，このような実際の物語が語られる順序とは異なる構成を採用したのは，おそらく次の理由からである．そうしなければ，彼は物語における出来事の「機能」を確定することができなかったのである．

物語が語られるプロセスにおける新たな出来事の提示は，相反する2つの作動を引き起こす．新たに提示された出来事の「機能」は，先行して語られていた物語を「機能」の連鎖として確定する働きをする．だが同時に，この新たに提示された出来事の「機能」は，その後に続く出来事しだいでは，物語を構成する「機能」の連鎖が全く異なる他のものであったことが判明してしまう可能性を，物語に持ち込むのである．物語が語られるプロセスで，新たな出来事が提示される．このことにより，先行して語られていた物語の他でもあり得る可能性が閉ざされるとともに，物語はさらなる偶有性へと開かれていくのである．

物語は，「読ませる－読まれる」関係のプロセスを通じて，他の連鎖へと転換してしまう重層的な可能性を併存させた，「機能」の連鎖を形成してい

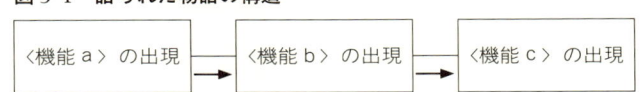

図5-1 語られた物語の構造

〈機能a〉の出現　→　〈機能b〉の出現　→　〈機能c〉の出現

図 5-2 物語が語られるプロセスにおける体験のオープン・コンティンジェンシー構造

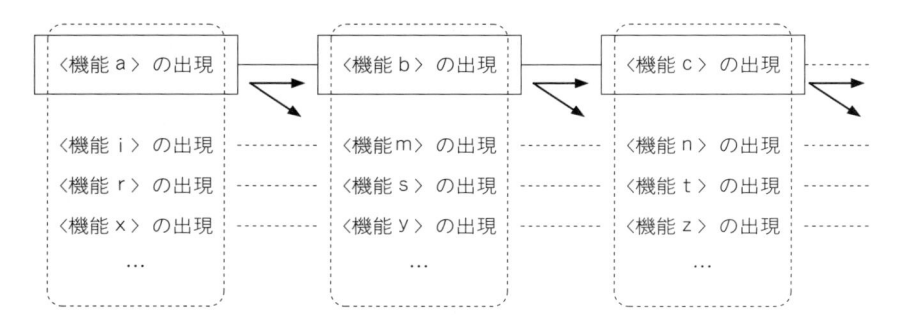

〈機能 a〉の出現	→	〈機能 b〉の出現	→	〈機能 c〉の出現	→
〈機能 i〉の出現	----	〈機能 m〉の出現	----	〈機能 n〉の出現	
〈機能 r〉の出現	----	〈機能 s〉の出現	----	〈機能 t〉の出現	
〈機能 x〉の出現	----	〈機能 y〉の出現	----	〈機能 z〉の出現	
…		…		…	

く．物語は一本道（→）ではなく，絶えざる可能性の分かれ道（⤳）の連鎖となる．物語が語られるプロセスで，その読み手が体験するのは，図5-1のような分かれ道のない不変の構造ではない．物語の読み手は，図5-2のような，繰り返し他でもあり得る可能性に開かれていく構造（オープン・コンティンジェンシー構造）を体験するのである[*14]．

---

*14 本書が，この，他でもあり得る可能性に開かれた構造を，「コンティンジェンシー構造」ではなく，「オープン・コンティンジェンシー構造」と称しているのは，経営学では「コンティンジェンシー」という用語が，決定論的な構造の枠組みのなかでの他でもあり得る可能性を扱う際に用いられてきたからである．
　組織研究では，「コンティンジェンシー理論」とは，「どのような組織構造が最高の業績をもたらすかは，その組織が置かれた状況によって異なる」とする理論枠組みのことである．この理論枠組みは，初期の組織研究が「どのような状況でも常に高い成果をもたらす組織構造」を提示しようとしたために直面した行き詰まりを，組織研究が乗り越えようとするなかで登場した．「コンティンジェンシー理論」は，どのような組織構造が高い成果をもたらすかは，置かれた状況によって異なる．すなわち，状況しだいで，最適な組織構造は「他でもあり得る」と考える．
　問題は，コンティンジェンシー理論では，「状況」が，固定的な枠組みのもとで客観的に決定される変数として扱われている点である．だが，加護野忠男が指摘するように，プロセスにおける当事者（行為者）にとっては，「状況」は，どのようなスキーマ，すなわち理解の枠組みを前提とするのかによって異なる相対的な可能性でしかない．他でもあり得る可能性は，前提を与えられることで特定化するが，さらにその前提自体が他でもあり得るのである．組織や市場における行為の当事者は，この他でもあり得る可能性が入れ籠状に広がっていく関係の構造に直面することになる．この関係の構造を，本書では「オープン・コンティンジェンシー構造」と呼んでいる．
　その一方で，スキーマあるいは観点は，オープン・コンティンジェンシー構造のもとにありながら，組織あるいは市場の構成員の間で共有化される．坂下昭宣は，加護野がこのスキーマの共有化のメカニズムに言及する際に，自省的な行為の主体を通じてスキ

†物語の再演が直面する偶有性

　「読ませる－読まれる」関係は，オープン・コンティンジェンシー構造を形成する．物語が語られていく道行きには，常に選択の余地が残されている．このプロセスで，物語の読み手が体験するのは，次の一手しだいで，世界が一変してしまうかもしれない可能性に開かれた構造である．

　だが，「読ませる－読まれる」関係における偶有性の源泉は他にもある．次の一手が確定していれば，「読ませる－読まれる」関係における偶有性は消滅するわけではない．すでに語られた物語の再演を行う場合でも，「読ませる－読まれる」関係のなかでは，他でもあり得る可能性に直面することになるのである．

　例えば，俳優のイッセー尾形は，同じ舞台でも常に同じ評価を受けるとは限らない，と述べている[*15]．イッセー尾形は，世界中の劇場で一人芝居の作品を上演してきた．会社をつぶした社長が肉体労働の現場で昔話をする「倒産社長」という作品を，アメリカ人は大笑いする．ところが，ドイツで上演した際は，最後は盛大な拍手であったが，それまでは客席は静まりかえっていたという．「一定の地位から外れることがそれだけ重い意味を持つ社会なのだろう」とイッセー尾形は述べている．

　広告や商品も，同様の問題に直面することになる．例えば，難波功士が指摘しているように，同じ広告表現であっても，読み手が商品に関わる実用的な情報として読みとろうとするのか，一種の表現の「遊び」として受けとめるのか，あるいは，広告主の戦略的意図やキャンペーンの仕組みを読み解こう

ーマが構成されるメカニズムをブラックボックス化している点を批判している．加護野 (1988a) pp.20-25, pp.72-73, pp.86-93. 坂下 (2002) pp.26-37.
　行為者の主体的な関わりを通じて，スキーマや観点が共有化されていくという事態は，どのようにして起こるのだろうか．この偶有性と共有化の並存は，スキーマや観点が，本書の提示する次のようなねじれた関係のなかで成立するものであることによって説明される．行為の主体は，その主体的な選択の対象であるコミュニケーションの媒体に依存することで，その主体性の前提となる，自己の同定や，欲望や認識の確定を主体的に形成することが可能となる．自省的な複数の行為の主体のあいだでのスキーマや観点の共有化は，この依存関係を触発する条件を備えた社会的なコミュニケーションのしくみに媒介されて生成していると考えることができるのである．

*15 『朝日新聞』2002.2.6.

とするのかによって，その知覚や評価は大きく異なることになる*16．あるいは，第3章で取り上げたように，手段－目的の連鎖との関係しだいで，同じ選択代案の集合に対する消費者情報処理の帰結は大きく異なることになる．

物語における道行きの偶有性は，その読み手をはらはらさせる．どのような出来事が後に続くかによって，現時点で確定している「機能」の構造は一変してしまうかもしれないからである．読み手から見ると，この偶有性は，物語の語り手によって支配されているように見える．しかし，物語の語り手もまた，他でもあり得る可能性にさらされている．同一の出来事を提示しても，読み手が何に注目するのかによって，その知覚や評価は一変してしまうからである．

まとめよう．「読ませる－読まれる」関係のなかでは，提示される記号あるいは出来事の意味は，不確定な可能性に開かれてしまう．同一の記号あるいは出来事であっても，①語り手が物語の続きをどのように展開していくのか，②読み手がどのような知識を持っており，どのような問題を解決することを必要としているのかによって，記号や出来事を知覚し評価する際の観点が変化してしまうからである．

観点とは，知覚や評価を行う際に依拠する参照情報の集合である．観点が異なれば，同一の記号や出来事であっても，読みとられる意味は異なったものとなる．後続する物語の展開や，先行する読み手の学習や，その場で解決を必要とされている問題によって，提示された記号あるいは出来事そのものが変化するわけではない．記号あるいは出来事をとらえる観点の変化を通じて，読みとられる意味が変化するである．

4. 偶有性を超えて

†観点を通じたコミュニケーション

語られるプロセスにおける物語と同様に，語られた物語の再演も偶有性に直面する．このことは，マーケティングが記号を用いて行う消費欲望の操作の帰結を，不確定なものとする．とはいえ，この操作の不完全性は，マーケ

---

*16 難波（2000）pp.69-76．

ティングの消費者への従属を意味するわけではない．記号を介した操作のプロセスでは，消費者も同様の不確定性に直面するのである．

「読ませる－読まれる」関係にプロセスに内在する偶有性は，マーケティングによる消費欲望の操作に限界をもたらす．だが同時に，この他でもあり得る可能性のなかで，マーケティングによる消費欲望の操作は，以下のような新たな可能性を手にすることになる．

記号と意味の結びつきは，固定的なものではない．記号を提示することで，何らかの意味が読みとられる．だが，この関係を絶対視してはならない．記号から読みとられる意味は，採用される観点しだいでは一変しかねないのである．同じ記号であっても，読みとられる意味は，後続する物語の展開や，読み手が保持している知識や，解決を必要とされている問題，等々がもたらす観点の違いによって，異なったものとなる．

この観点による記号とその意味の結びつきの相対化は，マーケティングによる消費者とのコミュニケーションの焦点を二重化する．R. Barthes は，ファッション雑誌の商品写真の横に添えられた短文の役割について，次のように述べている．

> 「イメージ〔写真や絵〕にはじじつ知覚のレベルがいくつかあるということは避けられぬ事実であり，イメージを読む人にはどのレベルに立ちどまるかを選択するある種の自由（この自由を意識していないとしても）がある．……紙の木目からカラー〔えり〕の角へ，つづいてカラーの角からドレス全体へという順に，イメージに投げかけられる視線はつねに避けられぬものとしての意志決定が含まれている．とりもなおさず，イメージの意味は決して確定しないということだ．ことばはこの自由を，そしてまたこの不確実性をも，取り除いてしまう．ことばはあるひとつの選択を示し，それを押しつけ，このドレスの知覚〔視線〕が（こちらでもなく，あそこでもない）そこに止まることを命じ，ドレスの読み取りのレベルを，その布地に，そのベルトに飾りについているアクセサリーに固定する．」[17]

---

*17　Barthes (1967) 訳 pp.26-27.

ファッション雑誌をめくると，商品写真の横には，商品を説明する短文が添えられている．例えば「小さな紐飾りがエレガンスをつくります」，「この靴は歩くのには理想的です」，あるいは「短いボレロ，丈はウェストまで，ターキッシュ・ブルーのシェトランドのアンサンブルに，ジャケットは首のつけ根まで，そではひじまででスカートにはジレ・ポケットがふたつ」といった具合である[*18]．このビジュアルと言葉という2つの形態の情報の併置は，ファッション雑誌の商品紹介の記事だけではなく，広告表現一般でも見ることができる．

ファッション雑誌や広告において，このような写真やイラストの横に添えられた短文が果たしている役割は，商品の属性や機能あるいはコンセプトを伝達したり，強調したりすることだけではない．Barthes が指摘するように，それらは，商品あるいはその写真をとらえる際の観点を提示する役割も果たしているのである．このとき，ファッション雑誌や広告は，①商品内容の提示と，②それを知覚し評価するための観点の提示という，二重のコミュニケーションを生成する媒体として機能することになる．

図 5-3 二重のマーケティング・コミュニケーション

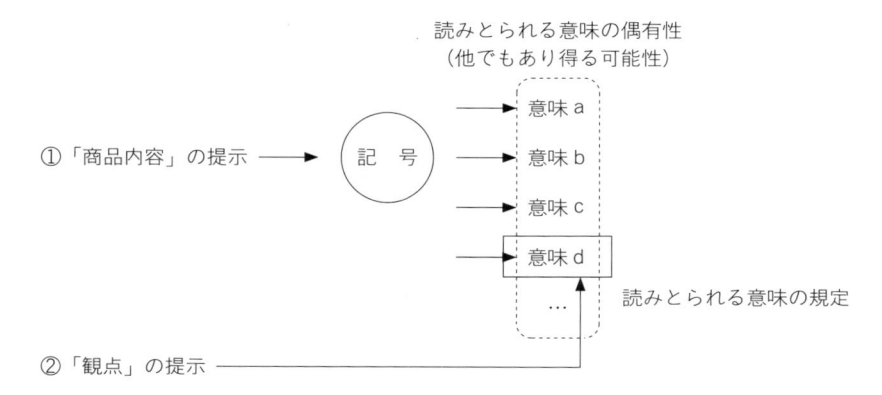

† **商品の有用性を構成する**

マーケティングの諸活動による消費者とのコミュニケーションは，二重の

[*18] Barthes (1967) 訳 p.38, p.66, p.78.

コミュニケーションとなる．すなわち，マーケティングの諸活動による消費者とのコミュニケーションは，商品が備えている属性や機能を伝達することだけではなく，その属性や機能を知覚し評価するための観点を喚起することで，その有用性あるいは使用価値を構成する役割を果たすのである．

「ハーレーダビッドソン」の再生のケースは，この観点の提示を伴う二重のコミュニケーションの重要性を示すものである[19]．1980年代の前半，ハーレーダビッドソン社は危機に直面していた．かつてはハーレーダビッドソンは，二輪車の代名詞と言われ，1950年代にはアメリカの二輪車市場の70％近くのシェアを有していた．ところが，小型二輪車の成功で力をつけたホンダをはじめとする日本企業の攻勢により，ハーレーのシェアは1983年には二輪車市場全体の3％，大型二輪車に限っても10％近くにまで落ち込んでしまったのである．日本企業は，1車種あたりの生産量が大きく，素早いモデルチェンジで，高品質・低価格の製品を次々と市場に投入していた．ハーレーに勝ち目はないように見えた．

だが，その後10年間でハーレーの業績は急回復する．1993年には，アメリカの大型二輪車市場で60％を超えるシェアを獲得している[20]．その間にハーレー社が取り組んだ改革のポイントは2つある．第1に，ハーレー社は，日本企業の生産管理からジャスト・イン・タイム，QCサークルなどの手法を学び，生産性と品質を向上させた．第2に，ハーレー社は，ブランドの再構築に取り組んだ．具体的には，ハーレー社は，プロモーション活動に加えて，顧客クラブである HOG（Harley Owners Group）の運営，商標ライセンスの拡大と管理の強化といった活動に取り組んだのである．これらの活動は「ハーレーダビッドソン」というブランドと結びついた「西部開拓時代のヒーロー」，「男らしさ」，「アメリカへの愛国心」，「社会的束縛からの自由」

---

[19] Pascale (1984)．嶋口 (1986) pp.58-60．Aaker (1996) 訳 pp.176-181．Hartley (1998) pp.97-107．

[20] 日本国内の二輪車市場でも，この間にハーレーダビッドソンは堅調に業績を伸ばしている．1984年には，757台と低迷していたハーレーの登録台数は，2000年には9467台に成長している．なお，この間の国内の二輪車出荷台数は204万台から78万台に低下している．『DIAMOND ハーバードビジネスレビュー』2001, Vol.26-No.6, pp.146-147．

といった連想を，強調し，強化するものであった．

ハーレーは，1980年代の後半以降，高所得で都会的なライフスタイルの顧客層を新たに引きつけることに成功していった．とはいえ，D. Aaker は，現在でも日本製の二輪車の方が，技術的にははるかに優れていると言う．ハーレーは，日本車に比べてスピードが出るわけでもなく，重く，騒々しく，乗り心地はけっして快適ではない．

では，それにもかかわらずハーレーは，なぜ多くの顧客を魅了することができるのだろうか．Aaker は，ハーレーの顧客にとっては，ハーレーとは「最も大きく，最も重く，最も騒々しいバイク」であり，それゆえ「最も男らしいバイク」であることを指摘する．彼らにとっては，その時代錯誤的なデザインも，騒々しい排気音も，「男らしさ」や「社会的束縛からの自由」を象徴するものなのである．

同じ製品であっても，その知覚と評価は観点により大きく異なることになる．「走行性能」という観点から見れば，ハーレーは優れた製品ではない．だがそれは，ハーレーには有用性がないということではない．「西部開拓時代のヒーロー」，「男らしさ」，「アメリカへの愛国心」，「社会的束縛からの自由」といった連想がかたちづくる観点から見れば，ハーレーは多くの顧客を魅了する品質と属性を備えた製品なのである．

商品の有用性や使用価値は，客観的な実在ではなく，観点に基づいて構成される認識の対象である．特定の観点を強調することで，ハーレーダビッドソンはその商品としての有用性を再構築することに成功した．

これは，ハーレーダビッドソンだけに見られる特殊な効果ではない．例えば K. L. Keller は，ブランドがビールの味わいをつくり出すと言う．ブランド名を隠して試飲したときには，ほとんど識別できなかったビールの味の違いを，消費者はブランド名が提示されると識別できるようになるのである[21]．このような効果が生じるのも，ブランドから連想される概念やイメージが観点となり，そのもとで味覚が構成されるからだと考えられる．

---

[21] Keller (1998) 訳 pp.79-80.
　なお，形成されたブランド連想が，循環する関係の触媒となることについては，第3章で指摘した．

第5章 記号が触発する作動　**135**

† **観点を通じて閉ざされる偶有性／開かれる偶有性**

　商品あるいはその広告を前にした消費者が読みとる意味の可能性は，偶有的である．同じ商品あるいは広告表現であっても，採用される観点によって異なる意味が読みとられることになる．ブランド連想は，特定の観点を提示する役割を果たす．だが，ブランド連想を形成するためには，マーケティング・コミュニケーションの蓄積が必要である．そのため，広告をはじめとするマーケティング・コミュニケーションの諸活動は，商品の属性や機能の伝達とともに，商品の有用性や使用価値を構成する観点の提示にも努めることになるのである．

図 5-4　観点が開くオープン・コンティンジェンシー構造

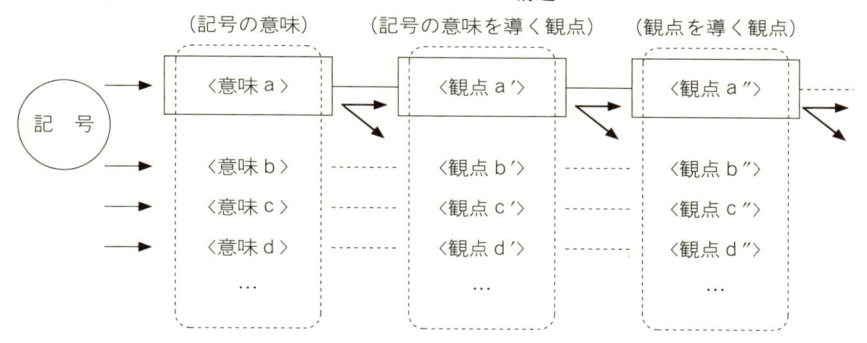

```
                  (記号の意味)      (記号の意味を導く観点)   (観点を導く観点)
         →   〈意味 a〉    ⇄    〈観点 a′〉    ⇄    〈観点 a″〉   ⇢
  記 号  →   〈意味 b〉         〈観点 b′〉         〈観点 b″〉
         →   〈意味 c〉         〈観点 c′〉         〈観点 c″〉
         →   〈意味 d〉         〈観点 d′〉         〈観点 d″〉
              …                  …                   …
```

　とはいえ，「読ませる－読まれる」関係のなかで出現する偶有性は，観点を提示するマーケティング・コミュニケーションを導入することで，完全に解消されるわけではない．観点による規定を通じて，関係はさらに新たな偶有性に開かれていくのである（図 5-4）．

　前節で，物語の体験を分析した際にも指摘したように，観点の提示を通じて意味が構成される際に出現するのは，他でもあり得る可能性を閉ざすことで，さらなる偶有性へ開かれていくという関係の構造である．このオープン・コンティンジェンシー構造のもとにおかれるのは，語られる物語に対する受け手の体験だけではない．観点を導くのが，後続する結果の予期であろうと，知覚や評価の前提をなす知識，あるいは解決が必要とされている問題であろうと，オープン・コンティンジェンシー構造が出現することには変わ

りない．

　観点の偶有性は，物語に見られるような，後続する展開の未確定性の問題だけに由来するのではない．さらに，観点のあり方や妥当性を規定する観点（メタ観点）の問題がある．メタ観点の問題によっても，オープン・コンティンジェンシー構造が出現することを，あらためて確認しておこう．

　マーケティング・コミュニケーションが観点を提示するのは，商品や広告表現から読みとられる意味の可能性を特定化するためである．とはいえ，このとき，観点もまた記号として提示されることになる．つまり，提示された記号から観点のあり方を読みとる際のメタ観点しだいでは，当の商品や広告表現からさらにまた異なった意味が読みとられてしまうことになる．

　また，観点の妥当性が確立されなければ，単なるものの見方を提示したに過ぎないことになる．例えば，ハーレー社が，広告やイベントを通じて，「男らしさ」や「社会的束縛からの自由」といった価値観を提示する．しかし，これだけでは単なるものの見方を提示したに過ぎない．たしかに，その結果，消費者がこれらの価値観を基準に二輪車を評価するようになる可能性は生じる．だが，必然性が生じるわけではない．他の見方をしても構わないのである．提示した観点が確実に用いられるかどうかは，その観点の妥当性を評価するメタ観点しだいである．

　提示された観点の知覚と評価における以上のような偶有性の問題は，さらにメタ観点を提示することで解決するわけではない．提示されたメタ観点もまた，その知覚と評価における偶有性の問題に直面することになる．

　マーケティング・コミュニケーションを通じて，消費者を一定の反応に導くためには，観点あるいはメタ観点をただ提示するだけでは不十分である．マーケティングの諸活動が商品の有用性や使用価値を構成し，消費者を当の商品の購買へと向かわせるためには，併せて，提示された観点の偶有性が顕在化しないようにしなければならないのである．

　これは，実現不可能な課題ではない．実際の社会生活では，観点の偶有性の問題は，多くの場合潜在化している．本章の冒頭で紹介した「異化」が効果をもつのも，そのためである．異化効果は，知覚や評価のスムーズな進行を妨げることで，読み手の知覚や評価がオープン・コンティンジェンシー構

造のもとで構成されていることを顕在化する効果である．異化が前提にしているように，観点の偶有性は通常は潜在化しているのである．

とはいえ，マーケティング・コミュニケーションに指針を与えるためには，さらにこの観点の偶有性の潜在化がどのようにして生じるのかを解明しておかなければならない．R. Barthesの広告分析は，広告表現を用いて読み手の観点を構成する際には，観点を直接的に情報として提示するだけではなく，フレームを通じて観点を形成するという方法もあることを示唆している[*22]．フレームによる観点の形成は，観点の偶有性の問題を潜在化させるという点で，観点の直接的な提示よりも優れている．

フレームから観点が形成されるとき，認識の対象である情報が，認識を構成する観点を反射的に喚起するという再帰的な作動が生じることになる．認識の生成と，認識を構成する観点の生成という2つの作動が，単に併存するのではなく，連動するようになるのである．続いて，このフレームから生成する可能性を，具体的に検討していくことにしよう．

†外示と共示

フレームから生成する作動を検討するための前提として，広告のテクストには，次のような2つのメッセージの可能性が併存していることに目を向けておこう．Barthesは，マーガリンのブランドである「アストラ」の広告コピーをとりあげ，その「アストラで黄金の料理を」というフランス語で書かれたコピーから，以下のような2つのメッセージを読みとることが可能であることを指摘している．

第1のメッセージは，表現を解釈のためのルールやコードにしたがって字義どおりに解釈したもので，外示のメッセージと呼ばれるものである．「アストラで黄金の料理を」というコピーを，字義どおりに解釈すればどういうことになるかを想像してみよう．さまざまな解釈の可能性がある．例えば，字義通りの解釈としては，次のような極端なものも成り立つ．

このコピーを，突然別世界からフランスへやってきた，カナダインディア

[*22] Barthes (1985) 訳 pp.69-77.

ンのヒューロン族あるいは火星人といった人物が、どのように理解するかを想像してみよう。彼らは、とりあえずフランス語の語彙と統辞法だけは完璧に知っているが、商業や料理や広告のことには全く無知である。この語彙と統語法だけはマスターしているが、それ以外の物事に関する知識は完全に欠けているという人物は、「この短文は、料理に取りかかれという命令であり、できあがった料理は黄金と呼ばれる金属に似た物質を含む結果になる」と考えるかもしれない。これは、物事を知っている者の目から見れば、おかしな解釈だが、字義通りの解釈としては間違いではない。

とはいえ、この第1のメッセージは、思考実験のなかで導き出された解釈である。日常生活のなかで、通常われわれが広告表現から読みとっているのは、このような字義通りに解釈されたメッセージではない。なぜならわれわれは、解釈のためのルールやコードだけではなく、自分が生きる世界に関する「知識」をもっているからである。

常識的な消費者が、広告表現から読みとるのは、第2のメッセージである。第2のメッセージは、コピーの文面だけを分析しても読みとることのできないメッセージである。それは、「広告とは、最終的には一つのこと、つまり広告された製品やサービスの素晴らしさを語るものである」という、広告に関する社会的通念を前提にすることで構成されるメッセージである。このようなメッセージを、共示のメッセージという。すなわち、「アストラで黄金の料理を」という広告コピーを見て、われわれは「アストラを使うと、すばらしくおいしい料理ができる」というメッセージを受け取る。このような解釈が成立するのは、「広告は、広告された商品の素晴らしさを語るものである」という知識を前提とするからである。

†フレーム・メッセージ

広告表現から第2のメッセージが読みとられるのは、それが「広告」として解釈されるからである。第2のメッセージが読みとられる際には、当の表現を構成する諸要素が、①「広告」というカテゴリーに属するものとして周囲から切りとられるとともに、②広告に関する社会的通念を前提とした解釈が行われる、というメカニズムが働く。

対象が帰属するカテゴリーを判断することと連動して，当のカテゴリーに帰属する要素に共通して見られる特性に関する記憶が再生される．そして，このカテゴリーの規定と連動して想起される知識を前提として，知覚や評価が行われる．フレームとは，知覚や評価の対象が帰属するカテゴリーの規定で，連動して読み手は知覚や評価の前提として用いる知識の集合を想起する[*23]．

　フレームは，読み手の観点を構成する役割を果たす．例えば，「広告とは一般に，広告された商品の情報を伝え，それをすぐれたものと評価し，その購買を説得するものである」ということを知っている消費者は，対象のカテゴリーが「広告」と規定されることで，この知識を前提に，「広告」である当の表現から特定の意味を選択的に読みとることになる．

　とはいえ，フレームは「広告」だけではない．「広告」以外にもさまざまなフレームがある．「アストラで黄金の料理を」という短文が帰属可能なカテゴリーは，「広告」に限定されるわけではない．「詩」，「構文解釈の例題」，「政治的スローガン」等々であってもかまわないのである．あるいは，「黄金」という単語が帰属するカテゴリーについても，「物的属性」，「権威の象徴」，「商品名」等々，さまざまなフレームが設定可能である．

　また，フレーム概念の適用範囲を拡張し，対象が帰属するカテゴリーの規定だけではなく，対象がターゲットとする読者の規定と連動する知識の枠組みも含めるのであれば，本章の冒頭で紹介した「モデル読者」もフレームの一種である．「モデル読者」を構成することで，読み手が有している知識が活性化し，特定の観点が形成されるのである．

　読み手の観点は，さまざまなフレームとの連動で形成される．そのため，広告表現の制作者は，どのようなフレームのもとで読まれるのかを慎重に吟味しながら，その表現を制作することになる．読み手が設定するカテゴリー次第で，広告表現から読みとられる意味は異なってしまうからである．

　だが，広告表現とその制作者は，読み手が採用するフレームへの適応という，受動的な対応に終止するわけではない．一方で，広告表現を用いて，読

[*23] Minsky (1986) 訳 p.396. 大島他 (1986) p.60. Nöth (1987).

み手が特定のフレームを設定するように誘導することが可能である．

　広告表現はその内外に，自らの帰属するカテゴリー，すなわち「これは広告だ」ということを示す手がかりを用意している．W. Nöth は，このカテゴリーの手がかりとして提示されるさまざまな要素を，フレーム・メッセージと呼んでいる[*24]．広告であることの手がかりは，広告表現の内外に，さまざまなかたちで用意されている．例えば，新聞や雑誌に掲載される広告表現であれば，紙面上の位置や枠囲み，記事では使用されない特殊な印字体，広告特有の文体や言い回し，そして広告特有の訴求内容などによって，それが「広告」であることが示される．

　Nöth は，フレーム・メッセージを外的／内的に区分する．外的なフレーム・メッセージとは，帰属するカテゴリーを示す形態的，様式的な手がかりである．内的なフレーム・メッセージとは，特定のカテゴリーの典型となるような意味内容上の特徴である．例えば，新聞広告や雑誌広告では，紙面上の位置や枠囲み，印字体，文体等が，「広告」というカテゴリーの外的な手がかりとなる．そして，「商品の特性や機能を列挙する」，「商品の購買を推奨する」，「企業と顧客とのきずなを語る」，といった広告を特徴付ける訴求内容が，「広告」というカテゴリーの内的な手がかりとなる．

†「クリスマスの祈り」

　広告表現は，その内外にさまざまなフレーム・メッセージを用意している．このことにより，当の表現を解釈しようとするときに出現する偶有性は，「広告」という前提のもとで，予期し得る一定の範囲に回収されることになる．Nöth は次のような事例を取り上げている．

　1985年12月23日号のタイム誌に「クリスマスの祈り」と題された文章が掲載された．表題の後には，次のような文章が続く．「理性と協調の世界のために働く者たちに，力と勇気が増し加えられますように祈らせて下さい．私たちの内にあるよきものを，日々強めて下さい．私たちを分かつものではなく，私たちを結び付けるものをますます得させて下さい．……」，そして末

[*24] Nöth (1987).

尾に「ニューヨーク生命保険」と署名されている．

　「クリスマスの祈り」という表題や，後に続く文章の文体および内容だけを見ると，この文章はキリスト教信徒による神への祈りであるようにも思われる．だが，この文章が掲載された雑誌の1ページ目が，通常タイム誌では広告が掲載される場所であることや，末尾の「ニューヨーク生命保険」という署名などの外的なフレーム・メッセージは，この文章の帰属するカテゴリーが「広告」であることを示している．

　そして，「広告」なのであれば，この「クリスマスの祈り」は，神に向けられたものではなく，顧客に向けられたものだと解釈することも可能である．また，「理性と協調の世界のために働く者たち」とは，生命保険会社とその従業員たちのことであり，「私たちの内にあるよきもの」とは，生命保険会社が顧客に提供できる価値のことであり，「私たちを分かつもの」とは，生命保険会社のサービスに対する顧客の拒絶のことだと見なせるのである．

　加えて，これらの一連の解釈は，内的なフレーム・メッセージとなる．読みとられた「顧客とのきずなの深まりを願うメッセージ」は，さらに当の文章の帰属するカテゴリーが「広告」であることを示す，内的なフレーム・メッセージとして機能することになるのである．

　以上のような，広告表現の内外に組み込まれたフレーム・メッセージは，読みとられるものすなわち記号が，読みとられることに対して全面的に受動的ではないことを示すものである．広告表現とその制作者は，消費者の解釈に一方的に身を委ねているわけではなく，消費者が有している知識を利用することで，その解釈を一定の方向へ導いているのである．

†他でもあり得る可能性の潜在化

　フレーム・メッセージは，直接的に観点を提示するのではなく，読み手の知識を介して間接的に観点を提示する．フレーム・メッセージを用いて，広告表現とその制作者が提示するのは，当の表現が帰属するカテゴリーである．フレーム・メッセージそのものは，観点とはならない．それは帰属するカテゴリーの手がかりである．広告表現を解釈する観点を構成するのは，カテゴリーの手がかりではなく，この手がかりをもとに確立したカテゴリーに

対して，その時点で読み手が有している知識である．

　フレーム・メッセージにより構成される観点は，一方的に与えられるわけではなく，与えられつつ与えるという二重の関係を通じて構成される．マーケティング，すなわち記号を読ませる側にとって重要なのは，この二重の関係が，観点の偶有性を潜在化させる契機をつくり出すことである．その結果，広告表現という記号から読みとられる意味が，他でもあり得る可能性のなかで，特定のものとして確定していくのである．

　カテゴリーの規定が与えられることで読み手が想起する知識は，その時点で当の読み手が当のカテゴリーの一般的特性として理解している事項である．つまり，フレームと連動する知識は，記号を読むプロセスにおいて読み手が新たに取得するものではない．それは，読み手にとっては，すでに確立している知識である．記号を読むプロセスにおいて新たに提示される，馴染みのない，新規な情報ではないのである．

　記号を読むプロセスにおいて，読み手が直面している知覚や評価の対象は，記号とその意味である．読み手にとっての当面の関心は，ここにある．一方で，フレームと連動する知識は，すでに確立している自然なものとして出現する．そのため，フレームと連動する知識の妥当性に対する反省は，棚上げにされてしまいやすくなる．フレーム・メッセージが導く情報は，読み手がすでに確立している知識を介して間接的に提示されるものであるため，その偶有性が見逃されやすいのである．

　とはいえ，それだけでは一時しのぎに過ぎない．ところが，単なる一時しのぎであったとしても，フレームを前提とした読みのプロセスが一旦作動し始めてしまうと，プロセスのなかで当のフレームの妥当性が新たに構成され始めるのである．

　すなわち，内的なフレーム・メッセージが生成することにより，次のような解釈の再帰的循環が生じる．例えば，「広告」として解釈されることで，ニューヨーク生命保険による「クリスマスの祈り」から，「顧客とのきずなの深まりを願うメッセージ」が読みとられる．そして，この読みとられたメッセージが，さらに内的な手がかりとなり，この「クリスマスの祈り」を解釈するフレームとして「広告」を採用することの妥当性を根拠づける．すな

わち，メッセージの内容からいって，それは「広告」としか思えない，という判断が成立するのである．

　解釈の前提となるフレームと，解釈された意味とが，相互の成立を触発し合うことにより，広告表現を読むプロセスは循環的な解釈の軌道を生成していく．①「広告」というフレームを前提とすることで，広告らしいメッセージが読みとられる．②広告らしいメッセージが読みとられるので，「広告」というフレームが採用される．①と②が相互の前提を形成し合うことで循環的に継続する解釈の軌道が成立する．この循環する関係のなかにある限り，読みとられるのは広告らしいメッセージであり，採用されるのは「広告」というフレームである．解釈における観点と意味の偶有性，すなわち他でもあり得る可能性は潜在化する．

　解釈の前提となる観点と，解釈された意味とが，相互の成立を触発し合う．この解釈の再帰的循環の軌道のなかで，記号が読まれるとき，記号を読ませる側は，偶有性に直面することを回避しつつ，一定の意味を読み手に伝達することが可能になるのである．

5. 結語

†オープン・コンティンジェンシー構造

　マーケティングによる消費欲望の操作は，記号を用いた操作であることにより，オープン・コンティンジェンシー構造に直面する．オープン・コンティンジェンシー構造とは，操作の帰結が偶有性すなわち他でもあり得る可能性に開かれていることに加えて，この他でもあり得る可能性を閉ざそうとするときに，さらなる偶有性に開かれていくという関係の構造である．

　本章では，このオープン・コンティンジェンシー構造の2つの基本的な系列を検討したことになる．第1は，物語すなわち時間の流れのなかで偶有性に開かれていく関係の系列である．マーケティングによる消費欲望の操作は，時間の流れのなかで提示される出来事の連鎖として展開していく．マーケティングのプロセスでは，新たな出来事が次々と提示されていくことで，物語としての体験がその受け手にもたらされる．そこでは，新たな出来事が

提示されることで，①先行して提示されていた物語から読みとられる「機能」の連鎖が確定する．その一方で，②後続の出来事しだいでは，当の物語から読みとられる「機能」の連鎖が，全く異なるものへと転換してしまう可能性が，物語を知覚し評価するプロセスに持ち込まれる．

第2は，論理階型を通じて偶有性に開かれていく関係の系列である．特定の観点を提示することで，記号から読みとられる意味の可能性を規定することができる．だが同時に，提示した観点も，論理階型のより高次の階型に属する観点，すなわち観点のあり方や妥当性をとらえるメタ観点によって，どのように読みとられるのかが規定される．すなわち，観点が提示されることで，①対象から読みとるべき意味が規定される．その一方で，②さらに高次の観点しだいでは，当の対象から読みとるべき意味が，全く異なるものとなる可能性が，対象を知覚し評価するプロセスに持ち込まれる．

マーケティングによって，記号を用いた消費欲望の操作が行われるとき，この2つの系列を通じて，企業と消費者の双方が，オープン・コンティンジェンシー構造に直面することになる．マーケティングからのコミュニケーションを通じて構成される消費者の消費欲望は，企業と消費者の双方にとって，多重な可能性に開かれた不確定な作動となる．

† 循環する解釈の軌道

マーケティングとの関係のなかで出現する消費欲望の不確定性は，消費者の側はともかく，マーケティングを行う企業の側にとっては，甘受することのできない問題である．マーケティングを構成する諸活動は，多数の消費者の消費欲望を，特定の製品やサービスに向かうものとして形成するために行われる．マーケティングの中心的な課題の一つは，効率的な大量生産を可能にする，安定した大量消費を実現することである．しかし，この課題が達成される可能性が，雲をつかむような不確かなものでしかないのであれば，マーケティングを計画し，実践し，評価する一連の活動の意義が疑われることになりかねない．

だが，オープン・コンティンジェンシー構造のなかでも，記号から特定の意味が読みとられる蓋然性を高めることは可能である．本章では，オープ

ン・コンティンジェンシー構造のなかで記号の意味が確定するメカニズムの一端として,「広告」というフレームから生成する解釈の軌道をとりあげ,その作動を検討した.

「広告」のフレーム・メッセージ,なかでも内的なフレーム・メッセージを通じた観点の形成は,循環する解釈の軌道を生成し,記号から読みとられる意味とその観点を偶有性の問題から隔離する.①「広告」という帰属カテゴリーの規定と連動して,対象から意味を選択的に取得する際の指針となる知識が想起される.②この指針により,「広告」というフレームに適合した意味が対象から読みとられ,当のフレームを採用することの妥当性を示す内的な手がかりとなる.①②が相互の前提を形成し合うことで,解釈の再帰的循環が生成するのである.この再帰的な循環がいったん生成してしまえば,そのなかにある限り,他でもあり得る可能性に直面することはない.そのため,オープン・コンティンジェンシー構造のもとでも,「そうとしか見えない」,あるいは「そうとしか読めない」という状況が出現することになる.

この循環する解釈の軌道が出現することにより,記号の意味とそれを導く観点は,時間の流れのなかで,その論理階型上の位相の反転を繰り返すことになる.そのため,時間の流れと論理階型という2つの系列からオープン・コンティンジェンシー構造が顕在化する可能性は,ともに棚上げされてしまうことになる.

こうした循環する解釈の軌道を生成するフレームは,「広告」に限定されるわけではない.対象の知覚や評価にあたって,解釈の前提となる観点と,解釈された意味とが相互の成立を誘発し合うという循環は,「広告」以外のフレームにおいても成立するはずである.そして,それらのさまざまな循環する解釈の軌道が,消費者の知覚や評価の前提となる枠組みを構成していると考えることができる.

マーケティングにとって重要なのは,ここで生起しているのが,「読みとられるものは,読みとられることに対して,全面的に受動的であるわけではない」という関係だということである.広告表現とその制作者は,フレームに関する外的な手がかりを提示することで,消費者が特定の循環する解釈の軌道を生成するように誘導することができる.すなわち,マーケティングが

消費者とのコミュニケーションを確立していく際には，消費者の側で既に成立している解釈の軌道に一方的に適応することだけではなく，解釈の軌道を新たに構成していくことが可能なのである．このとき，マーケティングは，消費者が有している常識に依存しながら，それに甘んじるのではなく，新たな常識を生成しようとする活動となる．

　とはいえ，限界もある．循環する解釈の軌道を生成することで，マーケティングは消費欲望を完全に操作することができるようになるわけではない．循環する解釈の軌道から出現する「そうとしか見えない」という状況は，何らかの永続的な確固とした基盤に根ざしているわけではないのである．

　この確からしさは，解釈が再帰的に循環し続けることで成立している確からしさである．すなわち，この「そうとしか見えない」という状況は，循環する関係そのものを省りみることが棚上げにされているから成立しているのであって，他でもあり得る可能性は依然として残されているのである．循環する関係を直視すれば，それは単なる同義反復でしかない．つまり，循環する解釈の軌道が構成する，記号と意味の結びつきの確からしさは，さらに新たな循環する解釈の軌道のもとで，異なる意味と当の記号とが結びつく可能性を完全に排除するものではないのである．

　オープン・コンティンジェンシー構造のなかでも，循環する解釈の軌道を生成することで，記号の意味を確定し，他でもあり得る可能性に直面する蓋然性を低下させることができる．だが，循環する解釈の軌道が産出しているのは，確からしさの仮構である．他でもあり得る可能性が消え去ったわけではない．偶有性は隠蔽されてはいるが，残存している．したがって，記号を用いた操作では，さらに，生成した循環する解釈の軌道を，その偶有性が露呈しないように維持していくしかけが必要である．

　消費者の知覚や評価のプロセスで創発した，解釈の軌道の再帰的な循環を，その偶有性が露呈しないように維持していく．そのためには，循環する解釈の軌道の妥当性に対する消費者の反省を制約する作動が欠かせない．引き続き第6章では，この作動を実現するしかけとして，広告をはじめとするマーケティング・コミュニケーションの諸活動に組み込まれている自足的な反情報を取り上げ，そのメカニズムを検討していくことにしよう．

第6章

広告を創発するユーモア

1. はじめに

　マーケティング・コミュニケーションで用いられる，詩的な表現や，美的な演出，色彩，サウンド，スタイル等は，多義的であいまいな，解釈の余地の広い情報である．情報の機能は，その伝え手の意図を正確に伝達することにあると考えるのであれば，これらのあいまいさに満ちた美的なレトリックは，反情報である．

　さらに，これらの反情報は，自足的である．詩的な表現や美的な演出を享受することは，それ自体が楽しみや満足を生む行為となる．一見したところ，その受け手である消費者に楽しみや満足を与えることは，マーケティング・コミュニケーションにとっても望ましいことであるように見える．問題は，詩的な表現や美的な演出から構成される楽しみや満足が自足的だという点である．すなわち，それは，マーケティング・コミュニケーションの目的とは別のところで，コミュニケーションが完結してしまうということなのである．

　しかし，第1章で見たように，マーケティングはその生成期から，自足的な反情報を伴っていた．両者のきずなは現在でも，より洗練されたかたちで継承されている[*1]．マーケティングにおいて，美的なレトリックを駆使しているのは，広告だけではない．製品のデザインやパッケージ，店頭でのデ

ィスプレイ，店舗のファサードや内装も，美的な演出が入念にほどこされている．

では，なぜ，マーケティング・コミュニケーションのさまざまな局面に，自足的な反情報が導入されているのだろうか．以下では，この自足的な反情報の典型である，ユーモアが，広告に組み込まれることで，どのような作動が生じるのかを検討していく．

2. 反情報を用いた広告

†広告のなかを行き交うユーモア

広告は，ユーモアのよき理解者である．広告の表現は，ユーモアの宝庫である．とはいえ，当然ながら，ユーモアの使い手が広告に限られるわけではない．笑いはどこにでもある．われわれの日常生活は，ユーモアあるいは滑稽なできごとで満ちている．P. Berger が述べたように，「その表現は文化ごとに大いにちがうとはいえ，滑稽なもののない人間文化など存在しない」のである[*2]．

しかし，ユーモアを用いるには，時と場をわきまえなければならない．滑稽の経験は，多くの人々に好まれるが，同時にそれは，人間生活の表層的あるいは周辺的な側面だとも見なされがちである．だから，ものごとに真剣に取り組むことを求められる場面では，滑稽なものは追放されがちである．公の会合，結婚のプロポーズ，葬式の最中にジョークを言うのは，軽薄である．多少のおふざけは許されるにしても，ほどほどにしておいたほうがよい[*3]．

一方，企業にとって，広告は，いい加減にやり過ごしてもよい余技ではない．それは，企業の生命線ともいえる顧客との関係の形成に，大きな影響を及ぼす重要な活動なのである．しかし，それにもかかわらず，広告には滑稽

[*1] Schmitt & Simonson (1997) 訳 pp.3-19, pp.33-60. Schmitt (1999) 訳 pp.57-81.
[*2] Berger (1997) 訳 p.1.
[*3] Berger (1997) 訳 p.4.

な人物がたびたび登場し,滑稽なことをしでかすのである.

　ユーモアは,現代の広告で広く採用されている表現技法の一つ[*4]である.テレビやラジオを視聴すれば,番組の合間に流される広告の多くがユーモラスな表現を用いている.M. G. Weinbergerらの調査では,アメリカのテレビ・ラジオ広告の24〜31%が,ユーモアを用いた広告であった[*5].また,T. Maddenらによる,全米の大手広告代理店のエグゼクティブへの調査では,90%以上がユーモアは高い広告効果へと通じると回答している[*6].あるいは,カンヌ国際広告祭の出品作品のおよそ80%がコミカルなものだという[*7].

　日本でも,ユーモアが広告表現の有力な技法の一つとして広く用いられていることに変わりはない.例えば,1996年7月の『日経ビジネス』によれば,同年1〜5月期のテレビCMの好感率調査の上位を,以下のようなユーモアや笑いを前面に出した広告が占めていた[*8].

　このCM好感率調査の第1位は,サントリーの缶コーヒー「ボス」の広告であった.矢沢永吉が扮するサラリーマンが,洞窟の中で猿とたき火にあたっている.矢沢の「お前に何言っても分かんないだろうけど」というセリフと同時に場面は転換し,彼は街の中を,「わかってますよ.超オッケーすよ」と答える長髪の若者と並んで歩いている.「冗談じゃねえよ」とつぶやいて,缶コーヒーをごくりと飲む.中年サラリーマンが感じる若者との距離感と,言いようのないやるせなさを,まるで猿と向き合っているかのようだと,ユーモラスに描いた広告である.

　2位は,ペプシコーラの,窓から飛び立とうとするが,窓枠に頭を打って転倒してしまうペプシマンの広告,3位は,英会話学校NOVA(ノヴァ)の,帰宅したサラリーマンが妻とかわす,ぎこちない英会話の広告であった.

[*4]　Alden, Hoyer, & Lee (1993).
[*5]　Weinberger, Spotts, Campbell, & Parsons (1995).
[*6]　Madden & Weinberger (1984). Chattopadhyay & Basu (1990).
[*7]　和田 (2002) p.228.
[*8]　『日経ビジネス』1996.7.15, pp.94-99.

ランキングの上位3位は，全てユーモラスな広告である．さらに，サントリーのビール「モルツ」の，江川卓，ランディ・バースら往年のスター選手を集めながら，どうもぴりっとしない架空の球団「モルツ」を描いた広告，富士写真フイルムのレンズ付きフィルム「写ルンです」の，時代劇設定で登場する高島忠夫一家のドタバタ寸劇の広告などが，このランキングの上位10位に入っている．

†ユーモアとは何か

ユーモラスな表現には多様な形態がある．以上はユーモラスな広告の一例であって，その全てではない．J. Morreall は，ユーモアの形態として10の類型をあげているが，そのリストで全てのユーモアが網羅されるわけではないとも述べている[*9]．ユーモアは，それを類型化しようとする試みをやすやすと超え出てしまう．というのも，違反可能な原則あるいは錯乱可能な規則性の存在するところでは，どこでもユーモアが生じる可能性があるからである．例えば，当の Morreall が，この10の類型のいずれかに従って冗談を言ったのに，誰も笑わないという状況は，さらなる滑稽の源泉となる．

[*9] J. Morreall は，まず大きくユーモアを，「事物のズレ」と「表象のズレ」に弁別する．「事物のズレ」に属するのは，実際に生じる現象を通じて体験するズレから生じるユーモアである．「表象のズレ」に属するのは，言葉や表現の介入によってつくりだされるズレから生じるユーモアである．
「事物のズレ」に属するユーモアの諸類型としては，①身体的異形やしくじりなどの「人間の欠陥」，②振りやものまね，そして瓜二つの別人などの「見た目ににたものの取り違え」，③2人の人が同時に同じ事を口にするといった「偶然の一致」，④セントバーナードとチワワのような「反対物の組み合わせ」，⑤美術館の彫刻の台座の上に置かれた便器のような「場違いなところに存在しているものごと」があげられる．「表象のズレ」に属するユーモアの諸類型としては，⑥奇妙な造語や過剰な押韻などの「発音，綴り，文法などの故意または偶然の誤り」，⑦駄洒落や両義的文章などによる「第二の文意の派生」，⑧政治家と火あぶりされる豚のように普通は結びつけないものを言葉で対比することによる「視点やカテゴリーの移動」，⑨もっともらしいが誤った推論や一見筋は通っているが自己矛盾した言明などの「論理原則への違反」，⑩会話に際して従うことを期待されている原則（語る内容と身振りや口調などの表現を一致させる，会話の目的のために過不足のない情報を提供する，突飛な構想など証拠のないことを言わない，曖昧な表現をしない等々）に背く「語用論的規則への違反」があげられる．Morreall（1983）訳 pp.114-150．

第6章 広告を創発するユーモア

しかし同時に，これらの多様な表現は，共通してユーモアと受けとめられるのである．どのような表現を，われわれはユーモラスと感じるのだろうか．ユーモラスなメッセージに共通する基本的な特性を確認しておこう．

ユーモアは笑いを引き起こす．しかし，笑いを引き起こすのは，ユーモアだけではない[*10]．ユーモアによる笑いとは，概念による笑い，すなわち滑稽なものを認識しおかしいと感じることによる笑いである．だが同様に，くすぐりのような感覚的刺激や，優越感や恐怖感のような感情によっても笑いは引き起こされる．この笑いは，生理的錯乱を含んだ身体的営為で，呼吸の中断や，筋肉の正常な緊張状態の喪失をともなう．さらに，大笑いするとき，人は筋肉のコントロールを喪失し，立っていられなくなったりする[*11]．

では，どうして「くすぐりから生じるのと同じ生理過程を，洗練された政治的ジョークが引き起こすことができる」のだろうか[*12]．Morreall は，笑いは，概念によっても，感覚によっても，感情によっても引き起こされるが，それらは共通して，ズレの経験による突然の心理的変化によるものであることを指摘する．予期していなかったズレに突然直面し，適応しきれない状況で笑いは生じる[*13]．

ユーモアが一種のズレの経験であることは，多くの論者によって繰り返し指摘されてきた[*14]．ユーモアとは，所与の情報から予期していたものとは異なる，新しい種類の認識と遭遇することによって引き起こされる笑いの経験である．Morreall が指摘するのは，さらに感覚や感情による笑いも，一種のズレの経験だということである．くすぐりによる笑いは，感覚入力に対する直接的な反応ではない．体の同じ場所をさわったりつついたりし続ければ，愉快さは消えて不快さを感じるようになる．また，くすぐりの笑いは，自分自身に対しては実行不可能である．くすぐりは，皮膚接触が予期されな

---

*10　McGhee (1979) 訳 p.29.
*11　Morreall (1983) p.7, p.81. Berger (1997) 訳 p.87.
*12　Berger (1997) 訳 p.85.
*13　Morreall (1983) 訳 p.81, p.86.
*14　Sternthal & Craig (1973). McGhee (1979) 訳 p.29. Morreall (1983) 訳 pp. 28-33. Suls (1983). Chattopadhyay & Basu (1990). Alden, Hoyer, & Lee (1993). Berger (1997) 訳 pp.49-69. Spotts, Weinberger, & Parsons (1997).

いかたちで突然なされることで，笑いを生じるのである．

　同じく，感情による笑いも，所与の感情が，相対立する異なった感情へと急転するという，一種のズレの経験によって生み出される．優越感や達成感が笑いをもたらす場合も，その背後には心理状態の変化がある．問題が容易に克服できず，緊張や落胆の経験を強いられていた人が，突然解決方法を発見したり，相手をねじ伏せる．このとき人は，いらだちから解放され，笑うのである[15]．

　当然ながら，ズレの経験による突然の心理的変化が，常に楽しく，愉快なものとなるとは限らない．めちゃくちゃなウソの組み合わせや，愛する人の死の知らせは，われわれに笑いを生じさせたりはしない．ズレの経験は，当惑や苦痛をもたらすこともあるのである．あるいは，冷蔵庫の扉を開けると，雪だるまが中に入っていたというのであれば，ユーモラスである．だが，中に入っていたのが本物のコブラであれば，笑うわけにはいかない．急いで扉を閉めなければ身に危険が及ぶのである．

　すなわち，ズレの経験が笑いを引き起こすためには，その変化によって危害が身に及ぶわけではないこと，あるいは認識の前提となる知識や概念の体系や規則が根底から揺るがされるわけではないことが確保されていなければならないのである．とはいえ，逆に，安全で，不適合の全くない状態は愉快かもしれないが，滑稽ではないのである[16]．

†広告としてのユーモア

　広告が意図的に，何か滑稽なものであろうとする．このときに採用されるのは，当然ながら感覚的刺激や感情による笑いではなく，ユーモアである．とはいえ，広告にユーモアを組み込むことは，けっして容易なことではない．まず，ユーモアを意図的につくりだすこと自体が容易なことではない．さらに，広告というコミュニケーションの文脈では，ユーモアの制作者は次のような問題にも直面することになる．

　第1に，文脈の構築が必要である[17]．ユーモアが生じるためには，不意

---

[15] Morreall (1983) 訳 pp.71-83.
[16] Morreall (1983) 訳 p.35, pp.93-94.

第6章　広告を創発するユーモア　　**153**

打ちによって予期をはぐらかす必要があるのだが，加えて，そこでズレの経験が生じるためには，その前提としてズレていないものに関する観念が必要である．人が何をズレと見るかは，その人がどのような経験をしてきたか，また予期するかによって異なってくる．

　問題は，広告の場合は，不特定多数の人々に語りかけなければならないことである．不特定多数に向けて発せられるユーモアは，より高次の技量を要求される．広告がユーモラスなものになるためには，単にズレが経験されるだけではなく，その前提として，皆の関心を共通の方向に引き付け，ある一定の脈絡で考えさせることに成功しなければならないのである．唐突に，ただおかしなことをやってみせてもだめなのである．また，この条件を満たすことは，ズレの経験が過剰なものとなり，当惑を引き起こすことを避けることにもつながる．

　単に新鮮でオリジナルなズレを提供するだけではなく，その前提となる認識を確立しなければならない．広告のような不特定多数に向けられたユーモアが，文脈を共有しながら展開される日常的な会話のなかでのユーモアとは異なるのは，この点である．文脈が共有されていれば，巧みにそのスキをつくだけでよい．だが，広告の場合は，その前提をもつくりださなければならないのである．さらに，汎文化的なユーモア広告を制作しようとすれば，条件はいっそう厳しいものとなる．

　第2に，広告にユーモアを組み込むとき，その制作者は，情報としての決定不能性に直面する[*18]．ユーモアとは，所与の認識と，予期していなかった事態とのあいだでの宙吊り状態であって，そこから事前の認識へ帰ることも，事前の認識を相対化することも可能な，可能性に開かれた状態の経験である．新たな認識の確立あるいは所与の認識への回帰が確立してしまった時点ではなく，そこへ至るプロセスで笑いは生じる．したがって，ユーモアのなかにあるのは，情報としては両義的であいまいなものである．先ほどの缶コーヒーの「ボス」の広告では，横にいるのは人のようでもあり，猿のようでもある．この宙吊りの状態がおかしいのである．さらにいえば，ユーモア

---

*17　Duncan (1979). Morreall (1983) 訳 p.151. Berger (1997) 訳 pp.68-69.
*18　McGhee (1979) 訳 p.36. 山口 (1993).

は，認識や行為や言葉がそもそも多義的であることにつけこんで，情報の秩序を解体する，反情報なのである．

　第3に，ユーモアの経験の自足性である[*19]．ユーモアは，それ自体が楽しみを生む行為であって，それ以上に何も理由づけを必要としない．むしろ，ユーモアを味わおうとすれば，ユーモアそのものに注意を集中し，対象それ自体を享受しなければならない．すなわち，実際的な問題から解き放たれる必要があるのである．先に述べたように，冷蔵庫の中にコブラを発見することはズレの経験となる．冷蔵庫を開けた当人でなければ，この状況をおかしいと感じることも可能である．だが，当人は，目の前に危険な生き物がいる以上，どうするかをすぐさま決断しなければならない．このように，実際的な関心で心が満たされ，注意がズレそのものに集中しない場合には，ユーモアの経験は生じないのである．

　こうした，ユーモアに見られる，情報としての決定不能性や自足性といった特性は，広告が，基本的には販売促進という実際的な目的のために行われる情報伝達であることと，必ずしも整合するものではない．このことを強調しておこう．

　ユーモアは情報というよりは，むしろ反情報あるいは脱情報である．加えて，広告においてユーモアが成り立つためには，不特定多数の人々を一定の脈絡で考えさせ，それをすばやく転倒しなければならないのだが，この二重の条件を乗り越える確実な道があるわけではない．

† **問題の所在**

　しかし，それにもかかわらず，ユーモアという実現の難しい反情報を，多くの広告がその前面に組み込んでいる．では，なぜ，広告はユーモアをかくも熱心に用いるのだろうか．『日経ビジネス』誌は，先述したCM好感率調査を紹介する記事のなかで，ユーモア広告は，「人気のある広告」であると同時に，「効き目のある広告」でもあると述べている．広告表現にユーモアを取り入れることで，広告そのものに対する好感だけではなく，広告

[*19] Morreall (1983) 訳 p.164, pp.167-169.

された商品に対する好感，さらには購買意欲の向上がもたらされる．広告にユーモアが組み込まれるのは，こうした効果が期待されるからだというのである．だが，少し考えてみると，それは飛躍した期待のようにも思える．

　なるほど，たしかにユーモラスな広告を見ることは楽しく，広告は好感をもって受容されるであろう．しかし，それは広告表現が面白いということであって，広告された商品が優れている，あるいは買うに値するということとは別のことである．面白いのは，広告のなかで展開される寸劇なのであって，広告された商品が面白いわけでも，楽しいわけでもない．広告の表現を見ることの快楽が，なぜ，当の商品は購買するだけの価値があるということに結びつくのだろうか．

　もし，それが商品の特徴を説明する告知型広告，あるいは商品を美しい映像の中で示すイメージ広告なのであれば，話は別である．この場合は，広告が人気を博せば，広告された商品への購買意欲が喚起されると考えても，それほど奇妙なことにはならない．つまり，広告への好感は，そこに描かれている商品の特徴やイメージへの好感を意味するはずだからである．

　だが，そこにユーモアを加えることに，どういう意味があるのだろうか．たしかに，面白く楽しい広告表現は，好感をもって受容されるだろう．だが，消費者は，広告の表現を楽しめばよいのである．楽しいのは，広告された商品そのものについての情報ではない，その表現の綾にあたる部分なのである．ユーモア広告の効果は，表現としての面白さ，楽しさの内で自足してしまうものであるようにも思える．消費者がこのような広告を楽しむことが，はたして購買意欲の喚起へと結びつくのだろうか．

　商品情報を入念に検討するわけではなく，広告におけるユーモラスな表現を手がかりに，商品に対する評価を下す．代表的な消費者情報処理のモデルである精緻化見込みモデルは，このような態度決定を，周辺的態度変化と呼ぶ[20]．精緻化見込みモデルによれば，説得による態度変化は大きく2つのタイプに分けられる．第1が中心的態度変化で，問題そのものについてよく

---

[20] 土田 (1989)．青木 (1992)．

考えた上で生じる態度変化である．第2が周辺的態度変化で，問題そのものとは関係のない周辺的な手がかりに依拠した態度変化である．前者では入念な検討が行われ，結果として持続的な態度変容が起こる．一方後者では，一時的な態度変容しか生じないといわれる．

2つの異なる処理過程の採用を規定するのは，問題に対する動機や能力である．動機や能力が高い場合は，中心的態度変化が，動機や能力が低い場合は，周辺的態度変化が起こる．精緻化見込みモデルによれば，ユーモア広告の効果が高まるのは，問題を考える動機や能力が低い場合である[21]．

このようなかたちで，ユーモラスな表現を手がかりにした態度変化の類型を整理することができる．とはいえ，なぜユーモラスな表現に対する好感が，商品に対する好感へと転移するのかという疑問は残る．同じ周辺的手がかりでも，「メッセージの送り手の専門性」のような手がかりであれば，それが説得の手がかりとして機能するすることは理解しやすい．「その問題に長けた専門家が言っているのだから」と信頼して，説得を受容するのであろう．

だが，ユーモアの場合はどうだろうか．「面白い冗談になっているのだから」と考えて説得を受け入れるのだろうか．ユーモラスであることが信頼の証となるのだろうか．広告のなかのユーモラスな要素が，広告の説得力を高める働きをするという場合，その作用が直接的に生じると考えるとおかしなことになる．広告というコミュニケーションをめぐる，もう少し複雑な関係の中で，ユーモアが果たしている役割を考えてみるべきであろう．

3. 広告におけるユーモアの作動

†注意の喚起

では，どのようなメカニズムを介して，広告のなかで用いられたユーモアは，広告された商品の評価あるいは購買意欲の向上に結びつくのだろうか．これまでにも，ユーモア広告が商品購買を促進するメカニズムを説明するた

---

[21] Zhang (1996).

めに，さまざまな理論仮説が提唱されている．代表的なのは，適応性水準理論，覚醒仮説，注意分散効果仮説，学習理論，情報源効果などである[22]．

適応性水準理論は，与えられた刺激と，受け手が当該の刺激を受容するに当たって参照する適応性水準との較差が大きいとき，刺激に対する受け手の注目が高まるというものである．既存の経験による常識の範囲を超える内容に接したとき，受け手はその情報に注意を向ける．ユーモアは，そのような情報刺激になりうる．ユーモアは，受け手の予期を翻弄することで笑いを引き出すものなのである．適応性水準理論は，このようなユーモアの特性に注目し，ユーモアを用いるにあたっては，適用される状況や歴史的な経緯といったものが重要であることを強調する．受け手の予期をくつがえすようなユーモアを取り入れることで，広告は受け手の注目を高めることができるのである．ユーモアの効果を，適応性水準理論はこのように説明する[23]．

覚醒仮説も，同様に，受け手の意識が覚醒することによって，広告に対する注目や情報処理が高まるというものである．適応性水準理論は，ユーモアの経験が引き起こす認知的な効果に着目したものであるが，覚醒仮説は，ユーモアの楽しさによる意識の覚醒という，ユーモアの経験が引き起こす感情的な側面に着目する[24]．

とはいえ，適応性水準理論や覚醒仮説が説明するのは，ユーモラスであることが広告に対する受け手の注目や情報処理一般を高めるということである．それは，受け手に伝えたい内容が伝わるかどうかということとは別の問題である．

受け手は，ユーモラスな内容には注目するが，商品情報に関わる内容や，商品購買に対する説得的内容には，注目しないかもしれない[25]．あるいは，内容を理解するという次元では，受け手の気をそらしてしまいかねないユーモアは，むしろ阻害要因となる可能性が高い[26]．さらに，先ほど見た「ボス」のようなユーモア広告では，広告はユーモラスな寸劇に終始しており，

---

[22] Duncan (1979). 李 (1996).
[23] Duncan (1979). 李 (1996).
[24] Duncan (1979). 李 (1996).
[25] Cantor & Venous (1980). 李 (1996).
[26] Sternthal & Craig (1973). Gelb & Zinkhan (1986).

そもそも商品情報や，商品購買を勧めるメッセージを欠いている．ユーモアが受け手の注意を高めたところで，そこにある商品に関わるメッセージは，せいぜい商品名くらいしかないのである．こうした広告をも含めて，ユーモア広告が，購買を喚起すると言おうとするならば，ユーモアがより直接的に商品購買をうながすことが説明されなければならない．

　適応性水準理論や覚醒仮説の延長線上に，さらに次のような仮説を立てることも可能である[27]．単に商品名を知っているだけであっても，それは購買の理由になり得る．商店の陳列棚に並んださまざまな銘柄を前にしたとき，われわれは慣れ親しんだ名前に手をのばしてしまいがちである．商品名が，知られ，記憶されていることは，購買を促進する一つの重要な要因なのである．そして，この知名や記憶というものは，一種の学習で，それをうながすためには先行して商品名を提示し注目を集めることが必要である．ここに，ユーモア広告の機能を見いだすことができる．ユーモア広告は，商品の知名度の向上を介して商品選択に影響を及ぼすと考えるのである．たしかにユーモラスな寸劇に終始する広告であっても，少なくとも商品名は提示されているのである．

　だが，このような仮説を，B. D. Gelb と G. M. Zinkhan は棄却する．彼らによる先行研究のレヴューおよび実験が示すのは，受け手が広告をユーモラスだと感じるとき，広告された銘柄への好意は向上するが，銘柄名の記憶は向上しない，という関係である[28]．ユーモア広告への好意は，広告された商品への好意へと転じるが，そこで働いているのは商品名の記憶を媒介としたメカニズムではない，と見た方がよさそうなのである．

　先述したように，ユーモアは，受け手の予期をくつがえすズレの経験であると同時に，それ自体が楽しみとなる自足的な経験である．ユーモアを楽しむとき，われわれの意識は覚醒するかもしれないが，その関心は商品情報の収集といった実際的な問題から解き放たれてしまうことになる点には注意が必要である．われわれが考えなければならないのは，それにもかかわらず，なぜユーモラスな広告から，広告された商品への好意が生まれるのか，とい

---

[27]　Duncan (1979). Cantor & Venus (1980). 李 (1996).
[28]　李 (1996) の実験においても同様の結果が見られる．

第6章 広告を創発するユーモア

う問題である．

† 説得の受容

　広告のユーモラスな表現による覚醒が，広告された商品への好意へと転移する．この転移のメカニズムをとらえようとするとき，ユーモアがどのようなタイプの知覚や感情を受け手にもたらすのかを検討するだけでは不十分である．広告の受け手のなかで，どのようにしてユーモアに対する知覚や評価が商品への好意へと転じていくのかを，とらえなければならない．注意分散効果仮説，学習理論，情報源効果は，こうしたユーモア広告による説得のメカニズムを説明しようとすものである．

　注意分散効果仮説は，ユーモアを，受け手の注意を分散させ，反論の生成を抑制するものととらえる．受け手が，広告による説得を拒絶しようとする動機をもっているとき，説得に対する反論が試みられるだろう．このとき，ユーモアは，ユーモラスな広告表現へと受け手の注意を引きつけることで，反論の形成を抑制する働きをすることになる[*29]．

　とはいえ，受け手が，常に広告による説得を拒絶しようとする動機をもっているとは限らない．逆に，受け手は，広告による説得を好意的に受け入れようとするかもしれない．このとき，ユーモアは，好意の形成を抑制してしまうことになる．

　注意分散効果仮説は，ユーモアが，受け手の注意を分散させ，反論の生成を抑制するというが，同時にそれは，好意の生成を抑制してしまう可能性でもある[*30]．ユーモア広告が効果的であることを主張するためには，ユーモラスな広告が，反論の生成を抑制する一方で，なぜ，好意の生成は阻害しないのかが説明されなければならない．注意分散効果仮説には，このことを説明する機制が欠けているのである．

　次に学習理論であるが，これは受け手の反応が望ましいものであったときに，報酬を与えることでその反応を強化するという，オペラント条件づけを

---

*29　Sternthal & Craig (1973). Belch & Belch (1984). Duncan & Nelson (1985). 李 (1996).
*30　Duncan (1979).

なぞったものである．ここでは，ユーモアは一種の報酬にあたると見なされる．受け手が広告による購買喚起を好意的に受け止めるとき，何らかの報酬が与えられれば，購買意欲は強化される．学習理論は，広告に組み込まれたユーモアが，この報酬にあたると見なすのである[31]．

　問題は，実際の広告では，受け手は広告による購買喚起に肯定的に反応することもあれば，否定的に反応することもあるということである．この問題を解決しないと，否定的な反応の場合にも，ユーモアが報酬として働いてしまうことになってしまい，説明がつかなくなる[32]．学習理論の場合も，なぜ，受け手は広告による購買喚起に肯定的に反応するが，否定的には反応しないのかが説明されなければ，注意分散効果仮説の場合と同様に，ご都合主義的な説明となってしまうのである．

　最後に，情報源効果である．情報源効果は，受け手の情報源に対する評価に目を向け，ユーモアの知覚が，受け手のなかで，情報源に対する好感や信頼性を高めることによって，説得効果をもたらすとする[33]．

　だが，これは問題をすり替えただけである．繰り返すが，必要なのは，ユーモアへの好感から，広告された商品への好感（あるいは情報源への好感）へという，転移のメカニズムをとらえることである．情報源効果は，ユーモラスな表現への好感が商品への好感へと転移するという，関係のメカニズムを説明するために，ユーモラスな表現への好感が情報源への好感や信頼へと転移するという，新たな関係のブラックボックスを導入しただけで終わってしまっている．

†商品を語らない広告

　広告は表現作品であると同時に，人々の消費欲望をつくりだすしかけでもある．広告は，映像，音楽，言語を駆使して練り上げられた表現作品である．だが，この面だけを強調すると，広告と，映画や音楽や文学等の表現作品とを分かつものがなくなってしまう．企業にとって広告活動を行うこと

---

[31] Belch & Belch (1984). 李 (1996).
[32] Duncan (1979).
[33] Sternthal & Craig (1973). Belch & Belch (1984). 李 (1996).

は，単に芸術的なパフォーマンスを行うこととは違うのである．広告は，表現作品であると同時に，広告された商品の購買を促すための強力なしかけとして存在することを忘れてはならない．

では，なぜ，広告においては，表現作品としての完成度と，商品に対する購買意欲の喚起という，2つの相異なる目的が重ね合わせられるのだろうか．ここまでで検討してきた，広告にユーモアが組み込まれるのはなぜかという問題を，より一般的な問題として考えると，このような問いとなろう．以下では，このより一般的な問いも念頭におきながら，順をおって問題に対する解答を追求していくことにしよう．

ユーモア広告のような，商品を語らない広告による広告効果を説明するために，P. Nelson や，小林保彦は，広告の露出量に注目している[34]．一般に，よく売れている商品は，多くの人に受容されているのだから，よい商品であると見なすことができる．さらに，よく広告しているブランドは，よく売れていると推測される．商品が売れなければ，企業は大量の広告投入を続けることはできないからである．

かくして，広告量が，「よい商品」の代理指標となる．そうなのであれば，たしかに広告にとって，商品の内容を伝えることは重要なことではなくなる．商品の内容を語らない広告であってもかまわないのである．広告の伝える最も重要な情報は，広告の内容ではなく広告の存在そのものなのである．

だが，そうだとすると，広告は，費用を投じてひたすら露出量を高めればよいことになる．つまり，裏返せば，何がどのように表現されようとも，そのことによって広告効果に差は生じないということになる．しかし，辻大介の言うように，「それにしては，実際の広告にはあまりにも多くのメッセージとレトリックがあふれすぎている」のである[35]．

†なぜ，ユーモアが広告となるのか

R. Barthes も，少し違った角度から，「広告の伝える最も重要な情報は，広告の内容ではなく広告の存在そのものである」という主張をしている．第

---

[34] Nelson (1974)．小林 (1982) pp.38-44．
[35] 辻 (1998)．

5章で見たように，Barthes は，広告のメッセージが，二重のメッセージとなることを指摘している*36．まず，表現を解釈のためのルールやコードにしたがって字義通りに解釈することで得られるメッセージがある．これが，第1のメッセージである．

次に，表現から直接的に得られる解釈とは別に，典型的な広告とはどのようなものかという知識を前提にすることから得られる解釈がある．われわれは，「広告」である以上その表現は，つまるところ広告された製品やサービスの素晴らしさを語っている，と考えて広告表現の意味を理解する．このように，「広告」というものの典型についての知識を暗黙の前提とすることで得られる，なかば先験的なメッセージがある．これが，第2のメッセージである*37．

Barthes の言う第2のメッセージを理解するために次のような例に目を向けてみよう．豊島園は，1990年の4月1日に「史上最低の遊園地．TOSHIMAEN」*38という新聞広告を出した．

「今日は4月1日です．」と断った上でのことだが，このグラフィック広告は，徹底的に豊島園の「史上最低の遊園地」ぶりを描き出す．お父さんは「来るんじゃなかった」と頭を抱え，子供は「パパー．早くお家に帰ろうよ．」と涙を流している．その後ろには，「ただ回るだけ，がっかり新マシーン〈フリッパー〉」や，「楽しくないし，夢もない．おんぼろ木馬〈エルドラド〉」や，「大きけりゃ，いいってもんじゃない．見かけだおしのフライング・パイレーツ」といった乗物が並んでいる．とどめを刺すように，「だまされたと思って，いちど来てみてください．きっとだまされた自分に気づくはず．楽しくない遊園地の鏡として有名な豊島園は，ことしも絶好調．つまらない乗物をたくさん用意して，二度と来ない貴方を，心からお待ちしてます．」とのコメントが書かれている．

こうした広告メッセージを，われわれはそのまま字義通りには受け取らず，むしろ次のように考える．これは「広告」なのだから，自らを史上最低

---

*36 Barthes (1985) 訳 pp.69-77.
*37 Barthes (1985) 訳 pp.69-77.
*38 『広告批評の別冊⑦大貫卓也全仕事』p.61.

のつまらない遊園地として語る，ということが行われているはずがない．この広告は，豊島園という遊園地が，常識的な許容水準を超えた逆説広告をも打てる，遊びに対する度量の広さと，人を楽しませようとするセンスにあふれた遊園地であることを示しているのだ．

このように，われわれは広告を読むのである．われわれが広告から読みとるのは，ストレートな，字義通りの第1のメッセージではない．われわれは，それが「広告」である以上，その表現は広告された製品やサービスの素晴らしさを語っているに違いない，と考えて広告表現の意味を読みとるのである．

言語であれ物体であれ，なんらかの対象を知覚し，その意味を理解していく過程は，個々の対象そのものの性質を把握していく過程と，対象に関する先験的な知識を利用する過程とが相互依存的に機能する過程となる[39]．対象を理解しようとするとき，われわれは，対象そのものの属性を，ボトム・アップ式に積み重ねていくだけではなく，同時に対象が何であるかを特定した上でその対象の典型的なあり方に関する知識を動員して対象を再構成していく．この後者の過程では，その対象が何なのかを識別することが欠かせない．対象が定まらなければ，どのような知識を利用してよいのかを特定できないからである．

この，対象がどのようなカテゴリーに属しているかの規定が，フレームである．フレームは，当のカテゴリーに属する事象が一般的に備えている属性に関する知識と結びついている．例えば，「机」というフレームは，{脚が4本，上が平面，……}といった属性の集合を想起させる．この「机」というフレームのもとで理解するから，われわれは，もし写真に写った机の脚が椅子のかげに隠れて見えなくても，その脚を存在するものとして認識することができるのである．

Barthes のいう第2のメッセージは，その表現が「広告」というフレームを前提とすることで得られるメッセージである．もちろん，第1のメッセージの解釈にフレームが不要だというわけではない．第1のメッセージの解

＊39 大島他（1986）p.60, pp.138-143.

釈にあたっても，先の豊島園の広告であれば，「遊園地」というフレームや，「史上○○」という常套句のフレームなどが動員されるはずである．第1のメッセージと第2のメッセージの違いは，対象が「広告」であるというフレームにもとづいた解釈であるか否かの違いである．

　広告表現を理解するには，さまざまなフレームが用いられる．だが，そのなかで，「広告」というフレームが，広告の送り手にとっては特に重要である．このフレームがあることで，直接商品のことを語るわけではないさまざまな言葉や映像や音楽が，広告として成り立つことになるからである．

　「これは広告だ」ということは，「そこでは，何らかの製品やサービスが購買に値する素晴らしいものとして提示されている」ということを意味する．考えるまでもなく，これは，自明の常識である[*40]．この「広告」に関する自明の常識を前提に解釈がなされるとき，少なくとも何という商品を広告しようとしているのかが明示されていれば，後は第1のメッセージがどのようなものでも，広告は当の商品の購買を促すメッセージを受け手に伝えることになる．だから，ユーモア広告のような，商品を語らない広告であっても，広告された商品の購買を促すメッセージとなるのである．

4. 広告の可能条件

†なぜ，広告はユーモアを必要とするのか

　「広告」というフレームの働きに着目することで，ユーモア広告の逆説に対する当座の回答が得られる．すなわち，たとえ広告のなかで商品の利点が何も語られていなくても，あるいは商品の欠点が並べたてられていても，それがある商品の「広告」である以上，そのフレームから受け手は，「そこでは，その商品には価値があることが語られている」と受けとめるのである．

　かくして，ユーモア広告のような商品を語らない広告から，その商品に対する好意が生まれる，という逆説的な事態が成立してしまう．広告における

[*40] 広告のメッセージについてのこのような知識は，自明の常識として繰り返し語られてきた．Alderson (1965) 訳 p.137. Barthes (1985) 訳 pp.71-72. Nöth (1987). 吉沢 (1987). 飽戸 (1992) p.219. 辻 (1998).

ユーモアは,「広告」というフレームが作用することにより,広告された商品への好感に転じていく.

だが,なぜその表現はユーモラスでなければならないのであろう.先述したように,広告がユーモアの語り手となることは必ずしも容易なことではない.それにもかかわらず,あえて広告がユーモアを表現に組み込むのは,どうしてなのだろうか.「広告」のフレームによる説明は,商品のことを語らない表現であっても広告となり得ることは,たしかに説明している.しかし,なぜその表現がユーモラスでなくてはならないかは,説明していないのである.

また,この,「広告」のフレームによって商品への好感がつくりだされる,というメカニズムは,あくまでも当座のものであって,確実で安定した関係とはなりえない.それは極めて危うい効果なのである.

「広告」というフレームを与えられることで,「広告は,広告された商品に価値があることを示す」という知識をもっているがために,広告された商品にほんとうに価値があるように思えてしまうということが起こる.だが,これは同義反復である.この同義反復は,「広告は,広告された商品に価値があることを示す」という通念に支えられている.だが,通念は永遠の真理ではない.このことが,いったん露呈してしまえば,「広告」のフレームが作用するメカニズムは相対的な可能性の一つでしかない.

われわれは,この「広告」のフレームに依拠することの危うさを,見落とさないようにしたい.たしかに,以下で見ていくように,レトリックの陰で「広告」のフレームは,商品の価値の受容をうながす.この可能性を「広告」のフレームは有している.だが,そのことによって,そもそもの危うさが完全に拭い去られるわけではない.難波功士が批判するように,Barthes は広告のフレームの神話的な作用を強調するあまり,この神話的な作用を絶対視し過ぎたきらいがある[*41].

[*41] 難波 (1997).

†確からしさの起源

　議論を振り返りながら問題点を整理していこう．「史上最低の遊園地」という広告を見て，われわれは「この遊園地は，おもしろそうだ」，「行ってみたい」などと思う．商品を語らない広告から，あるいは商品の欠点を語る広告から，商品への好感がつくりだされてしまう．このとき，「広告」というフレームが重要な役割を果たしている．対象の読みあるいは解釈という行為におけるフレームの作用に目を向けることで，商品の利点を何も語らない広告から，商品が購買に値するものであるということがコミュニケートされてしまう，という逆説が説明される．

　この説明は，「広告の伝える最も重要な情報は，広告の内容ではなく広告の存在そのものである」とみなす点で，広告量説と認識を共有している．広告量説は，先述したように，広告の量が商品評価の代理指標となることで，商品を語らない広告の存在を説明する．広告量説の問題は，表現の内容が全く問われないことである．広告量説では，広告の表現はどのようなものであってもよいことになってしまう．「広告」のフレームを前提とした場合も，同様に，かなりの幅の表現が可能となる．とはいえ，この場合は，広告量説とは異なり，あくまでも広告の読み手が，「広告」のフレームと結びつけて解釈することが可能な範囲での表現でなければならない．行き過ぎたユーモアは，「わからない広告」となりかねない．

　だが，両者は共に，ユーモアの役割を積極的に評価していないと言うべきであろう．「広告」のフレームや，広告の量に注目することで，ユーモアのような反情報によっても広告のコミニケーションが成立することは説明される．だが，なぜわざわざユーモアのような凝ったレトリックを，広告に組み込まなければならないのかは説明されていないのである．

　また，いかに確からしさを獲得するかという問題もある．「広告」のフレームに依拠した，「この商品は価値がある」という解釈は，はたして妥当なものとして受容されるのだろうか．たしかに「広告」は，「この商品は価値がある」ことを伝えようとしている．だが，「これは『この商品は価値がある』ことを伝えようとするコミュニケーションなので，『この商品は価値がある』ことを伝えている」という関係は，広告の自明な目的のもとでの同義

反復に過ぎず，商品の価値の根拠を示すものではないのである．

この点では，広告量説の方が優れているように思われるかもしれない．広告されている商品が優れていることの根拠として，広告が大量に行われていることを挙げることができるからである．だが，やはり広告量説のもとでも問題は解決されてはいないというべきである．

すなわち，「この商品は価値がある」とみなすためには，さらに，広告の量を商品の優秀さの根拠として採用することが，妥当なことなのかどうかが判定されなければならない．広告の量はあくまでも代理指標であって，広告の量が商品の優劣を直接的に規定するわけではないからである．「この商品は価値がある」というためには，加えて，広告の量が製品の優秀さを保証するという前提が満たされていることが必要となる．

しかし，この前提についても，同様に，それを採用することを妥当とする，さらなる前提が与えられなければならない．解釈の選択にあって参照される前提が，「選択の正当性を保証する」ことと，「選択の正当性を保証する正当な前提である」こととは，必ずしも等価ではないからである．つまり，さらなる前提が明らかになると，その前提の正当性を保証するさらに上位の前提が求められることになる（図6-1）．

したがって，その検証のプロセスは，……［［［何らかの解釈］を選択する際に依拠する前提］を選択する際に依拠する前提］を選択する際に依拠する前提］……の追求となる．このプロセスは無限に反復され終わることがない．われわれが，広告を見ることでもたらされる商品の価値への確信について，その妥当性を合理的に検証しようとすれば，この無限後退へと陥ることになる．

図6-1　解釈の妥当性の妥当性の起源

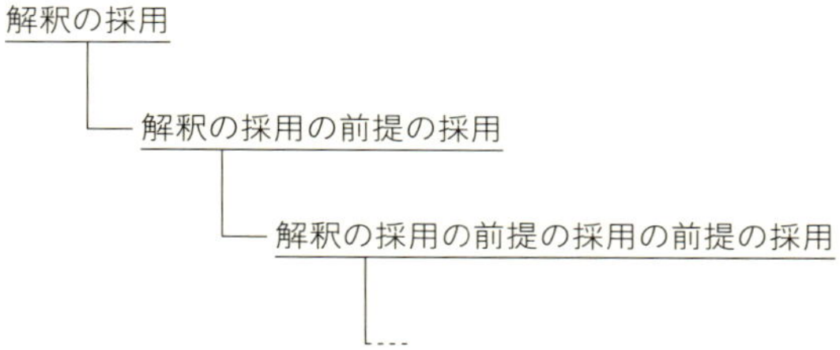

```
解釈の採用
 └─ 解釈の採用の前提の採用
      └─ 解釈の採用の前提の採用の前提の採用
           └─ ...
```

†仮構される妥当性

だが，人間や社会が不完全で有限な存在である以上，検証をどこまでも続けるわけにはいかない．現実の社会のなかで，人間が行う情報処理の能力，あるいはメディアや制度が情報の伝達や検証の手段として果たしうる能力は有限である．われわれは無限に情報を処理するわけにはいかない．現実の過程のなかにある有限の主体が，広告から得た解釈を受容する個々の瞬間に，受容される解釈の妥当性の起源をめぐる無限の反復の全過程を処理することはできないのである．そのため，検証はどこかで中断されることになる．つまり，広告の語ることは，何らかの段階で，その妥当性の起源を問われることなく直接的に理解されることになる．

とはいえ，完全な検証が不可能なことを悟り，任意の段階で検証を切り上げて採用した命題を，当人が確信することはできないであろう．根拠なく検証を中断してしまった命題を，妥当なものとみなすわけにはいかないはずだからである．

しかし，それでも，任意の段階で検証を切りあげた命題が，妥当なものであるかのように思える，ということがあり得ないわけではない．第3章や第5章で検討したように，知覚や評価とその前提となる必要や観点とが，循環的な関係を構成するとき，妥当性の仮構が成立する可能性が生まれる．

たしかに，循環する関係から確立される妥当性は，循環を生み出すプロセスのなかでの妥当性なのであって，循環する関係そのものの妥当性ではない．だが，それにもかかわらず，循環する関係に導かれた解釈が確かなものと思えてしまうということが起こる．なぜなら，関係が循環することにより，妥当性の検証のための論理階型の遡及が，無自覚のうちに中断されてしまうからである．

循環する関係の生成により，さらにメタ・レベルでの妥当性の追求は中断されてしまう．この妥当性の検証の中断が自覚化されているのであれば，その直接的な理解を確信することはできない．ところが，妥当性の検証の中断が生じていることに無自覚であれば，直接的な理解は，確かなものであるかのように思えてしまうのである*42．

とはいえ，この確からしさは，問題の完全な消滅を意味しない．問題は，

目をそらすことで，一時的に忘却されているだけである．すなわち，それは，その根拠の無さが問い直されていないということでしかない．

例えば，われわれは，「任意の段階まで遡って検証したものは，妥当だと考えて間違いはない」というようなルールを無自覚のうちに前提としてしまうために，当のルールにのっとって採択した命題を妥当なものと思い込んでしまったりする．そして，妥当と思われる命題を採択できたことから当のルールを用いたことの妥当性を確信する．しかし，それは妥当性の仮構でしかない．妥当性を導く関係が自覚化され，その起源が問い直されれば，採択された命題やその採択のルールの妥当性は再びゆらぐことになる．とはいえ，この無自覚の中断や隠蔽がなければ，広告のコミュニケーションの妥当性は構成しえないのである．

†広告のコミュニケーションの成立

さて，議論がここに至ったことにより，広告にあふれている多くのメッセージとレトリック，なかでもユーモアが果たしている役割を，われわれはより積極的に語ることができるようになる．

ユーモアという自足的であいまいな，反情報を表現に組み込む．このユーモアという表現の綾に読み手の注意をひきつけてしまえば，他のことへの意識は薄れ，「広告」から引き出されるメッセージは，根拠を問われることなく直接的に理解されるようになる．広告のコミュニケーションのなかで，ユーモアはこのような役割を果たすことができる．

ユーモアが広告として機能するためには，その前提として，「広告は，広告された商品に価値があることを示すものである」という理解が，通念とし

---

*42 すなわち，この直接的経験を妥当なものとする判断の無自覚な採用は，潜在的機能である．R. K. Merton によれば潜在的機能とは，「一定の体系の調整ないし適応に貢献する客観的結果であって，かつ当の体系の参与者によって意図されず，認知されないもの」である．Merton は，潜在的機能を発見し顕在化することは，「社会学的知識を大いに増進させる」と述べている．Merton は，潜在的機能を自覚化することに対して楽観的である．しかし，次の点には注意しなければならない．大澤真幸が指摘しているように，潜在的に機能していた関係は，自覚化されることで，その妥当性や確からしさの支えを失い効力を消失してしまうことがある．Merton (1957) 訳 p.46, p.62. 大澤 (1995b)．

て確立されていることが必要である．だからこそ，ある商品の「広告」であることを示すだけで，その商品の利点については何も語らなくても，人々は「この商品に価値がある」ということが示されたと受けとめてしまうのである．

　とはいえ，この通念の妥当性に関する根拠は危ういものでしかない．ここで，広告にユーモアを組み込んでみても，問題の根本的な解決にはならない．だが，懐疑の目はそらされ，暗黙のうちに直接的理解が持ち込まれていることの露呈は，先送りされる[*43]．こうして，当座の可能性が広告のコミュニケーションにもたらされるのである．

　もちろん，ここで，妥当性の起源を問わない直接的理解として採用されるのが，「大量に広告されている商品に間違いはない」という命題であってもかまわない．だが，その場合は，実際に広告が大量に露出されていることを読み手が認知していることが前提となる．そのような前提の不要な，「広告」のフレームのほうが，状況にかかわらずより広範に利用できそうである．ともあれ，広告メッセージにユーモアのような自足的な反情報が組み込まれることによって，その妥当性の起源を問われることのない直接的理解を前提とした解釈が，妥当な命題として受容される蓋然性が高まることになる．

　コミュニケーションを単なる情報伝達と考えるかぎり，広告におけるユーモアの役割はわかりにくい．自足的な反情報というユーモアの特性は，効率的な情報の伝達あるいは処理を阻害しかねないのである．

　しかし，広告のコミュニケーションが成立するためには，情報が伝わるだけではなく，広告された商品への好感を喚起し，購買を促進することへと結びついていかなければならない．問題は，そのために消費者が，広告から得た情報に依拠して自らの行為を合理的に正当化しようとすれば，無限後退へと陥ってしまうことである．

　この局面で，ユーモアが自足的な反情報であることが重要な意味をもつことになる．広告のコミュニケーションが成り立つためには，情報の伝達と処

[*43] この問題の先送りは，コミュニケーションの原理上，避けがたいものである．もし，この先送りの促進が道義的に問題になるとすれば，それは当の「広告された商品」を購入することが，有害または全く無価値であることが明らかな場合である．

理がなされると同時に，一方でその中断がなされなければならない．自足的な反情報であるユーモアへと意識が集中されることで，広告が語るメッセージに依拠することの妥当性に対する検証は中断され，無自覚なまま先送りされてしまう．このとき，「広告」のフレームによるメッセージという，論理的には無根拠な循環から生じるメッセージに「確からしさ」が充填される．ユーモアは，「広告」のメッセージの直接的理解の成立をうながすことを経由して，間接的に広告された商品への好感を確立する．すなわち，ユーモアは，広告のコミュニケーションの逆説的な性格を積極的に除去するのではなく，暗黙のうちに隠蔽することによって，広告のコミュニケーションを支えるのである．

5. 結語

　広告という，不定な結末に向けて投げ出されたコミュニケーションは，ユーモアという反情報によって，一定の結末へと回収される蓋然性を高める．しかし，このユーモアのもたらす結末は，あくまでも可能性なのであって確実なものではない．ユーモア広告は，商品に何か特定の明確な価値があることを指し示すものではない．ユーモア広告それ自体がつくり出すのは，「その商品には，何かわからないが，価値がある」というぼんやりとした感覚である．それは，あらためて検証の対象として取り上げた瞬間に霧散してしまいかねない価値なのである．だが，広告というコミュニケーションをその受け手との間で成立させるためには，ユーモアに見られるようなレトリックの危うげな一瞬の可能性に賭けるしかない．このこともまた確かなのである．

　繰り返すが，広告というコミュニケーションは，本来的に逆説的な性格をもつものである．辻大介は，広告の本質は偽装的な言語行為という点に求められる，と述べている[*44]．

　広告とは，「この商品はよいものである」ということを伝えるコミュニケーションである．だが同時に，広告というコミュニケーションが機能するた

[*44] 辻 (1998).

めには，広告は広告であってはならない．

　この逆説を理解するためには，例えば次のような，広告であることを前面に出した広告を考えてみるとよい．「これは広告なので『この商品はよいものである』ことを伝えます」という広告である．このようなメッセージはどこか奇妙で，「この商品はよいものである」ことは疑わしいことのように感じられてしまう．すなわち，このメッセージにおける，「これは『この商品はよいものである』ことを伝えるコミュニケーションなので，『この商品はよいものである』ことを伝えている」という構造は，同義反復にほかならず，メッセージの信頼性を損ねるだけなのである．

　したがって，広告というコミュニケーションが機能するためには，広告は広告でありながら広告ではないように見えなくてはならない．辻の言うように，広告は広告であることを偽装しなければならないのである．

　広告は，広告であることを偽装するために，ユーモアのような自足的な反情報を用いてきた．さらに，広告あるいはマーケティングは，ユーモアの他にも，詩的な表現や，美的な演出，色彩，サウンド，スタイル等のさまざまな美的なレトリックを，顧客とのコミュニケーションの局面で駆使してきた．P. Berger や J. Morreall によれば，ユーモアと同様に，これらの美的な表現も自足的な反情報である[*45]．

　だが，同時に，広告が広告であることを偽装すればするほど，逆に広告は広告でなければならなくなる．本章の分析は，さらにこの逆説の逆説が広告というコミュニケーションでは生じることを浮き彫りにするものであった．広告が，ユーモアあるいは美的な表現に磨きをかければかけるほど，「広告」というフレームの作動，すなわち「これは広告だ」と規定されることに伴う作動が欠かせなくなるのである．

[*45] Morreall（1983）訳 pp.163-179．Berger（1997）訳 pp.361-362．
　　　あるいは，広告への有名人の登場も，同様の役割を果たすものと理解できる．吉沢夏子は，TV・CMへの有名人の登場（キャスティング）によって，有名人にあらかじめ付与されているさまざまなイメージ，その人となりや人間関係などの知識が，CMに対する理解の文脈となることを指摘している．短い時間のCMであっても，理解の文脈が豊かにしかれていれば，多義的で複雑なメッセージとなるのである．このため有名人を起用した広告は，その有名人の魅力とあいまって自足的な反情報となる．吉沢（1987）．

もちろん，マーケティング・コミュニケーションが利用するフレームは，「広告」だけではない．「ショウウィンドウ」，「トレンド雑誌」，「ハイ・ストリート」，「定番ブランド」といった媒体や場所やブランドのカテゴリー，さらには，「VOGUE」，「通販生活」，「銀座」，「ニューヨークの五番街」，「MUJI」，「PRADA」といった媒体や場所やブランド個々の固有名も，フレームとしての同様の機能を果たすことになる．

　広告は広告であってはならない．しかし，そのためには広告は広告でなくてはならない．広告そしてマーケティング・コミュニケーションは，フレームに依拠したコミュニケーションであることの逆説を，自らが自足的な反情報であることによって乗り越えていく．そして，その自足性による伝達の阻害や，反情報としての決定不能性は，再びフレームに依拠することによって乗り越えられる．すなわち，広告そしてマーケティング・コミュニケーションは，逆説を乗り越えるために生じた逆説を，乗り越えた逆説によって乗り越えるという，危うくもしたたかなコミュニケーションとなるのである．

第7章

リフレクティブ・フロー

1. リフレクティブ・フロー

　本書の各章における検討を通じて，われわれは何を明らかにしてきたのだろうか．端的に述べれば，われわれは，本書における一連の検討を通じて，マーケティングの諸活動に組み込まれている再帰的な情報を喚起する作動や，直截な情報の提示を迂回化する反情報的な作動が，消費という自省的な行為に対するとき，市場の創造と維持に関わるさまざまな可能性が生成することを明らかにしてきたことになる．

　マーケティングの諸活動は，消費者に知覚され評価されることを通じて，当の消費者の知覚や評価，そしてその前提となる必要や観点を構成していく．このとき，マーケティング・コミュニケーションの作動のなかに，リフレクティブ・フローが組み込まれていることが，重要な役割を果たすことになる．本書では，消費者が対象を知覚し評価する作動に相即して，消費者の記憶や知識が活性化されることで生起する，再帰的な情報の流れの働きを繰り返しとりあげてきた．以下では，この，情報の受け手が対象を知覚し評価する作動に相即して生起する，さまざまな再帰的な情報の流れを，リフレクティブ・フローと総称し，マーケティングにおけるその役割を，検討する．

　リフレクティブ・フローの役割は，循環的な関係の生成をうながすことで，マーケティングが伝達する情報を受け取る消費者の側に，知覚の確から

しさや，必要の絶対性を仮構することにある．リフレクティブ・フローを通じた，循環する関係の生成により，マーケティングが提示する製品やサービスとその情報は，消費者にとって，「そうとしか見えない」，「欲しくてたまらない」，「確かに価値がある」ものとなるのである．

リフレクティブ・フローは，マーケティング・コミュニケーションを構成する重要な要件となる．マーケティング・コミュニケーションは，情報伝達型の作動とリフレクティブ・フローからなる．マーケティング・コミュニケーションをデザインし，実践する際に注意しなければならないのは，リフレクティブ・フローの引き起こす作動が，情報伝達型の作動とは異質の作動だということである．リフレクティブ・フローは，多義性とあいまいさをもった反情報の交錯のなかで生成し，維持される．そのために，情報伝達型のコミュニケーションにとっては阻害要因となる反情報が，マーケティング・コミュニケーションのなかに持ち込まれることになる．

本章では，企業が，マーケティングを実行していくプロセスで，リフレクティブ・フローが生成することの意義を確認していく．そのために，まずマーケティングという社会的プロセスの成り立ちをオーバービューし，続いてそのなかの何をどのようにリフレクティブ・フローは補完するのかを検討する．リフレクティブ・フローの作動をとらえることで，マーケティング・コミュニケーションの理解と実践に潜在していた，新しい可能性が明らかになるのである．

2. 市場のマネジメント

†市場における関係の創造

マーケティングとは，市場との関係のイノベーションを志向した企業活動である．企業によるイノベーションの追究は，新製品開発に限定されるわけではない．経済学や社会学そしてマーケティング論では，イノベーションを，商業的な成果を生みだす新しい知識や行為の採用ととらえてきた[*1]．

[*1] Schumpeter (1926) 訳 pp.180-185．Rogers (1982) 訳 p.18．小川 (2000) pp.6-7．入江 (2001)．

イノベーションの源泉は多様である．新しい製品やサービス，新しい生産方法，新しい販路，新しい供給源，そして新しい組織，この全てがイノベーションの源泉となる．

マーケティングの諸活動は，企業と企業，あるいは企業と消費者とのインターフェイスである市場という場で，新しい関係を組織化し，マネジメントすることに関わる．すなわち，マーケティングとは，市場との関係のイノベーションを志向したアイデアであり，活動である．あるいは，資本主義社会におけるマーケティングというアイデアの登場そのものが，企業と市場との関係の重要なイノベーションであったと言うこともできる．

アメリカ・マーケティング協会（AMA）の定義によれば，マーケティングとは，「個人と組織の目的を達成する交換を創造するために，アイデアや財やサービスのコンセプト，価格，プロモーション，流通のあり方を，計画し，実行するプロセス」である[*2]．ここでは，この標準的なマーケティングの定義が，マーケティングをその対象領域と志向性の2つの要件によって規定していることに注目しておこう．

まず，この定義には，マーケティングの対象領域が，有形，無形のさまざまな商品のコンセプト，価格，プロモーション，流通のあり方に関わる計画と実行という，マネジリアルなプロセスであることが記されている．そして，この計画と実行のプロセスを通じて，個人と組織の双方の目的を達成する交換の創造，すなわち市場における新たな関係の形成というイノベーションが志向されることが示されている．AMA の定義は，マーケティングを，その固有の活動領域と，市場における関係の創造を志向するという要件とによって規定しているのである[*3]．

[*2] Bennett ed. (1995) p.166.
[*3] 嶋口充輝は，以上の要件に加えて，この AMA の定義は，営利活動だけではなく非営利活動も同列に扱っていること，マーケティングを多様な目的を認めてその満足化をめざすものとしていること，などを指摘している．嶋口（2000）p.74.
　なお，本書では，マーケティングという概念を，より限定されたかたちで使用している．すなわち，本書ではマーケティングという言葉を，営利企業が，個人と組織の目的を達成する交換を創造するために，アイデアや財やサービスのコンセプト，価格，プロモーション，流通のあり方を，計画し，実行するプロセスを表すものとして用いている．

では，なぜ，企業活動において，マーケティング，すなわち市場における関係の創造を志向した一連の諸活動が必要とされるのだろうか．そして，市場における関係の創造は，どのようにして実現されるのだろうか．

†優良企業の条件

企業の盛衰は，市場の変化と密接に関連している．とはいえ，企業活動におけるマーケティングの重要性，すなわち市場創造の重要性が，実務家や研究者たちのあいだで広く認識されるようになったのは，第1章で見たように20世紀に入ってからであった．

20世紀は大企業の世紀であった[*4]．勃興した大企業の経営者たちは，その巨大化した組織をマネジメントする方法を求めるようになった．さらに，企業がその巨大な組織の存続と成長をはかるためには，組織のマネジメントに加えて，市場における関係のマネジメントが必要であった．

成長の機会を求めて，企業は，技術の開発，人材の育成，品質の向上，コストの削減に努める．だが，巨大な企業がその規模を維持しさらに成長するためには，それだけでは不十分であった．併せてマーケティングが必要となる．企業が確立した技術や人材の能力，あるいは品質やコストの特性を，優れたものとして評価し，企業が充分な利益率を確保することが可能な価格で販売できる市場の確保．このことにもまた，企業は努めなければならなかったのである．

たしかに，競争相手を上回るペースで技術開発を進め，製品の性能を高めていくことは，企業経営における重要な課題である．だが，C. M. Christensen は，技術開発力が優良企業の条件となるのは，特定の状況下に限定されることを指摘している[*5]．俊敏かつ高度な技術開発力をもった優良企業が，競争相手よりも優れた製品を供給しようとして技術開発を繰り返すうちに，

[*4] 20世紀にはいると，アメリカやドイツを中心に，個人企業に変わって近代的な会社制度が広く採用されるようになった．こうした大企業の勃興の背景には，第二次産業革命がある．第二次産業革命が生みだした量産式の機械的生産システムは，経営の大規模化や，資本の集中と相互依存的な関係にある．占部・加護野（1997）pp.15-19.

[*5] Christensen（1997）訳 p.8, pp.10-11.

顧客が対価を支払おうと思う以上の性能を提供するようになってしまうことがある．ひとたび市場との関係がこのように変化してしまえば，技術開発競争の先端を行くことが優良企業の条件であるとは言えなくなってしまうのである．

製品の性能やその向上のための源泉となる技術開発力は，市場での評価へと結びつかなければ，利潤を産出することはできない(第1章)．W. Aldersonは，次のように述べている．

> 「製品がいかに有益なものであろうと，不可欠のものはマーケティングの努力である．」[*6]

†顧客と競争への対応

同様に，G. Hamel と C. K. Prahalad も，ある時期に企業の中核的能力（コア・コンピタンス）であったものが，次の時期には単なる技術や技能の一つになってしまうことがあると述べている[*7]．設計，生産，在庫管理，プロモーションのノウハウといった，企業が有するさまざまな技術や技能のうち，何がコア・コンピタンスとなるのかは相対的な問題である．Hamel と Prahalad は，コア・コンピタンスとなる技術や技能は，その時々の市場との関係によって決まると言う．

市場とは，特定の製品やサービスをめぐり，その売り手と買い手との間で生じる取引の場であると同時に，競争の場でもある．コア・コンピタンスは，この市場という場に斉合したものでなければならない．すなわち，コア・コンピタンスは，販売を促進し，競争を回避する力をもった技術や技能でなければならないのである．

第1に，コア・コンピタンスとなる技術や技能は，買い手が購買意思決定を行う際の決め手となる属性を提供するものでなければならない．例えば，自動車という商品は，高い燃費効率，低騒音・振動，衝突安全性，販売サービスの充実といったさまざまな属性によって評価することができる．そのな

---

*6　Alderson (1957) 訳 p.324.
*7　Hamel & Prahalad (1994) 訳 pp.258-271.

かで，そのときどきのターゲットとなる消費者の購買意思決定に，最も強く影響を及ぼす属性を提供する技術や技能が，コア・コンピタンスとなる．

第2に，コア・コンピタンスとなる技術や技能は，競争に対応したものでなければならない．業界のどこにでもあるような技術や技能であれば，コア・コンピタンスとは言えない．コア・コンピタンスとなる技術や技能は，他社に比べて優れており，簡単にまねすることのできないものでなければならない．

市場との関係は，企業にその組織のマネジメントの基礎となる前提を与える．すなわち，市場との関係は，企業が対価を得るためには，何を行い，何を行わないようにするべきかを決め，何を意味のある成果とするべきかを規定する条件となる．また，市場の要件は，固定的なものではなく，時間とともに変化していく．この変化のなかで，企業はその組織のマネジメント，そして保有する資源や能力を変革していかなければならない．競争地位，製品ライフサイクル，あるいは延期－投機の原理などにもとづく，競争対応と需要対応の戦略諸類型は，そのための準拠枠を与えてくれる[*8]．

†市場のダイナミズム

だが，マーケティングの意思決定にあたっては，さらに高度な判断が必要となる．HamelとPrahaladは，上述した2つの要件に加えて，コア・コンピタンスは，市場を新たに拡張する機会をもたらすものでなければならないと述べている[*9]．

上述した2つの要件，すなわち顧客が購買意思決定にあって重視する属性や，独自の競争力といった，コア・コンピタンスを評価するための基準は，市場を，企業活動に先立って確定している与件と見なす市場観に基づいている．これに対し，拡張性という第3の評価の基準は，市場を，企業活動を通じて生成していくダイナミックな関係の場と見なす市場観に基づいている．

企業にとって，市場は適応の対象であると同時に，創造の対象でもある

[*8] 嶋口 (1984) pp.234-249. 嶋口 (1986) pp.90-149. 石井 (1996). Kotler (1994) pp.353-407. 高嶋 (1994) pp.121-131. 上原 (1999) pp.210-225.
[*9] Hamel & Prahalad (1994) 訳 pp.264-265.

(第1章).企業が存続し成長していくためには,市場の変化を見抜き,適応することだけではなく,市場を創造し維持していくことが必要である.ダイナミックに変化していく需要と競争の現実は,企業変革の前提であると同時に,その結果でもある.企業と企業,あるいは企業と消費者との取引と競争

図7-1 コア・コンピタンスの3つの要件

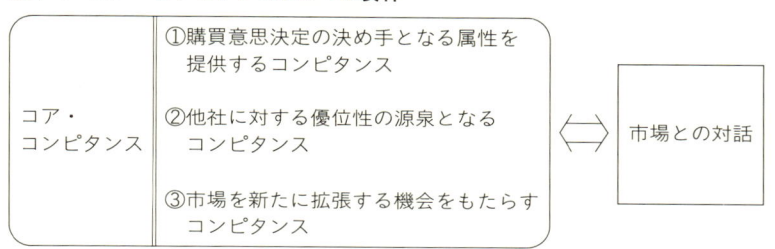

コア・コンピタンス	①購買意思決定の決め手となる属性を提供するコンピタンス ②他社に対する優位性の源泉となるコンピタンス ③市場を新たに拡張する機会をもたらすコンピタンス	⇔	市場との対話

は,そのプロセスを通じて,自らのあり方をダイナミックに変化させていくのである.

　企業の資源や能力は,その価値を顧客の評価によって規定される.だが,その一方で,企業の資源や能力は,顧客の知覚や評価に影響を及ぼす.石井淳蔵は,企業が保持している資源や能力がつくり出す情報格差が,顧客との交渉力の重要な源泉となることを指摘している[10].例えば医者と患者の関係に見られるように,直面している問題に対する情報量やその処理能力が高い者は,低い者に対して,その意思決定に強い影響を及ぼすことができる.

　日本の百貨店の玄関口の一等地は,多くの場合化粧品売り場となっている.高額の化粧品を買い求める女性たちが次々と訪れる.百貨店の顔とも言える売り場である.ここでも,顧客との情報格差が活用されている.最新のファッションや科学の成果を取り入れた製品,そしてメーキャップや肌のケアの方法に関するカウンセリングやアドバイスが導入されている[11].一方で,顧客である女性たちは,何回となく化粧をするうちに,自分に何が似合うかを学習し,適切な化粧法をマスターしていく.したがって,化粧品の売り手が,その情報格差を保つためには,石井が言うように,絶えず美しさの

---

[10] 石井 (1984) pp.106-108.
[11] 水尾 (1998) pp.198-199. 阿部 (1999).

新しい基準と，実現の方法を発見し，提唱していくことが必要となる[*12]．

†つくり出される現実

　市場は，適応の対象であると同時に，創造の対象でもある．この市場との関係の二重性のなかで，企業の戦略立案は行われる．企業は，その戦略立案の前提となる準拠枠，すなわち事業の定義を確立する段階で，早くもこの市場との関係の二重性に直面することになる．

　事業の定義とは，企業が市場との関係をマネジメントする上での関係の境界の設定である．企業は，市場において，全ての企業と競争するわけでもなければ，全ての消費者や企業を顧客とするわけでもない．企業が市場において対応すべきなのは，特定の消費者や企業の需要であり，特定の企業との競争である．企業は，この特定の領域に，自らの限られた資源を投入する．D. F. Abell は，事業の定義を，顧客層（誰に），顧客機能（何を），代替技術（どのように）の3つの次元で定義することを提唱している[*13]．

　同じような製品を市場に供給している企業であっても，その事業の定義によって，直面する顧客と競争のあり方は異なったものとなる[*14]．例えば，同じ複写機の製造・販売を行っている企業であっても，自社の事業を，複写機の販売と定義するか，複写機とコンピュータを統合したオフィス・システムのコンサルティングと定義するのかによって，対象となる顧客も，応えるべきニーズも違ってくる．それだけではない．さらに，顧客に提示される情報の構成も，顧客との情報格差も，需要の大きさも，競争相手となる企業も違ってくるのである．

　同様に，同じコーヒー豆を販売するのであっても，その事業の定義しだいで，顧客や競争との関係も，そのビジネスのあり方も大きく異なることになる．B. J. Pine と J. H. Gilmore は，次のように述べている[*15]．先物市場で取引すれば，1カップあたり1〜2セントのコーヒー豆が，粉に挽き袋に詰

[*12] 石井（1984）pp.134-135.
[*13] Abell（1980）訳 pp.221-226.
[*14] 石井（1984）pp.210-211.
[*15] Pine & Gilmore（1999）訳 pp.28-29.

めてスーパーマーケットで販売すれば，5〜25セントとなる．また，その豆を使って入れたコーヒーを，カフェやレストランで顧客に提供すれば，1杯が50セント〜5ドルとなる．さらに，同じコーヒー豆を，他の要素と組み合わせて魅力的な経験を構成し，経験価値を提供すれば，顧客や競争との関係はさらに変わる．ベニスのサン・マルコ広場のカフェ・フロリアンで，湯気の立つコーヒーを味わいながら，ヨーロッパの都市のなかで最も魅力的な風景と音の世界のなかでくつろぐ経験に，人々は15ドルを喜んで支払う．

　顧客や競争との関係と斉合したものとなるように，企業はそのマネジメントの基本的な枠組みの設定，すなわち事業の定義を行う．企業は，事業の定義とその改訂を行うことによって，直面している現実にその戦略と活動とを適合化させる．だが，それは関係の一面でしかない．同時に，企業は，事業の定義を通じて，自らが直面する顧客や競争との関係を選び取り，再編していくのである．

3. 対話を通じた市場の創造

†顧客志向の罠

　第4章でも指摘したように，市場とは，企業活動に先行して確定している実在ではなく，企業活動のプロセスのなかで出現する関係の場である．したがって，企業は，市場において，適応の対象を自らが構成するというねじれた関係に直面することになる．野中郁次郎と竹内弘高は次のように述べている[*16]．

> 「……組織は，単に既存の問題を解決し，環境変化に適応するために外部からの情報を処理するだけではない．問題やその解決方法を発見あるいは定義し直すために，組織内部から新しい知識や情報を創出しながら，環境を創り変えていくのである．」

---

*16　Nonaka & Takeuchi (1995) 訳 pp.72-73, pp.83-85.

企業は，自らの環境を変革していくことができる．企業組織の内部からの知識や情報の創出は，そのための原動力となる．野中と竹内は，従来の経営学には，この「組織は新しい知識を創造する」という視点が欠けていたと言う．その上で，この組織内部からの知識や情報の創出のプロセスとメカニズムを，形式知と暗黙知の相互作用によるスパイラルな上昇プロセスとして定式化する．

　組織における知識創造は，企業の成長と存続の原動力の一つである．だが，企業がその環境となる市場を創造し維持していくためには，組織内部での知識創造だけでは不十分である．市場において，企業はさらに次のような問題に直面することが知られている．

　革新的で，顧客の意見に敏感な組織と評価されていた企業が，戦略的にきわめて重要な技術革新を見逃してしまう．Christensen によれば，そのためにコンピュータ業界では，優良企業の凋落が何度も繰り返されている[*17]．

　例えば，5.25インチ・ハードディスクドライブの最大手だったシーゲート・テクノロジーは，3.5インチドライブの事業化に乗り遅れてしまった．シーゲートは，技術開発で遅れをとったわけではない．問題は顧客との関係であった．

　3.5インチドライブには，耐久性の向上，小型軽量化，省電力化といった価値があった．だが当初，3.5インチドライブは，記憶容量で既存の5.25インチ・ドライブを大きく下回っていた．このため，シーゲートの主要顧客であった IBM を始めとするディスクトップ・パソコンのメーカーは，3.5インチドライブには全く関心を示さなかった．彼らが次世代マシンに求めていたのは，40〜60MB の容量であった．だが，当時の3.5インチドライブの容量は，わずか20MB だった．また，3.5インチドライブは，1 MB あたりのコストでも割高だった．

　シーゲートにとって，その主要顧客の評価に反する選択をすることは，困難であった．シーゲートの経営陣は，5.25インチの新製品の開発に力をいれたほうが，大きな収益が見込めると判断した．

---

*17　Christensen（1997）訳 pp.2-3, pp.46-53.

第 7 章　リフレクティブ・フロー　　**185**

　結果的に，3.5インチドライブの市場は，新規参入企業によって占められることになった．その用途は，主にポータブル・パソコンとラップトップ・パソコン，さらに省スペース型のディスクトップ・パソコンであった．この分野の顧客は，重量，耐久性，消費電力，大きさといった特徴を重視しており，そのためであれば，容量の少なさや，1 MB あたりのコストの高さは容認された．

　新規参入組の3.5インチドライブのメーカーは，市場を獲得することで，新技術のさらなる改良への投資が可能になった．また，その生産や販売に対する組織学習も進んだ．その結果，3.5インチドライブの容量の拡大とコストの低下が進み，やがて3.5インチドライブは，ディスクトップ・パソコンの市場も獲得するようになっていったのである．

†コロンブスの卵

　シーゲートが，3.5インチドライブの事業化に乗り遅れたのは，開発された新技術が，「破壊的」な性格をもっていたからである[*18]．Christensen によれば，企業が開発する新技術には，「持続的技術」と「破壊的技術」とがある．「持続的技術」は，確立された製品の性能を改善し向上させる技術である．これに対し，既存の製品とは異なる利用の方法や，評価の基準を採用したときに，はじめて高い評価を獲得できる新技術がある．これが，「破壊的技術」である．既存の利用方法を前提に評価すれば，破壊的技術は，製品の性能を引き下げる技術である．3.5インチドライブを生みだしたのは，この破壊的技術であった．

　技術革新が，企業の成長と存続の原動力となるためには，顧客の評価を獲得することが欠かせない[*19]．ところが，破壊的技術の場合は，それまでと

[*18] Christensen (1997) 訳 p.9.
[*19] もちろん，新技術の市場獲得を阻害する要因は，顧客の評価だけではない．市場を形成するためには，購買者が投入することの可能な時間や予算（可処分所得），あるいは移動することの可能な空間といった制約のもとで，新技術を用いた製品やサービスの入手可能性が確保されなければならない．また，代替的な製品やサービス，およびそれらを供給する企業との競争への対応もはからなければならない．しかし，入手可能性や競争への対応を確立するだけでは，市場は形成されない．併せて顧客の評価を獲得することが不可欠である．

は異なる属性や機能を，顧客が，購買意思決定の新たな決め手として評価しなければ，市場は形成されないのである．この購買意思決定の新たな決め手は，破壊的技術が登場することで，それ以前には存在していなかった利用の方法や評価の基準が成立するようになることで確立される．だが，破壊的技術を用いた製品やサービスを市場に供給すれば，後は自動的に新たな利用の方法や評価の基準が生成していくわけではない．

3.5インチドライブという破壊的技術の特性は，既存のハードディスクドライブの顧客からは評価されなかった．3.5インチドライブは，新たな顧客，すなわち既存の顧客とは異なる用途に価値を見いだす顧客を開拓することで，市場を獲得している．破壊的技術の場合は，既存の顧客にとらわれずに，幅広い消費者や企業の意向を調査することが必要である．しかし，これで問題が解決するわけではない．幅広く調査をするようにしさえすれば，破壊的技術の可能性を見いだすことができるわけではないことには，注意が必要である．

なぜなら，事後的には明らかであることでも，事前に確実に認識できるとはかぎらないからである．事前に技術の新しい使い道を見抜くことは，その使い手である顧客にとっても，やはり困難である．Christensen は，「存在しない市場は分析できない」と言う[20]．そのため，ビジネスの世界でも，「コロンブスの卵」の逸話とよく似た事態が，繰り返し生じることになる．

M. Hammer と J. Champy によれば，1950年代の後半に IBM は，コピー機事業に参入する絶好の機会を見逃した[21]．当時ゼロックス社で，世界最初のコピー機を開発するプロジェクト（ゼログラフィー技術の開発）が進行していた．しかし，資金不足に悩んでいたゼロックス社は，IBM に，このコピー機の特許を，開発プロジェクトへの資金拠出と引き替えに提供する，と申し出たのである．だが，IBM はこの申し出を断ってしまった．

IBM が市場を無視したわけではない．IBM は，ゼロックス社の申し出を評価するために，コンサルティング会社を使って市場調査を行っている．だが，その時点で，書類のコピーを30部つくって同僚に配るというニーズは存

---

[20] Christensen (1997) 訳 p.199.
[21] Hammer & Champy (1993) 訳 pp.132-134.

在していなかった.

　存在していない用途を認識し,検証することは困難である.コンサルティング会社が出した結論は,仮に,カーボン・ペーパー,ディトグラフ,ヘトグラフといった,当時使われていた複写技術の市場を全て独占できたとしても,コピー産業の参入に必要な資金を回収することはできないというものであった.オフィスには,複写技術の革新によって満たされる潜在的なニーズが存在しているとは,当時は誰も知らなかったのである.

　Hammer と Champy は次のように述べている.

　　「人々にガラスのビンに入った牛乳と,紙パック入りの牛乳のどちらが好きかを尋ねるのはたやすい.消費者は牛乳にも2つのタイプの容器にも慣れているので,どちらがなぜ好きかを詳しく語ってくれるだろう.しかし,ゼログラフィ以前の時代にコピー機に関する市場調査を行えば,カーボン紙の代わりにするだけのためにそんな値段は払えない,と答えるのである.」

†顧客との対話

　NTTドコモのiモードも,市場導入時に同様の問題に直面している[*22].1999年の2月に市場導入されたiモードは,その後1年半で1000万を超える契約者を獲得するという成功を収めたことで知られている.しかし消費者は,iモードの提供するサービスを,事前に渇望していたわけではない.

　発売前のiモードに対する社会の関心は低かった.前年11月に行われたiモードの記者発表に集まった記者は,わずか7人であった.事前に広報資料をメディア各社に送付し,入念に準備を整えた記者発表であった.NTTドコモ側は,翌朝の朝刊の1面に「iモード誕生」を伝える大きな記事が載ることを期待していたという.だが,掲載されたのは小さなベタ記事であった.

　導入時には,iモードの端末は小さな白黒の画面で,1回のeメールで送信可能な文字数は250文字であった.入力操作もキーボードと比べると手間

[*22]　松永 (2000) pp.146-152, pp.164-184, pp.204-212. 夏野 (2000) p.24, pp.32-34, p.41. 榎 (2000).

がかかる．携帯性という利点はあるものの，パソコンでのインターネット利用と比較すると，表示や容量や入力操作といった点で劣ると見なされてもしかたのないものであった．

　NTTドコモは，当時のインターネットのメインユーザーであったビジネスマンではなく，ポケットベル等での文字送信になじんでいた20歳代を中心とした若い男女をターゲットと認識していた．だが，その従来のインターネットとは異なる新しい使い道に対する評価を，事前に確立することは容易なことではなかった．

　とはいえ，メディアは生活者の声の代弁者でもある．また，その報道を通じて社会的な注目を集めることは，新サービスへの利用者を獲得するための大きな起爆剤となる．NTTドコモは，11月の記者発表の空振りを挽回すべく，制作した広告の記者発表を99年1月に行っている．このような広告の制作発表を行うことは，NTTドコモとしては異例のことであった．起用したタレントの広末涼子の人気もあり，会場は500人の報道関係者で溢れかえった．この席で，あらためてiモードの説明を行ったのである．その様子は，TVのワイドショーや週刊誌で大々的に取り上げられた．

　しかし，消費者の理解を得るには，さらに時間が必要であった．iモードのスタートは低調であった．2月の市場導入から3ヵ月の間，ドコモの携帯電話は逆にシェアを低下させている．契約者が急増し始めたのは，4ヵ月を超えた頃からであった．ここに至って，iモードは，ようやく時代の寵児となる．

　顧客の声は万能ではない．しかし，企業の革新は顧客に受容されなければならない．重要なのは，顧客の要求に忠実であることではなく，顧客との対話を続けることである．この対話を繰り返すことを通じて，企業の資源や能力と顧客の必要や欲求との斉合化が達成されるのである．

　対話は，二重の志向を併せもっている．対話とは，他者の声に耳を傾けることである．たしかに対話は，一方的に他者に語りかけるものではない．だが，待っているだけでは，対話は生まれない．まず，他者に語りかけることをしなければ，対話は始まらないのである．

†対話としての競争

　企業にとって必要な顧客との関係は，対話を通じて形成される．同様に，競争との関係にも，対話的な側面がある．

　市場における競争については，企業はその回避をはかることで，生存の機会を確保し，市場への適応を果たす．だが，沼上幹，淺羽茂，新宅純二郎，網倉久永は，市場における競争には，さらに「対話としての競争」という別の側面があることを指摘している[*23]．

　競争は，企業の自己革新を方向づける．そのことを，沼上らは，カシオとシャープの電卓事業における新製品開発の時系列的な分析を通じて，指摘している．カシオとシャープは，それぞれ独自の開発の方向性をもっていた．カシオは論理回路の設計を重視していた．シャープは電卓を要素技術の束ととらえていた．そして，カシオとシャープは，相手の新製品を相互に先読みしながら，それぞれの開発の方向性を変化させていったのである．

　競争は，自己認識の契機となる．競争を意識し，相手が何を考えているかを把握しようと，他者の思考のプロセスに入り込むことは，自分が何者であるかを認識し，その戦略を確立する上で重要な役割を果たすことになる．市場における競争のプロセスは，企業が自社の事業の定義を彫琢していくための対話の機会ともなるのである．

　あるいは畢滔滔は，同様に，商店街内部での競争関係を通じて，個々の小売店舗が差別化された品揃え，価格水準，販売方法を実現していくことが，消費者の選択機会を高め，その欲求が満たされる確率を高めることを指摘している[*24]．その内部の競争を通じた対話が，商店街を構成する店舗のあり方を彫琢するのである．

　市場における競争への企業の対応は，二重の志向を併せもったものとなる．競争は，企業にとって回避するべきものであると同時に，対話の契機として積極的に関わるべきものなのである．

　まとめよう．企業が，顧客との関係，そして競争との関係において直面するのは，自らのあり方を規定する環境が，自らの行為によって生成するとい

[*23]　沼上・淺羽・新宅・網倉（1999）．新宅・網倉（2001）．
[*24]　畢（2002）．

うねじれた関係である．マーケティングは，市場における顧客や競争との関係のマネジメントに関わる．そして，このマネジメントは，与えられた顧客や競争の現実への適応と，新たな顧客や競争の現実の創出という，対話的な二重の志向を併せもつことになるのである．

†他者による受容

とはいえ，顧客との関係と，競争との関係とでは，異なる点がある．3.5インチドライブやiモードで見たように，企業が顧客との関係を形成する局面では，対話は，他者に受容されることを求められるのである．

企業が，競争との関係を選択する際には，競争相手にその選択が受け入れられるかどうかは，問題とはならない．競争に関しては，企業は，関係を選択することで，競争を回避したり，自社の資源や能力を拡張していく契機を得たりすることができればよいのである．すなわち，競争相手となる企業とは，関係への認識が異なっていてもかまわないのである．

それに対して，企業が，顧客との関係を選択する際には，顧客に受容されることが必要となる．例えば，情報格差を形成しようとする場合には，その対象として企業が選択した情報が，顧客によって自らに必要なものと認識されなければ，企業の選択は有効なものとはなり得ない．あるいは，事業の定義を行う場合には，企業が選択した機能や技術が，顧客によって自らに必要なものと認識されなければ，企業の選択は有効なものとはなり得ない．同様に，破壊的技術を導入する場合にも，企業の採用した技術が，顧客によって自らに必要なものと認識されなければ，企業の選択は有効なものとはなり得ない．

もっとも，顧客との関係では，企業の選択の有効性が，顧客の意思によって全面的に規定されるというわけではない．なぜなら，先述したように，顧客となる消費者や企業は，あらかじめ自らが何を必要としているかを完全に把握しているわけではないからである．

石井の言葉を借りれば，「われわれは，自らが何がしたいのか，何が必要なのか」を，それ程よくわかっているわけではない[25]．「洗濯機に何か不満

---

[25] 石井淳蔵（1993）pp.31-32．

はないですか」と言われれば思いつかないが,「音がうるさいでしょう」と言われればその通りだと思う.「どういう雑誌が読みたいですか」と言われるとうまく答えることができないが,『HANAKO』いう雑誌が発売されると,「そうそう,こんな雑誌が欲しかった」ということになる.これが消費者なのである.

図7-2 市場における顧客や競争との関係

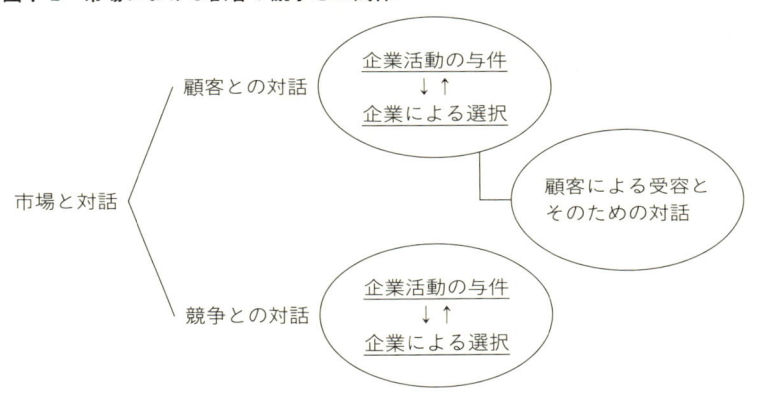

```
                  ┌ 顧客との対話 ── ┌─────────────┐
                  │                 │ 企業活動の与件 │
                  │                 │   ↓ ↑        │
                  │                 │ 企業による選択 │
                  │                 └─────────────┘
                  │                         ┌─────────────┐
市場と対話 ───────┤                         │ 顧客による受容と│
                  │                         │ そのための対話 │
                  │                         └─────────────┘
                  │                 ┌─────────────┐
                  │                 │ 企業活動の与件 │
                  │                 │   ↓ ↑        │
                  └ 競争との対話 ── │ 企業による選択 │
                                    └─────────────┘
```

† 妥当性の構成

　事業の定義や,知識や情報の創出などを通じた,企業による戦略的な市場関係の選択は,顧客による知覚や評価,あるいは読みや解釈との相補的な関係を形成することを通じて,市場創造を達成する[26].この相補的な関係は,マーケティングにおけるコミュニケーションのプロセスを,双方向化するだけではなく,二重化する.すなわち,このプロセスをマネジメントするためには,企業は,製品やサービスとその消費に関わる情報を受発信していくことに加えて,顧客が当の製品やサービスとその情報に対して一定の知覚や評

---

[26] 市場創造は,新たな関係に対する知覚や評価あるいは読みや解釈の双方向的で多重なやり取りを通じて成立する.つまりそれは,市場創造が因果律によって規定されるのは,市場創造のプロセスの特定の部分に限定されるということである.第5章で検討したように,知覚や評価,そして読みや解釈を通じて,オープン・コンティンジェンシー構造が市場創造のプロセスに持ち込まれるからである.

価を確立し，それらの必要性を妥当なものとして受容するように，マーケティングの諸活動を計画し実践していくことが必要となるのである．

では，この，情報を提示するだけではなく，同時に提示した情報に対する他者の知覚や評価を統制しようとする活動は，市場という関係の場のなかで，どのようなメカニズムを通じて実現化するのだろうか．企業が経験と試行錯誤を通じて確立してきたマーケティングの諸活動には，コミュニケーションを通じて，製品やサービスとその情報に対する顧客の知覚や評価を構成し，顧客との関係に潜在している可能性を顕在化していく作動が内在している．

本書では，このマーケティングの諸活動に内在している作動のメカニズムを定式化することに努めてきた．マーケティングの諸活動は，①個性を同定するための消費のモデルの提示（第2章），②消費の目的や必要性の提示（第3章），③社会関係における顕示的なあるいは同調的な行為の誘発（第4章），④想起可能な消費欲望の充足手段のリストの形成（第4章），⑤知覚や評価の前提となる観点の提示（第5章）などを通じて，消費者の購買意思決定のプロセスとその前提を構成しているのである．

これらの作動の役割は，単に製品やサービスとその消費に関わる情報を提示することにとどまらない．さらにマーケティングの諸活動は，製品やサービスとその情報に対する消費者の知覚や評価を統制し，当の製品やサービスに対する消費の必要や，それらを消費者が購買しようとする意思のドライビング・フォース，すなわち消費欲望を創発していくことにも関わる．この局面において重要なのは，マーケティングの諸活動には，モデルや意識をただ提示したり喚起したりするのではなく，それらを循環的に構成していく作動が組み込まれていることである．

マーケティングの諸活動が，消費者による一定の知覚や評価を確立し，消費の必要性や消費欲望を創発していくためには，①製品やサービスとその情報を消費者に提示することに加えて，②当の製品やサービスとその情報を知覚し評価する際の前提となる参照情報，すなわち観点や，当の製品やサービスを消費する必要性を提示し，③さらに，その必要や観点を顧客が受容することの妥当性を構成していくことが必要である．

顧客との対話を通じて，この①〜③を実現化するためには，関係を循環的に構成していくことが必要である．なぜなら，直線的に手段－目的の連鎖や論理階型を遡っていくことで，製品やサービスに対する消費の必要性や，その知覚や評価のための観点の妥当性を確立しようとすると，無限後退を引き起こしてしまうからである．第3章と第5章で指摘したように，必要や観点のあり方やその妥当性を相対化する，他でもあり得る可能性が，取り除かれるのは，必要や観点が循環する関係のなかで構成されるときなのである．

製品やサービスを消費する必要性や，その知覚や評価のための観点は，消費者の日常生活のなかでも自然発生的に確立する．だが，企業にとって，製品やサービスを消費する必要性や，その知覚や評価のための観点を確立することは，顧客との関係の創造と維持をはかる上で，避けて通ることのできない要件である．企業は，この要件の充足を，偶発的な消費者の反応に委ねるのではなく，マーケティングの諸活動を通じて，循環する関係を触発することで達成していくことができる．このとき，リフレクティブ・フローが重要な役割を果たすことになる．

4. マーケティング・コミュニケーションに内在するリフレクティブ・フロー

†リフレクティブ・フローの作動

リフレクティブ・フローとは，製品やサービスとその情報の提供が，並行してその受け手に，当の製品やサービスを消費する必要性や，その知覚や評価のための観点を想起させることで生成する，再帰的な情報の流れである．リフレクティブ・フローは，企業のマーケティング活動の実践が暗黙のうちに用いてきた作動である．

リフレクティブ・フローは，対象の知覚や評価の前提の創出，すなわちE. Goffmanの言う「状況の定義」の統制に関わる[*27]．だが，リフレクティブ・フローは，知覚や評価の前提の単なる提示や定義ではない．製品やサービスあるいはその消費に関わる情報を，消費者が知覚し評価するプロセス

[*27] Goffman (1959) 訳 pp.4-5.

で，並行して消費者の記憶や知識が活性化されることで，当の知覚と評価の作動を規定する何らかの前提が覚醒する．この対象の知覚や評価に相即して生起する再帰的な情報の流れが，リフレクティブ・フローなのである．具体的には，第3章や第5章で指摘したように，ブランド連想や，フレーム・メッセージや，物語における後続する「機能」の提示などにより，リフレクティブ・フローは生成する．

　リフレクティブ・フローを伴うとき，提示した製品やサービスあるいはその情報に対する知覚や評価，そしてその必要や観点が確定化する蓋然性が高まる．なぜなら，リフレクティブ・フローによる必要や観点の覚醒は，知覚や評価のプロセスに相即しているため，とりあえず目の前にある対象の知覚や評価が特定化してしまい，そのために，この特定化した知覚や評価に依拠して，リフレクティブ・フローが覚醒する必要や観点を妥当なものと認定するという転倒が生じてしまうからである．M. Merleau-Ponty が言うように，「われわれの知覚は対象へと到達するが，対象がひとたび構成されると，こんどはその対象の方が，それについてわれわれが過去にもっていた，あるいは今後もち得べき一切の諸経験の理由（根拠）となって現出するようになる」のである[*28]．

　リフレクティブ・フローは，この関係の転倒を通じて，製品やサービスあるいはその情報に対する知覚や評価の作動を，循環的に構成する契機をつくり出す．そのために，リフレクティブ・フローを伴うマーケティング・コミュニケーションでは，その知覚や評価における他でもあり得る可能性が低減するのである．

†情報伝達型のコミュニケーションとの連動

　リフレクティブ・フローは，単独でその受け手の知覚や評価，あるいはその必要や観点を確定化するものではない．リフレクティブ・フローは，情報伝達型のコミュニケーションと連動することで，消費者の知覚や評価，あるいはその必要や観点を確立していく．

[*28] Merleau-Ponty (1945) 訳 p.125.

情報伝達型のコミュニケーションとは,「発信者」が,伝達しようとする意味を表現するために採用した「記号」から,「受信者」が一定の意味を読みとることで成立する,発信者から受信者への情報の流れである（図7-3）[*29].マーケティングによる顧客への働きかけも,情報伝達型のコミュニケーションを繰り返すことを通じて遂行される.マーケティングにおける情報伝達型のコミュニケーションでは,企業が「発信者」,そのターゲットとなる消費者や企業が「受信者」となる[*30].そして,広告のコピーや音楽,製品のデザインや価格,パッケージの形や色,販売員の態度や服装,店舗の立地やファサード等々のさまざまな要素が,その「記号」となる.

　情報伝達型のコミュニケーションでは,発信者の意図した結果だけではなく,予想外の事態や意図せざる結果が生じる（第4章）.それは,発信者が表現しようと意図した意味を,受信者がその記号から読みとるとはかぎらないからである[*31].受信者は,自らの「必要」や,妥当と思われる「観点」を前提に,記号から読みとる意味を特定するのである（図7-4）.繰り返し指摘してきたように,この必要や観点のあり方は相対的な可能性である（第3章,第5章）.必要や観点を知覚し評価する作動は,オープン・コンティンジェンシー構造のもとにある.必要や観点は,常に他でもあり得る可能性を伴っているのである.この読みの作動における不確定性が,発信者に意図せざる結果をもたらす.

　だが,コミュニケーションのプロセスにおいて,意図せざる結果に巻き込まれるのは,発信者だけではない.受信者自身も,記号の表す意味を読みとるという目的のもとで対象を知覚し評価することで,意図せざる結果すなわちその目的以外の副産物や波及効果を生成し,そしてその作動に巻き込まれ

[*29] Kotler（1994）pp.596-597．武井（1997）pp.60-67．
[*30] 当然ながら,企業と消費者のコミュニケーションでは,逆に消費者が「発信者」となり,企業が「受信者」となる場合もある.だが,本書は企業と消費者のコミュニケーションにおけるこの局面を扱うものではない.
[*31] すなわち,情報の多義性は,この情報そのものの性質というよりも,受け手の側の事情によって生じる.情報に対するこのような理解は,情報が一義的な意味を持つことを暗黙に前提としていた伝統的な情報処理モデルとは一線を画すものである.金子（1986）pp.137-147, pp.158-166．加護野（1988a）p.62．

図 7-3　情報伝達型のコミュニケーション

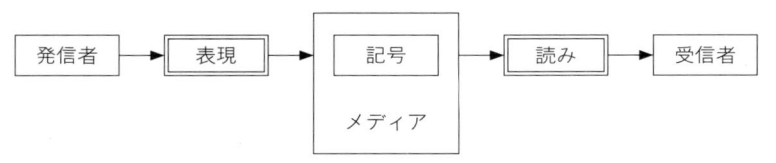

発信者 → 表現 → 記号（メディア） → 読み → 受信者

図 7-4　受信者の必要，観点による読みの規定

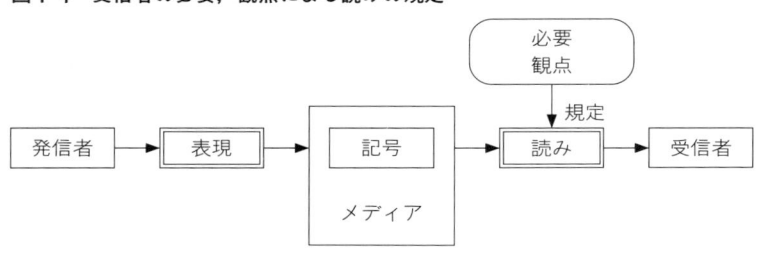

発信者 → 表現 → 記号（メディア） → 読み → 受信者

必要・観点 →（規定）→ 読み

図 7-5　必要や観点の反射的な触発（リフレクティブ・フロー）

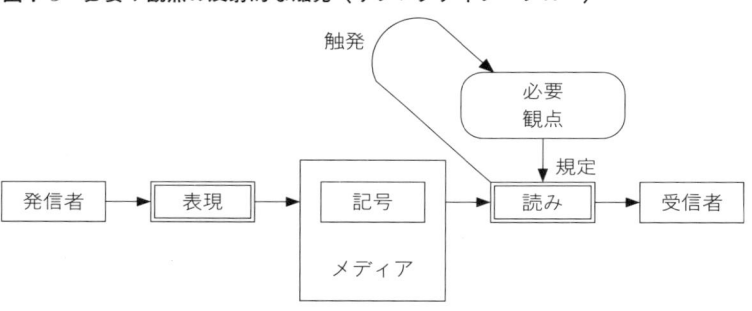

発信者 → 表現 → 記号（メディア） → 読み → 受信者

読み →（触発）→ 必要・観点 →（規定）→ 読み

ていく[32]．リフレクティブ・フローは，この対象を知覚し評価するプロセスにおける，意図せざる結果として生成する．記号を読むことで，その意図せざる結果として，当の記号の読みを規定する必要や観点を受信者が覚醒する

---

[32] この局面における意図せざる結果の源泉として，沼上幹は，①経験を通じて個人の学習や，知識・アイデアなどの想起が生じること，②経験を通じて人々の相互依存関係が生成することを挙げている．ただし，沼上は，これらの意図せざる結果が，リフレクティブ・フローとして作動することについては言及していない．リフレクティブ・フローは，間接的には②の影響も受けるが，より直接的な源泉となるのは①の作動である．沼上（2000）pp.195-198, pp.208-213.

のである（図7-5）．

　そしてリフレクティブ・フローは，情報伝達型のコミュニケーションと連動することで，必要や観点そしてそのもとでの受信者の知覚や評価のあり方を確定化する．すなわち，リフレクティブ・フローによって覚醒した必要や観点を経由することで，当の記号の読みは，確たるものではないとはいえ，特定の可能性のもとにおかれる．そして，特定の読みが成立すると，今度はその読みがリフレクティブ・フローがもたらす必要や観点を妥当なものとして確立するための理由や根拠となる．こうして，リフレクティブ・フローと情報伝達型のコミュニケーションとの連動から，循環する関係が生成していくことになる．そのため，必要や観点の他でもあり得る可能性は，当の記号を知覚し評価していくプロセスから排除され，記号の読みと必要や観点との関係は絶対的なものとして仮構されていく．当の記号に対する知覚や評価，そしてその前提となる必要や観点が，確からしさを帯びていくのである．

†リフレクティブ・フローの源泉

　加護野忠男は，情報を，「フローの情報」と「ストックの情報」とに区分している[*33]．フローの情報とは，受け手が知覚や評価を通じて対象から獲得しつつある情報である．ストックの情報とは，従前に獲得したフローの情報で，記憶のなかに蓄積されている情報である．このフローの情報は，消費者情報処理研究で「環境情報」あるいは「外部情報」と呼ばれる情報に，そして，ストックの情報は「内部情報」と呼ばれる情報にそれぞれ対応する[*34]．

　コミュニケーションの受け手の記憶の中に蓄積されたストックの情報は，リフレクティブ・フローの源泉である．それは，消費者の日常の社会生活の

[*33] 加護野（1988a）p.63-67．
　　加護野はさらに，ストックの情報を，①情報処理のルールや観点のように，情報を結びつけ関連づける役割をする知識と，②素材としての情報を提供する，関連づけられる対象となる知識とに区分している．だが，われわれは，この区分は便宜的なものだと考える．同じ情報（例えば「広告とは何か」という知識）が，場合によっては①にもなり得るし，②にもなり得るからである．
[*34] 阿部（1984）．青木（1992）．

なかでの経験や，従前のマーケティング・コミュニケーションへの接触の結果が選択的に蓄積されたものである．リフレクティブ・フローは，この消費者のあいだに蓄積された記憶や知識が活性化されることで生じるのである．

だが，リフレクティブ・フローそのものは，ストックの情報ではない．リフレクティブ・フローは，ストックの情報を源泉としているが，対象の知覚や評価のプロセスで，当の対象に組み込まれた手がかり，すなわちブランドやフレーム・メッセージなどに触発されることで生起する．すなわち，この対象の知覚や評価に相即する再帰的な情報は，対象を与えられることで生起するフローとして出現するのである．

また，リフレクティブ・フローが，マーケティング・コミュニケーションを推進するのは，活性化された記憶や知識が，マーケティング・コミュニケーションの提示する製品やサービス，あるいはその消費に関わる情報を，肯定的な知覚や評価へと導くときである．場合によっては，リフレクティブ・フローはマーケティングの逆機能としても作用する．例えば，活性化されるのが当該企業の不祥事の記憶なのであれば，マーケティング・コミュニケーションは阻害されてしまう．

マーケティング・コミュニケーションにおいて，リフレクティブ・フローの順機能的な作動が生成する蓋然性を高めるためには，戦略的な対応が必要である．まず，情報伝達型のコミュニケーションとのカップリングを念頭に，消費者が保持しているストックの情報のなかのどのような記憶や知識をリフレクティブ・フローとして生成するべきなのか，さらに，その前提として，どのようなストックの情報を消費者のあいだに蓄積しておくべきなのかを明確にし，その上で，情報伝達型の作動とリフレクティブ・フローの作動とが連動する契機を与えていくべきなのである．

†エクセレント・サービスの伝説

引き続き，情報伝達型の作動とリフレクティブ・フローの作動とが連動する具体的な様相の一例として，サービス伝説がマーケティング・コミュニケーションの局面で果たす機能について検討してみることにしよう．

リフレクティブ・フローの作動への目配りが，これらのサービス伝説の機

能を評価する際には欠かせない．サービス伝説によるコミュニケーションを，当のサービス内容に関する情報の提供ととらえてしまうと，そのマーケティング上の効果を見落としてしまうことになりかねないのである．

　顧客に感動を与え，最高の選択だったと納得させ，信頼の絆を太くしていく．このような関係を実現する優れたサービスのモデルとして，以下のようなサービス伝説が繰り返し語られてきた[*35]．

- ノードストロム百貨店の店員には，武勇談が多い．ある店員は，顧客が店内に航空券を置き忘れていったのに気づいた．フライト時間が迫っていたので，この店員はタクシーで飛行場に駆けつけ，その顧客を見つけ航空券を手渡したという．
- 別の店員は，顧客が欲しがっていたスラックスの在庫が，問い合わせたノードストロムの他の店舗にもないことを知った．この店員は，競争相手の百貨店でそのスラックスを定価で購入し，自分の店がセール期間であったので，それをセール価格で顧客に販売したという．
- あるいは，サウスウエスト航空の予約係は，予約電話をかけてきた顧客から，一人旅をする高齢の母親が，経由地で飛行機を無事に乗り換えられるかが心配だという話を聞かされた．そこでこの予約係は，経由地までその母親に同行し，無事に彼女が乗り換えるのを見届けたという．
- スカンジナビア航空にも同様のエピソードがある．航空券をホテルに置き忘れてしまった乗客に，空港窓口の係員は，自社のリムジンをホテルに回して，航空券を取ってくるように手配したという．

　こうした顧客への貢献を最重要視した伝説的なサービスは，多くの人々の共感を呼ぶであろう．だが，問題もある．考えてみれば，採算を度外視したサービスに，顧客が歓喜するのは当然である．もし，多くの顧客が同じ対応を求めてきたら，企業はたいへんなことになる．当然，ビジネスとしては成

[*35] Carlzon (1985) pp.3-5. 竹内 (1995). Spector & MaCarthy (1995) 訳 p.48, pp.98-99.

り立たない．

　だから，多くの常識的な消費者たちも，こうしたエピソードを聞いたとしても，実際に自分も同じようなサービスを受けられると期待して，サウスウエスト航空を利用したりはしない．この驚くような対応を実際に行った従業員は，たしかに実在するのであろう．しかし，サウスウエスト航空を利用する顧客の誰もが，予約係による乗り換え地までの無料同行サービスを受けられるわけではない．それは，おそらく１度限りの事件なのである．

†再帰的な作動を経由したコミュニケーション

　だが，たとえ１度限りの事件ではあっても，こうしたサービス伝説のような感動的な対応が行われたことは，その企業あるいはブランド全体の力を強めることにつながるはずである．この驚くような対応を受けた顧客が，当の企業のサービスを繰り返し利用するようになるだけではない．これらのサービス伝説は，さらに他の多くの顧客を巻き込んで，大きな需要をつくりだすマーケティング・コミュニケーションとしての可能性を有している．

　たしかに，これらの伝説は，顧客に提供するサービスの内容を提示するものではない．これらの伝説は，その顧客が真に受けないこと，すなわちノードストロム百貨店やサウスウエスト航空やスカンジナビア航空に対して，その利用者は常にこれらの伝説と同じようなサービスを要求できると，顧客が信じ込んで，実行に移したりはしないことを前提にしている．だが，これらの伝説は，百貨店や航空会社を利用する際に，他の企業ではなく当該の企業を選択する，間接的な根拠をつくりだしてくれるのである．

　企業やブランドにまつわる，伝説的なサービスのエピソードには，以下のような顧客創造の可能性がある．順を追って説明しよう．これらのサービス伝説の主である諸企業は，一方で１人１人の顧客の要求に柔軟かつ的確に応える，きめ細やかなサービスを売りものにしている．もちろん，採算に乗せることの可能な常識的な範囲のものではあるが，行き届いたサービス・プログラムを準備しているはずである．

　さて，われわれが，例えばスラックスを買おうとするときに，利用する小売店を選択する基準はいくつかある．価格，品揃え，店員の商品知識や対

応，等々である．消費者が，利用する小売店を選択しようとするときに，ノードストロム百貨店の印象的なエピソードが頭をよぎればしめたものである．サービス伝説は，店員の対応が店舗選択の重要な基準であることを，消費者に想起させる役割を果たす．そして，ひとたび店員の対応が行き届いているかどうかという基準が採用されれば，消費者がディスカウントストアではなくノードストロム百貨店を選択する可能性は高くなるのである．

　サービス伝説がもつマーケティング上の意義として，そのコミュニケーション効果をあげることができる．とはいえ，サービス伝説は，当該のサービスの内容，すなわちその機能特性や便益を顧客に提示するコミュニケーションとしては，無意味である．伝説を聞いた顧客は，ほんとうに自分が当の企業に対してそこまで要求できる，とは考えない．また，そのように考えられると，企業の側も困るのである．

　しかし，コミュニケーションの効果は，このような直接的な関係だけから生じるわけではない．サービス伝説は，顧客がサービスを選択する際に，どのような属性を基準にしてサービスの価値を判断すべきかを示唆する役割を

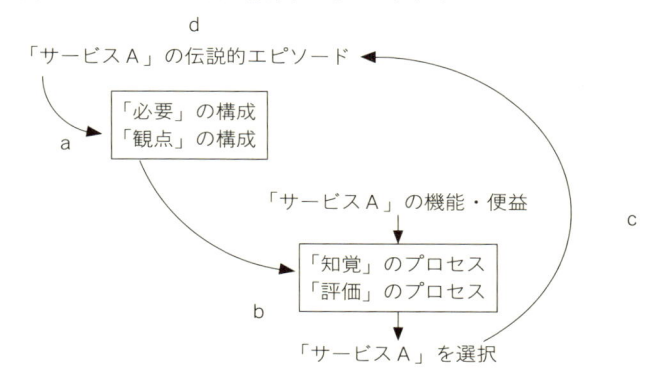

図7-6　サービス伝説が媒介するリフレクティブ・フロー

```
                    d
        「サービスA」の伝説的エピソード ←─────┐
               │  ↓                          │
               │ ┌──────────┐                │
            a  │ │「必要」の構成 │                │
               │ │「観点」の構成 │                │
               │ └──────────┘                │
               │      │                      │
               │      ↓                     c│
               │ 「サービスA」の機能・便益       │
               │      ↓                      │
               │ ┌──────────┐                │
               └→│「知覚」のプロセス│               │
             b  │「評価」のプロセス│               │
                 └──────────┘                │
                      ↓                      │
                 「サービスA」を選択 ───────────┘
```

a　サービス伝説により，「知覚」や「評価」の前提となる「必要」や「観点」が想起される．
b　サービス伝説から想起される「必要」や「観点」を前提に，機能，便益の「知覚」や「評価」が行われるため，「サービスA」が選択される．
c　さらに，選択された「サービスA」がそのサービス伝説を想起させる．
d　サービス伝説に媒介されて，c→aというリフレクティブ・フローが，「サービスA」の選択に対して生じる．

果たす．サービス伝説を有していることで，特定の必要や観点が想起されるようになるのである．加えて，印象的なサービス伝説は，そのカテゴリーのサービスのことを考えたり，評価したりするときに想起されやすい．

　すなわち，サービス伝説は，リフレクティブ・フローを生成する媒介項としての役割を果たすことで，マーケティング・コミュニケーションに貢献する．①サービス伝説は，当のサービスの必要や観点を想起させる．他方で，②当のサービスを知覚し評価しようとするとき，その印象的なサービス伝説が想起される．サービス伝説に媒介されて，この①と②の作動が結びつくことにより，知覚や評価に相即して生起するその前提となる必要や観点の覚醒，すなわちリフレクティブ・フローが生じ，企業の提供するサービスの受容をうながすのである（図7-6）．

†リフレクティブ・フローの触媒としてのブランド

　マーケティング・コミュニケーションのなかにリフレクティブ・フローを組み込むのは，サービス伝説だけではない．第3章で見たように，ブランドも，マーケティング・コミュニケーションのなかにリフレクティブ・フローを組み込むための触媒としての役割を果たす．あらためてその作動を検討することで，リフレクティブ・フローは，なぜ循環する関係を導きやすいのかを確認していこう．

　ブランドは，製品やサービスに付けられた特徴的な名前やマークである．よく知られた製品やサービスの特徴のある名前やマークを見るとき，多くの人々が共通の概念や感情やイメージを想起する．例えば，マクドナルドの名前やゴールデン・アーチのマークを見るとき，アメリカでは多くの人々が「ロナルド・マクドナルド」，「清潔」，「子供」，「楽しさ」といった事項を想起すると言われる[*36]．こうしたブランドを手がかりとした記憶の想起は，ブランド連想と呼ばれる．

　ブランド連想には，いくつかの機能がある[*37]．ブランド連想は，消費者

[*36] Aaker (1991) 訳 p.86.
[*37] ここに挙げたのは，ブランド連想による機能である．ブランドの機能は，ブランド連想による機能に限定されない．ブランドの一般的な機能としては，ブランド連想によ

第7章　リフレクティブ・フロー　　**203**

の記憶の想起を通じて，購買意思決定における情報処理負荷を削減し，製品やサービスがもつ自己表現の媒体としての機能を高める[*38]．あるいは，ブランド連想は，リフレクティブ・フローをマーケティング・コミュニケーションのなかに組み込む役割を果たす．以下では，このブランド連想に見られるリフレクティブ・フローの触媒としての作動を，SONYブランドを例にとりながら確認していこう．

　SONYは，わが国の代表的なブランドとして高い評価を獲得している[*39]．ビジネスの世界でSONYブランドの評価が高いのは，他社に同機能の製品があっても，SONYブランドの製品にロイヤリティをもつ消費者，あるいは価格プレミアムを支払う消費者が数多く存在するからである[*40]．

　ブランドを評価する際には，定量および定性的な調査手法を用いて，その知名率やイメージの評価を行うのが一般的である[*41]．消費者の間で高い知名度と，焦点の定まった連想を獲得していることが，優れたブランドの一般的な条件である．とはいえ，知名度については，SONYブランドと，PanasonicやNECといった他のエレクトロニクス・メーカーのブランドとの間に大きな差があるわけではない．むしろ違いは，ブランドから連想され

　　　る①製品やサービスの情報処理負荷の削減，②自己表現の媒体化，③使用価値の構成の他に，製品やサービスの④保証，⑤差別化，⑥再生を促進する機能がある．栗木(2002)．
[*38]　Aaker (1991) 訳 p.148．Aaker (1996) 訳 pp.197-202．田中 (1997)．Keller (1998) 訳 p.43．青木 (2001a)
[*39]　「SONY」は，日本企業のコーポレート・ブランドのなかでは，最も高く評価されているブランドの1つである．国内のブランド・ランキングでは，片平秀貴による「広告とブランド・ビルディング調査 (1998年)」第1位，ダイヤモンド社による「ブランド価値ランキング (1999年)」第1位，日本経済新聞社による「企業ブランド価値ランキング (2001年)」第2位，日経BP社による「ブランド想起調査 (2001年)」第1位．海外のブランド・ランキングでも，ヤング・アンド・ルビカム社による「ブランド・アセット・バリュエーター (1994年)」第3位 (日本企業のブランドでは第1位)，インターブランド社による「世界の有力ブランド調査 (2000年)」第18位 (日本企業第2位)，ハリス社による「ブランドイメージ調査 (2002年)」第1位．片平 (1999) pp.41-53．『週刊ダイヤモンド』1999.11.6, pp.36-41．『日本経済新聞』2000.8.7．『日経産業新聞』2001.10.12．『日経流通新聞』2001.11.29．『朝日新聞』，夕刊, 2002.7.18.
[*40]　『週刊ダイヤモンド』1999.11.6, p.40.
[*41]　Keller (1998) 訳 pp.421-430.

る事項の数や内容において現れる*42．

　ブランドからは，製品やサービスの属性や機能に限定されない，さまざまな概念や感情やイメージが想起される*43．ある日本での消費者調査では，9割の人々が，「SONY」から「ウォークマン」を想起している．また，多くの人が，「SONY」に対して，「創造性豊か」，「最先端の」，「一流の」といったイメージをもっている．あるいは，「SONYの製品からどのような便益がもたらされるか」との問いに対しては，「信頼できる」，「楽しい」，「ステータス」，「ファッショナブル」といった言葉が挙がっている*44．

　ソニー製品の人気は高い．だが，他社の製品と比較して，ソニー製品が全ての属性において優れているわけではない．例えば，ソニー製品の代名詞とも言えるウォークマンは1979年に市場に導入された．このステレオ回路とヘッドフォンを備えた新しい携帯型カセット・プレイヤーからは，従前の小型カセット・レコーダーが備えていた録音機能やスピーカーは取り除かれていた*45．問題は，この製品がどのような観点から評価されるかである．

　店頭に並んだ製品に付与された，SONYのロゴマークは，消費者に「創造性」，「最先端」，「楽しさ」，「ファッショナブル」といった事項を想起させる．その結果，消費者は，購買する製品の選択にあたっては，「利便性に優れているか」，「丈夫かどうか」といった基準だけではなく，「新しい体験を楽しむことができそうか」，「周囲の人から格好いいと見てもらえるかどうか」といった基準も，重要であったことを思い出す．SONYのロゴマークに喚起された必要や観点を意識して製品を見ることで，そうでなければ見過ごされていた製品の特性に，消費者は魅力を感じるようになるのである．

　すなわち，製品に付与されたブランドから生じる，「創造性」，「最先端」，「楽しい」，「ファッショナブル」といった連想によって，当の製品に対する消費がうながされる．気をつけなければならないのは，このリフレクティ

---

*42 『平成13年度経営アカデミー・マーケティング戦略コース・グループ研究報告書』 pp.B-4-B-8．
*43 上原（1999）p.66．
*44 調査年は1998年および1999年である．奥田（1999）．『Family 2001新年号』pp.8-9．
*45 Gay, Hall, Janes, Mackay, & Negus (1997) 訳 p.136, pp.197-200．

ブ・フローが引き起こす現象は，表面的には，ブランドから連想される概念や感情やイメージが，消費者を魅了しているように見えるということである．そのため，ブランドによって，「製品力を超えた何らかの付加価値」が付与されたかのように思えてしまう[*46]．

だが，少し考えてみれば気づくことだが，消費者は，SONY ブランドから連想される魅力的な概念や感情やイメージに，ロイヤリティをもったり，価格プレミアムを支払っているわけではない．もし，ブランド連想それ自体の魅力に対して対価が支払われるのであれば，ブランドのロゴマークそのものを販売することができるはずなのである．

たしかに，SONY のような人気ブランドであれば，SONY のロゴマークをプリントした T シャツやステッカーを高額で買い求めるマニアも出現しかねない．だがそれは，SONY 製品の愛好者の一部でしかないはずである．あるいは，どこにでもある無地の T シャツにプリントされた SONY のロゴマークは，T シャツの付加価値を高めるであろうが，AV 製品に SONY のロゴマークを付与した場合と同等のロイヤリティや価格プレミアムを実現できるかは疑問である[*47]．

ブランド連想は，名前やマークから生じる連想それ自体に支払われるであろう対価を，はるかに超えた価値を市場で実現する．見落としてはならないのは，このブランド連想の効果は，ブランドが特定の製品やサービスに付与されることで生じるということである．ブランド連想は，製品やサービスに対する消費者の情報処理負荷を削減し，その自己表現の媒体としての機能を高める．それだけではない．ブランド連想は，製品やサービスに対する知覚と評価のための必要や観点を提示することで，製品やサービスそのものの使

[*46] 和田（1997）．石井（1999b）pp.130-131．青木（2001b）．
[*47] マーケティング・コミュニケーションは，「パブロフの犬」で知られるような古典的条件づけ，あるいはオペラント条件づけを通じて，消費者の行為を習慣化することで，製品やサービスの価値を高めようとするものだとの考えがある．たしかに，反復的な大量の広告投下を通じたブランド連想の形成は，条件づけの原理による学習効果が働くことを前提としている．しかし，W. Alderson が指摘しているように，条件づけが製品やサービスの価値形成あるいは消費者の購買行動に及ぼす影響は部分的なものにとどまる．ブランド連想の場合も，条件づけだけでロイヤリティや価格プレミアムが実現するわけではないのである．Alderson（1957）訳 pp.319-321．

用価値を増幅しているのである．

† 相対化の遮断

　ブランドがリフレクティブ・フローの触媒となるのは，ブランド連想によって製品やサービスの知覚や評価のための必要や観点が提示されるからである．とはいえ，第3章や第5章で検討したように，製品やサービスの知覚や評価，そしてその前提となる必要や観点のあり方は，相対的な可能性でしかない．われわれは，エレクトロニクス製品を使用するときに，「新しい体験を楽しむこと」を常に必要とするわけではない．あるいは，エレクトロニクス製品を評価するときに，「周囲の人から格好いいと見てもらえるかどうか」という観点を常に想起しなければならないわけではない．他のものであっても構わないのである．

　製品やサービスの属性や機能の知覚や評価，あるいはその前提を構成する必要や観点は，さらにその前提にあるメタレベルの必要や観点のもとで構成された一つのものの見方に過ぎない．したがって，消費者を特定の製品やサービスの購買へと向かわせるためには，製品やサービスの競争優位となる属性や機能，そしてその知覚や評価の前提となる必要や観点をただ提示するだけでは，不十分である．購買への意思や欲望を確かなものとするためには，属性や機能，そして必要や観点の提示に加えて，その相対性を顕在化させないことが必要となる．

　この相対化の問題を克服しようとするとき，広告をはじめとするマーケティング・コミュニケーションの諸活動により，製品やサービスの属性や機能，そして必要や観点を外示として伝達するだけではなく，併せて製品やサービスにブランドを付与することが重要な役割を果たす．ブランド連想と広告の外示とでは，情報を提示する作動のメカニズムが異なるのである．

　広告の外示による必要や観点の提示は，メタ知識の情報伝達となるのに対し，製品に付与されたブランドによる必要や観点の提示は，リフレクティブ・フローとなる．すなわち，製品やサービスにブランドが付与されることで，知覚や評価の対象である製品やサービスが，知覚や評価を構成する前提を反射的に喚起するようになる．認識のプロセスに相即して，認識を構成す

る必要や観点を触発する作動が，マーケティング・コミュニケーションに組み込まれるのである．

　消費者が製品やサービスを見る際に，付与されたブランドから想起される，「新しい体験を楽しむ」，「周囲の人から格好いいと見てもらえる」といった連想が，当の製品やサービスの知覚や評価を構成する必要や観点として採用される．もちろん，今ここで当のブランドから，「新しい体験を楽しむ」，「周囲の人から格好いいと見てもらえる」といった必要や観点を想起すること，そして採用することが，妥当なのかという問題は残るのだが，それに代わる確かな必要や観点を，消費者が確立できるわけではない．消費者自身にとっても，必要や観点のあり方は，偶有的なのである．

　ところが，製品やサービスを知覚し評価しようとしている消費者の目の前には，当のブランドを付与された製品あるいはサービスがある．そのため，必ずしも確かなものではないかもしれないが，想起された必要や観点を用いて，当の製品やサービスが備えている先端的で遊び心に満ちた機能や，優れたデザインをクローズアップしたかたちの知覚や評価が構成されてしまう．

　そしてさらに，この一過性のものであるはずの知覚や評価の成立を契機として，関係の反転が生じる．消費者は，当のブランドを「新しい体験を楽しむ」，あるいは「周囲の人から格好いいと見てもらえる」ことと深く結びついた記号と評価し，その連想を自然で妥当なものと認定してしまうのである．なぜなら，彼／彼女は，今ここでそのブランドが付与された製品あるいはサービスを，「新しい体験を楽しむ」，あるいは「周囲の人から格好いいと見てもらえる」ことの可能なものとして体験しているからである．

　これは論理の転倒である．だが，一旦この転倒が生じてしまうと，消費者の視線の先にある，当のブランドを付与された製品やサービスへの知覚や評価は，一層その先端的で遊び心に満ちた機能や，優れたデザインに焦点を合わせて構成されるようになっていく．そのため，当の必要や観点の想起は持続し，製品やサービスの属性や機能に対する知覚や評価は揺るぎのないものとなっていくのである．

　以上のように，ブランドを付与された商品を消費者が見るとき，ブランド連想がその必要や観点を触発するリフレクティブ・フローとして機能するこ

とにより，製品やサービスとその情報の知覚や評価そして必要や観点は，他でもあり得る可能性を排除する，循環する関係のもとにおかれるようになる[*48]．こうして製品やサービスとその情報の知覚や評価そして必要や観点は，共に確からしさをおびていくのである．

5. マーケティング・コミュニケーションの可能性と限界
†情報伝達型コミュニケーションの限界
以上の探究を踏まえて，マーケティング・コミュニケーションの可能性と限界をあらためて確認していこう．

市場における顧客との関係を創造し維持する．これは，マーケティングに委ねられた最も重要な課題の一つである．それは，実現することの容易な課題ではない．しかし，企業がその成長と存続をはかる上で，避けて通ることのできない課題である．

マーケティング・コミュニケーションの役割は，この市場創造のプロセスを支援することである．また，創造された市場を維持していく局面でも，マーケティング・コミュニケーションへの理解は欠かせない．維持しようとしている関係が，どのようなメカニズムによって成り立っているのかを理解していなければ，問題が発生したときに適切な処置をとることができないからである．

市場における顧客との関係は，所与の実在ではなく，マーケティングによる対話型のコミュニケーションがつくり出すフローのなかで創発する関係である．このマーケティング・コミュニケーションのフローは情報伝達型のフローとリフレクティブ・フローとからなる．

[*48] この循環する関係は，需要の確立に寄与する場合もあれば，競争優位の確立に寄与する場合もある．循環する関係が，例えば缶コーヒーやノート・パソコンといった，特定のカテゴリーに属する商品が共通に備えている属性の知覚や評価とその前提とを絶対化していく場合には，当該のカテゴリーに属する商品一般に対する需要が確立されていくことになる．また，循環する関係が，カテゴリーのなかの特定の商品が備えている特性の知覚や評価とその前提とを絶対化していく場合には，当該のカテゴリーのなかでの特定の商品の競争優位が確立されていくことになる．

リフレクティブ・フローは，対象を知覚し評価するための情報処理を規定する前提が，対象を知覚し評価するプロセスのなかで，反射的に生起することで生じる．重要なのは，この再帰的な情報の流れが，情報伝達型のコミュニケーションでは果たし得ない機能を補完するものだということである．

一方で，マーケティング・コミュニケーションは，情報伝達型の作動でもある．マーケティング・コミュニケーションは，製品やサービスとその属性や機能に関する情報を消費者に伝達する活動である（第3章，第4章）．あるいは，マーケティング・コミュニケーションは，消費者が自らの個性を同定するためのモデルを提示する役割も果たす（第2章）．

とはいえ，マーケティング・コミュニケーションが，消費者の購買意思決定に影響を与え，当の製品やサービスに対する消費を喚起するためには，さらに，自省的な行為の主体である消費者が，マーケティング・コミュニケーションから，①一定の知覚や評価を確立し，②当の製品やサービスに対する消費の必要性，あるいは消費欲望を確立するようになることが必要である．

この2つの要件に，情報伝達型のコミュニケーションだけで対処することは困難である．情報伝達型の作動だけで，以上の要件に対処しようとすると，以下のように無限後退を引き起こしてしまうからである．

伝達された製品やサービスに関わる情報の知覚や評価は，その前提となる何らかの必要や観点のもとで採用された情報処理のルールにもとづいて行われる．この必要や観点は，個人の内面に由来する場合もあるし，社会的あるいは文化的な関係に由来する場合もある．また，必要や観点は，目的合理的に規定される場合もあるし，自己目的化したかたちで規定される場合もある[*49]．とはいえ，そのいずれの場合でも，次のような展開により，必要や観点を確立しようとする情報伝達型のコミュニケーションが，無限後退を引き起こすことに変わりはない．

必要や観点が異なれば，知覚や評価の結果は異なったものとなる．そこで，さらに発信者の側から，一定の必要や観点を提示し，伝達することで，受け手の知覚や評価を統制することは可能である．だが，伝達された必要や

[*49] Alderson (1965) 訳 pp.170-176. 崔（1996）．栗木（1996）．古川（1999）p.60. Holbrook (1999).

観点の知覚や評価も，またその前提となる必要や観点のもとで行われる．そして，このさらなる必要や観点も，またその前提となる必要や観点のもとで知覚し評価される．このプロセスは，論理階型を遡及しながら無限に繰り返され，終わることがない．

この無限後退が生じることの問題は，必要や観点が確定しないことだけではない．さらに，その遡及を通じて，製品やサービスとその情報に対する知覚や評価が相対化されていくことになる（第3章）．すなわち，必要や観点そして知覚や評価の他でもあり得る可能性が広がっていくのである．

もちろん，実際には，消費者の知覚や評価は，無限後退に陥るわけではない．特定の時間と場所における具体的な消費者の知覚や評価の作動は，消費者の限定された情報処理能力のもとで行われるからである．しかし，この情報処理能力の限界は，なぜ無限後退が発生しないかは説明するが，その妥当性が確立されたわけではないにもかかわらず，なぜ特定の必要や観点に基づいた知覚や評価を，自省的な行為の主体である消費者が，「そうとしか見えない」，あるいは「そうとしか考えられない」，確かなものとして受容してしまうのか，という問題に対する解答を与えるものではない．

† **リフレクティブ・フローがもたらす可能性と限界**

情報伝達型のコミュニケーションによる必要や観点の提示が直面する無限

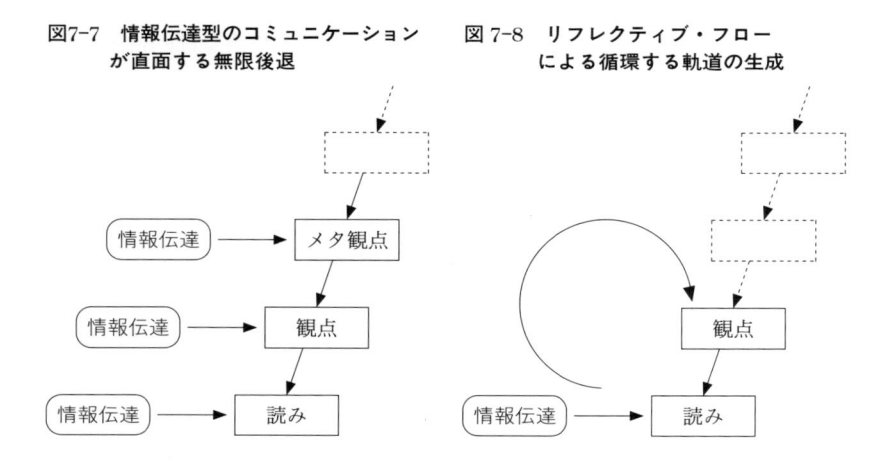

図7-7　情報伝達型のコミュニケーションが直面する無限後退

図7-8　リフレクティブ・フローによる循環する軌道の生成

後退の問題（図7-7）は，コミュニケーションを情報伝達型の作動に限定するのではなく，リフレクティブ・フローの作動を組み込んだものとして構成することで，解消できる（図7-8）．繰り返すが，リフレクティブ・フローは，必要や観点を外示として伝達する情報伝達型の作動ではない．リフレクティブ・フローは，当の情報を伝達する作動に連動して生起する，再帰的な必要や観点の覚醒である．また，リフレクティブ・フローによって提示されるのは，コミュニケーションの受け手である消費者の記憶のなかにある，すでに確立されたなじみのある情報である．

そのために，消費者は，リフレクティブ・フローとして覚醒する必要や観点にもとづく知覚や評価を，とりあえず行ってしまう．そして，そこから，さらに次のような転倒が生じる．リフレクティブ・フローとして覚醒した必要や観点を知覚し評価するためのメタレベルの必要や観点が，当の必要や観点のもとで成立する知覚や評価に基づいて確立されてしまうのである．そして，この論理階型上の関係の転倒から，消費者の知覚や評価が循環的に構成され始める．すなわち，リフレクティブ・フローに媒介されることで，無限後退のプロセスは，一定の必要や観点とそのもとでの知覚や評価とが相互を触発し合う循環的な関係へと転換してしまうのである．

この循環する関係の生成により，先の2つの要件が満たされる．循環する関係のなかでは，知覚や評価，そしてその前提となる必要や観点は一定のものとなり，他でもあり得る可能性は排除される．そのため，①知覚や評価の確定（第5章）や，②必要の確定による消費欲望の創発（第3章）が起こる．循環する関係のなかでは，提示された製品やサービスとその情報は，「そうとしか見えない」，「そうとしか考えられない」，あるいは「欲しくてたまらない」ものとなるのである．

とはいえ，この知覚や評価とその前提となる必要や観点の絶対化は，受け手の選択を強制することによって生じたものではない．マーケティング・コミュニケーションの受け手である消費者には，自省的な行為の主体として，他の可能性を選択する自由が残存している．マーケティングは，市場を，強制的な支配力によって形成するのではない．マーケティングは，市場を，他者の主体性に依存することを通じて形成していくのである．

リフレクティブ・フローを通じて生成する循環的な関係による絶対性の仮構は，マーケティング・コミュニケーションを，その受け手である消費者の知覚や評価を統制しながら，依然として当の消費者を選択の主体として位置づけるという二面的な活動とする．すなわち，リフレクティブ・フローを通じて構成される絶対性は，当座の可能性に過ぎない．循環する関係を通じて絶対化されるのは，関係の内部における作動である．その外部に対しても，循環する関係は，他でもあり得る可能性を否定する根拠を確立しているわけではないのである．

　したがって，循環する関係は，その作動に対する懐疑，すなわちその知覚，評価，観点そして必要を構成する一連の作動の全体に対する懐疑を突きつけられたとき，それが何らかの絶対的な基盤に根ざしたものではないことを露呈する．そして，このとき，関係を構成する作動を相互に確定化していた，Aが前提となることでBが確定し，Bが前提となることでAが確定するという循環は，Aが不確定化することでBが不確定化し，Bが不確定化することでAが不確定化するという，相互を不確定化する循環へと反転してしまう．関係を構成する循環の作動が逆転してしまうのである．

　マーケティング・コミュニケーションを通じた顧客との関係の創造と維持は，リフレクティブ・フローの作動を利用することで成立する．とはいえ，リフレクティブ・フローから生成する関係は，プロセスのなかで成立する当座の可能性であり，永続するわけではない．そのため，ファッションとは無縁に見える製品やサービスの市場であっても，常にその偶有性が顕在化する可能性が潜在しているのである（第3章，第5章）．

†マーケティング・コミュニケーションにおける反情報の役割

　最後に，マーケティング・コミュニケーションにおける反情報の役割を確認しておこう．リフレクティブ・フローを組み込んだコミュニケーションの作動とその限界とを理解することにより，マーケティング・コミュニケーションに組み込まれたさまざまな反情報の役割を積極的に評価することができるようになる．

　マーケティング・コミュニケーションで用いられる詩的な表現や，美的な

演出，色彩，サウンド，スタイル等は，多義的であいまいな，解釈の余地の広い情報である．これらの情報は，魅力的ではあるが，何を意味するのかという点については一意に定まり難い性格をもつ．マーケティング・コミュニケーションは，こうした自足的な反情報を用いて，伝えたいことがらを直截にではなく，迂回的に伝達しようとする．すなわち，マーケティング・コミュニケーションは，伝達を阻害しかねない決定不能な情報を介して，伝えたいことがらを伝えようとする，ねじれた志向をもっている．

だが，マーケティング・コミュニケーションが，純粋な情報伝達型のコミュニケーションではなく，リフレクティブ・フローを伴うコミュニケーションであることを考慮するならば，逆にこうした多義性やあいまいさを含んだコミュニケーションに，積極的な意義を見いだすことができる．反情報は取り除くべきノイズである，と思い込んでしまってはならないのである．

第1に，マーケティング・コミュニケーションは，情報を伝達するだけではなく，リフレクティブ・フローを喚起しなければならない．情報伝達の作動と連動してリフレクティブ・フローが生起するのは，伝達される情報に多義性があるからである（第3章，第5章）．伝えるべき意味だけを含んだピュアな情報からは，相即してその知覚や評価の前提となる必要や観点が想起されるということはあり得ないのである．

あるいは，リフレクティブ・フローは，情報伝達の作動がその受け手の記憶や知識を活性化させることを通じて生起する．このようなことが起こるのは，伝達される情報の不完全さやあいまいさが，受け手の関与を当の情報に向けて引きだす契機となるからである（第2章）．そのあいまいさや不完全さを補うために，受け手は自らの記憶や知識を活用せざるを得なくなるのである．

第2に，マーケティング・コミュニケーションは，情報を還流させるだけではなく，遮断しなければならない．多義的で決定不能な情報が，自足的な経験をその受け手にもたらすとき，並行して生成している循環的な関係が仮構している知覚や評価の絶対性は，受け手による懐疑的な反省にさらされにくくなる（第6章）．伝えるべき意味だけを伝えるピュアな情報は，一目瞭然である．だが，多義的で決定不能な情報の意味を判断するためには，より

大きな情報処理能力の投入が必要である．このとき，受け手の意識は，対象を知覚し評価することに集中し，そのなかで完結してしまう．そのため，当の知覚や評価が，どのように行われているのかにまでは意識がおよびにくくなる．不定な結末に向けて投げ出されたマーケティング・コミュニケーションは，自足的な反情報を組み込むことによって，一定の結末へと回収される蓋然性を高めることになるのである．

　本書では，マーケティング・コミュニケーションの可能性を探究してきた．企業がそのマーケティングの一環として，顧客とのコミュニケーションに内在する可能性をマネジメントする．そのためには，マーケティング・コミュニケーションを情報伝達のフローとしてだけではなく，リフレクティブ・フローとして，計画し，実行し，評価することが必要である．マーケティング・コミュニケーションの役割は，消費者の必要や欲求を満たすことだけではない．マーケティング・コミュニケーションは，人々の必要や欲求をつくり出していくのである．このとき，マーケティング・コミュニケーションは，情報と反情報の交錯が生み出す関係のプロセスとしてデザインされ，実践されることになるのである．

参考文献

- 青木幸弘 (1992),「消費者情報処理の理論」,大澤豊編『マーケティングと消費者行動：マーケティング・サイエンスの新展開』有斐閣, pp.129-154.
- 青木幸弘 (2001a),「消費者行動研究とブランド・マネジメント：ブランド研究の過去，現在，未来」,『マーケティングジャーナル』Vol.21-No.1, pp.47-61.
- 青木幸弘 (2001b),「持続的競争優位の源泉としてのブランド」,『マーケティングジャーナル』Vol.21-No.1, pp.2-4.
- 飽戸弘 (1992),『コミュニケーションの社会心理学』筑摩書房.
- 浅田彰 (1984 (1986)),『逃走論：スキゾ・キッズの冒険』ちくま文庫.
- 浅野智彦 (1996),「私という病」,大澤真幸編『社会学のすすめ』筑摩書房, pp.15-36.
- 阿部貞夫 (1999),「グローバルに美を売る：資生堂のマルチブランド戦略」,嶋口充輝・竹内弘高・片平秀貴・石井淳蔵編『ブランド構築』マーケティング革新の時代・第3巻, 有斐閣, pp.119-135.
- 阿部周造 (1984),「消費者情報処理理論」,中西正雄編著『消費者行動分析のニュー・フロンティア：多属性分析を中心に』誠文堂新光社, pp.119-164.
- 池井望 (1987),「流行研究の方法：古典理論を出発点にして」,多田道太郎編『流行の風俗学』世界思想社, pp.124-151.
- 池尾恭一 (1999),『日本型マーケティングの革新』有斐閣.
- 石井淳蔵 (1984),『日本企業のマーケティング行動』日本経済新聞社.
- 石井淳蔵 (1993),『マーケティングの神話』日本経済新聞社.
- 石井淳蔵 (1996),「競争戦略」,石井淳蔵・奥村昭博・加護野忠男・野中郁次郎『経営戦略論：新版』有斐閣, pp.19-52.
- 石井淳蔵 (1998),「マーケティング・インターフェイスのマネジメント」,石井

淳蔵・石原武政編『マーケティング・インターフェイス：開発と営業の管理』白桃書房，pp.315-336.
- 石井淳蔵（1999a），「競争的使用価値：その可能性の中心」，石井淳蔵・石原武政編著『マーケティング・ダイアログ：意味の場としての市場』白桃書房，pp.191-212.
- 石井淳蔵（1999b），『ブランド：価値の創造』岩波新書．
- 石井淳蔵（2002），「コミュニティとコミュニティ・サイトの理論的基礎」，石井淳蔵・渥美尚武編『インターネット社会のマーケティング：ネット・コミュニティのデザイン』有斐閣，pp.76-104.
- 石井洋二郎（1993），『差異と欲望：ブルデュー『ディスタンクシオン』を読む』藤原書店．
- 石原武政（1982），『マーケティング競争の構造』千倉書房．
- 石原武政（2000），『商業組織の内部編成』千倉書房．
- 入江信一郎（2001），「イノベーション研究の新たな可能性：価値体系の自己改訂としてのイノベーション」，石井淳蔵編『マーケティング』現代経営学講座第11巻，八千代出版，pp.103-124.
- 岩井克人（1984（1992）），『ヴェニスの商人の資本論』ちくま学芸文庫．
- 上野千鶴子（1994），『近代家族の成立と終焉』岩波書店．
- 上原征彦（1999），『マーケティング戦略論：実践パラダイムの再構築』有斐閣．
- 内多毅（1993），『現代文学理論入門』創元社．
- 内田隆三（1987），『消費社会と権力』岩波書店．
- 内田隆三（1992），「資本のゲームとしての広告」，『思想』1992.7，No.817，pp.78-90.
- 占部都美・加護野忠男（1997），『経営学入門［改訂増補］』中央経済社．
- 江尻弘（2000），『日本のデータベース・マーケティング』中央経済社．
- 枝川昌雄（1985），「文学」，丸山圭三郎編『ソシュール小辞典』大修館書店，pp.214-218.
- 榎啓一（2000），「『iモード』はコンビニ機能に徹します」，『朝日新聞』夕刊，2000.10.28.
- 大阪市立大学経済研究所編（1992）『経済学辞典・第3版』岩波書店．

- 大澤真幸 (1995a), 『電子メディア論：身体のメディア的変容』新曜社.
- 大澤真幸 (1995b), 「他者・関係・コミュニケーション」, 井上俊・上野千鶴子・大澤真幸・見田宗介・吉見俊哉編『他者・関係・コミュニケーション』岩波講座現代社会学・第3巻, 岩波書店, pp.1-38.
- 大澤豊 (1992), 「マーケティング活動とマーケティング論」, 大澤豊編著『マーケティングと消費者行動』有斐閣, pp.1-21.
- 大島尚・川崎恵理子・箱田祐司・増井透 (1986), 『認知科学』新曜社.
- 小川進 (2000), 『イノベーションの発生論理：メーカー主導の開発体制を越えて』千倉書房.
- 奥田飛功 (1999), 「企業価値を高めるブランドマネジメント」, 『Business Research』1999.7, pp.24-34.
- 落合恵美子 (1989), 『近代家族とフェミニズム』勁草書房.
- 加護野忠男 (1988a), 『組織認識論：企業における創造と革新の研究』千倉書房.
- 加護野忠男 (1988b), 『企業のパラダイム変革』講談社現代新書.
- 鹿島茂 (1991), 『デパートを発明した夫婦』講談社現代新書.
- 柏木博 (1998), 『ファッションの20世紀：都市・消費・性』日本放送出版協会.
- 片平秀貴 (1999), 『パワー・ブランドの本質：企業とステークホルダーを結合させる「第五の経営資源」(新版)』ダイヤモンド社.
- 金子郁容 (1986), 『ネットワーキングへの招待』中公新書.
- 河本英夫 (2000), 『オートポイエーシス2001：日々新たに目覚めるために』新曜社.
- 北岡誠司 (1994), 「物語の中の性と生死の規範について」, 日本記号学会編『生命の記号論』東海大学出版会, pp.119-130.
- 北山晴一 (1991), 『おしゃれの社会史』朝日新聞社.
- 北山晴一 (1996), 「モードの権力」, 井上俊・上野千鶴子・大澤真幸・見田宗介・吉見俊哉編『デザイン・モード・ファッション』岩波講座現代社会学・第21巻, 岩波書店, pp.101-122.
- 北山晴一 (1999), 『衣服は肉体になにを与えたか：現代モードの社会学』朝日新聞社.

- 栗木契（1996），「消費とマーケティングのルールを成り立たせる土台はどこにあるのか」，石井淳蔵・石原武政編『マーケティング・ダイナミズム：生産と欲望の相克』白桃書房，pp.255-290．
- 栗木契（1997），「社会階層とファッション・ブランド：文化をめぐる階層化と大衆化の相克」吉田秀雄記念事業財団平成8年度（第30次）助成研究．
- 栗木契（1999），「ファッションという両義性：ファッションはどのように語られるのか」，『岡山大学経済学会雑誌』第31巻・第3号，pp.113-134．
- 栗木契（2002），「ブランド力とは何か：ブランドマネジメントのデザインのために」，マーケティングジャーナル』Vol.21-4，pp.12-27．
- 経済学事典編集委員会編（1979），『大月経済学辞典』大月書店．
- 小泉明・川口弘・伊達邦春・加藤寛編（1979）『現代経済学辞典』青林書院新社．
- 小林保彦（1982），『広告，もうひとつの科学：日本の広告コミュニケーション』実教出版．
- 坂下昭宣（2002），『組織シンボリズム論：論点と方法』白桃書房．
- 佐々木壮太郎（1997），「消費者の購買意思決定」，『マーケティングジャーナル』Vol.17-No.1，pp.86-90．
- 佐々木壮太郎・新倉貴士（1999），「製品の意味づけのプロセス：消費者の知識構造と市場の競争構造のダイアログ」，石井淳蔵・石原武政編著『マーケティング・ダイアログ：意味の場としての市場』白桃書房，pp.121-138．
- 佐藤善信（1993），『現代流通の文化基盤』千倉書房．
- 嶋口充輝（1984），『戦略的マーケティングの論理：需要調整・社会対応・競争対応の科学』誠文堂新光社．
- 嶋口充輝（1986），『統合マーケティング：豊饒時代の市場志向経営』日本経済新聞社．
- 嶋口充輝（1994），『顧客満足型マーケティングの構図：新しい企業成長の論理を求めて』有斐閣．
- 嶋口充輝（2000），『マーケティング・パラダイム：キーワードで読むその本質と革新』有斐閣．
- 清水聰（1999），『新しい消費者行動』千倉書房．

・新宮一成（1995），『ラカンの精神分析』講談社現代新書．
・新宅純二郎・網倉久永（2001），「戦略スキーマの相互作用：組織の独自能力構築プロセス」，新宅純二郎・淺羽茂篇『競争戦略のダイナミズム』日本経済新聞社，pp.27-64．
・杉本徹雄（1997），「消費者行動とマーケティング」，杉本徹雄編著『消費者理解のための心理学』福村出版，pp.10-23．
・陶山計介（1993），『マーケティング戦略と需給斉合』中央経済社．
・高嶋克義（1994），『マーケティング・チャネル組織論』千倉書房．
・高柳美香（1994），『ショーウインドー物語』勁草書房．
・武井寿（1997），『解釈的マーケティング研究：マーケティングにおける「意味」の基礎理論的研究』白桃書房．
・竹内弘高（1995），「カスタマー・シェア志向のマーケティング」，『マーケティングジャーナル』Vol.15-2，pp.4-16．
・武満徹（1971），『音，沈黙と測りあえるほどに』新潮社．
・田中洋（1997），「ブランド主導型マーケティング・マネジメント論」，青木幸弘・小川孔輔・亀井昭宏・田中洋編著『最新ブランド・マネジメント体系：理論から広告戦略まで』日経広告研究所，pp.115-132．
・田村正紀（1971），『マーケティング行動体系論』千倉書房．
・崔相鐵（1996），「競争的使用価値と文化的使用価値：実践理性と文化理性の対話」，石井淳蔵・石原武政編『マーケティング・ダイナミズム：生産と欲望の相克』白桃書房，pp.219-254．
・辻大介（1998），「言語行為としての広告：その逆説的性格」，『マス・コミュニケーション研究』No.52，pp.104-117．
・土田昭司（1989），「説得における『精緻化見込みモデル』」，大坊郁夫・安藤清志・池田謙一編『社会心理学パースペクティブⅠ：個人から他者へ』誠信書房，第10章2節，pp.235-250．
・筒井康隆（1990（1992）），『文学部唯野教授』岩波書店・同時代ライブラリー．
・中西正雄（1984），「消費者行動の多属性分析」，中西正雄編著『消費者行動分析のニュー・フロンティア：多属性分析を中心に』誠文堂新光社，pp.2-26．
・夏野剛（2000），『ｉモード・ストラテジー：世界はなぜ追いつけないか』日経

BP企画．
- 難波功士（1997），「CM／受け手／社会」，JNNデータバンク編『データによる効果的なメディア戦略：マルチメディア時代の広告プランニング』誠文堂新光社，pp27-36．
- 難波功士（2000），『「広告」への社会学』世界思想社．
- 西尾チヅル（1999），『エコロジカル・マーケティングの構図：環境共生の戦略と実践』有斐閣．
- 西垣通（2001），『IT革命：ネット社会のゆくえ』岩波新書．
- 沼上幹・淺羽茂・新宅純二郎・網倉久永（1999），「対話としての競争：カシオとシャープの競争と製品戦略の動的相互作用」，嶋口充輝・竹内弘高・片平秀貴・石井淳蔵編『製品開発革新』有斐閣・マーケティング革新の時代・第2巻，pp.112-135．
- 沼上幹（2000），『行為の経営学：経営学における意図せざる結果の探究』白桃書房．
- 根井雅弘（1995），『異端の経済学』筑摩書房．
- 畢滔滔（2002），「広域型商店街における大型店舗と中小小売商の共存共栄：『アメ横』商店街の事例研究」，『流通研究』Vol.5 No.1．
- 福原泰平（1998），『ラカン：鏡像段階』講談社．
- 藤川佳則・竹内弘高（1994）「新製品の『予想外の成功』がもたらす競争優位」，『マーケティングジャーナル』Vol.14-No.2，pp.47-58．
- 藤田英典・宮島喬・加藤隆雄・吉原恵子・定松文（1992），「文化の構造と再生産に関する実証研究」，『東京大学教育学部紀要』第32巻，pp.53-88．
- 古川一郎（1999），『出会いの「場」の構想力：マーケティングと消費の「知」の進化』有斐閣．
- 古川一郎（2001），「コミュニケーション革命がマーケティングを変える」，古川一郎・電通デジタル・ライフスタイル研究会編『デジタルライフ革命：顧客たちのeコミュニティ』東洋経済新報社．
- 真木悠介（1993），『自我の起源：愛とエゴイズムの動物社会学』岩波書店．
- 松永真理（2000），『iモード事件』角川書店．
- 松原隆一郎（1993），『豊かさの文化経済学』丸善ライブラリー．

・松原隆一郎 (2000),『消費資本主義のゆくえ：コンビニから見た日本経済』ちくま新書.
・丸岡吉人 (1998),「ラダリング法の現在：調査方法，分析手法，結果の活用と今後の課題」,『マーケティング・サイエンス』Vol.7 No.1・2, pp.40-61.
・三浦展 (1999),『「家族」と「幸福」の戦後史：郊外の夢と現実』講談社現代新書.
・水尾順一 (1998),『化粧品のブランド史：文明開化からグローバルマーケティングへ』中公新書.
・水野由多加・岡田浩一 (2001),「広告表現とインテグレーションモデル」,仁科貞文編著『広告効果論：情報処理パラダイムからのアプローチ』電通, pp.78-100.
・見田宗介 (1996),『現代社会の理論：情報化・消費化社会の現在と未来』岩波新書.
・南知恵子 (1998),『ギフト・マーケティング：儀礼的消費における象徴と互酬性』千倉書房.
・村田昭治 (1974),「消費者行動とマーケティング・システム」,吉田正昭・村田昭治・井関利明共編『消費者行動の理論・第2版』丸善, pp.215-248.
・森岡正博 (1994),『生命観を問いなおす：エコロジーから脳死まで』ちくま新書.
・森下二次也 (1977),『現代商業経済論［改訂版］』有斐閣.
・森下二次也 (1993),『マーケティング論の体系と方法』千倉書房.
・山口昌男 (1993),「硬直化した知の武装解除の方法」,山口昌男監修『反構造としての笑い：破壊と再生のプログラム』NTT出版, pp.4-6.
・山中桂一 (1989),『詩とことば』勁草書房.
・吉沢夏子 (1987),「広告はどのように理解されているか」,『フォーラム』(5), pp.48-54.
・吉見俊哉 (1992),『博覧会の政治学：まなざしの近代』中公新書.
・吉見俊哉 (1996),「消費社会論の系譜と現在」,井上俊・上野千鶴子・大澤真幸・見田宗介・吉見俊哉編『デザイン・ファッション・モード』岩波講座現代社会学・第21巻,岩波書店, pp.193-234.

- 李津娥 (1996),「広告効果に及ぼす知覚されたユーモアの影響に関する研究」吉田秀雄記念事業財団助成研究.
- 和田充夫 (1997),「顧客インターフェイスとしてのブランド」, 青木幸弘・小川孔輔・亀井昭宏・田中洋編著『最新ブランド・マネジメント体系：理論から広告戦略まで』日経広告研究所, pp.58-72.
- 和田充夫 (1999),『関係性マーケティングと演劇消費：熱烈ファンの創造と維持の構図』ダイヤモンド社.
- 和田充夫 (2002),『ブランド価値共創』同文舘出版
- 『朝日新聞』1998.11.22, 2002.2.6, 2002.7.18.
- 『広告批評の別冊⑦大貫卓也全仕事』1992, マドラ出版.
- 『週刊ダイヤモンド』1999.11.6.
- 『DIAMOND ハーバードビジネスレビュー』2001, Vol.26-No.6.
- 『日経産業新聞』2001.10.12.
- 『日経ビジネス』1996.7.15, 日経 BP 社.
- 『日経流通新聞』2001.11.29.
- 『日本経済新聞』2000.8.7.
- 『Family2001新年号』No.134, ソニー株式会社.
- 『平成13年度経営アカデミー・マーケティング戦略コース・グループ研究報告書』社会経済生産性本部.
- Aaker, David A. (1991), *Managing Brand Equity : Capitalizing on the value of brand name*, The Free Press, Inc.（陶山計介・中田善啓・尾崎久仁博・小林哲訳『ブランド・エクイティ戦略：競争優位をつくりだす名前, シンボル, スローガン』ダイヤモンド社, 1994）.
- Aaker, David A. (1996), *Building Strong Brands*, The Free Press, Inc.（陶山計介・小林哲・梅本春夫・石垣智徳訳『ブランド優位の戦略：顧客を創造する BI の開発と実践』ダイヤモンド社, 1997）.
- Abell, Derek F. (1980), *Defining The Business : The Starting Point of Strategic Planning*, Prentice-Hall International, Inc.（石井淳蔵訳『事業の定義：戦略計画策定の出発点』千倉書房, 1984）.
- Alden, Dana L., Wayne D. Hoyer, & Chol Lee (1993), "Identifying Global and

Culture-specific Dimensions of Humor in Advertising: A Multinational Analysis", *Journal of Marketing*, Vol. 57, pp. 64-75.
- Alderson, Wroe (1957), *Marketing Behavior and Executive Action*, Richard D. Irwin, Inc. (石原武政・風呂勉・光澤滋朗・田村正紀訳『マーケティング行動と経営者行為』千倉書房，1984).
- Alderson, Wore (1965), *Dynamic Marketing Behavior*, Richard D. Irwin Inc. (田村正紀・堀田一善・小島健司・池尾恭一訳『動態的マーケティング行動：マーケティングの機能主義理論』千倉書房，1981).
- Anderson, Benedict (1983), *Imagined Communities: Reflections on the Origin and Spread of Nationalism*, Verso. (白石隆・白石さや訳『想像の共同体：ナショナリズムの起源と流行』リブロポート，1987).
- Ansoff, H. Igor (1965), *Corporate Strategy*, McGraw-Hill Book Company. (広田寿亮訳『企業戦略論』産業能率大学出版部，1969).
- Barthes, Roland (1967), *Systeme De La Mode*, Seuil. (佐藤信夫訳『モードの体系：その言語表現による記号学的分析』みすず書房，1972).
- Barthes, Roland (1985), *L'Aventure Semiologique*, Seuil. (花輪光訳『記号学の冒険』みすず書房，1988).
- Baudrillard, Jean (1970), *La Societe de Conssommation: Ses Mythes, Ses Structures*, Planete. (今村仁司・塚原史訳『消費社会の神話と構造』紀伊國屋書店，1979).
- Belch, George E. & Michael A. Belch (1984), "An Investigation of the Effects of Repetition on Cognitive and Affective Reactions to Humorous and Serious Television Commercials", *Advances in Consumer Research*, Vol. 11, pp. 4-11.
- Bennett, Peter D. ed. (1995), *Dictionary of Marketing Terms second edition*, NTC Business Books.
- Berger, Peter L. (1997), *Ledeeming Laughter: The Comic Demension of Human Experience*, Walter De Gruyter. (森下伸也訳『癒しとしての笑い：ピーター・バーガーのユーモア論』新曜社，1999).
- Blumer, Herbert (1969), *Symbolic Interactionism: Perspective and Method*,

Prentice-Hall, Inc.（後藤将之『シンボリック相互作用論：パースペクティブと方法』勁草書房，1991）．

- Boorstin, Daniel J. (1973), *The Americans : The Democratic Experience*, Random House.（新川健三郎訳『アメリカ人：大衆消費社会の生活と文化(上)』河出書房新社，1976）．
- Boulding, Kenneth E. ed. (1984), *The Economics of Human Betterment*, The British Association for the Advancement of Science.（嵯峨座晴夫監訳『ヒューマン・ベターメントの経済学』勁草書房，1989）．
- Bremond, Claude (1964), "Le Message Narratif", *Communication*, Vol. 8.（阪上脩訳「物語のメッセージ」，『物語のメッセージ』審美社，1975，pp.7-64）．
- Cantor, Joanne & Pat Venus (1980), "The Effect of Humor on Recall of a Radio Advertisement", *Journal of Broadcasting*, Vol. 24, pp. 13-22.
- Carlzon, Jan (1985), *Riv Pyramiderna*, Albert Bonniers Förlag AB.（堤猶二訳『真実の瞬間』ダイヤモンド社，1990）．
- Chandler, Alfred D., Jr. (1962), *Strategy and Structure : Chapters in the History of the Industrial Enterprise*, The M. I. T. Press.（三菱経済研究所訳『経営戦略と組織：米国企業の事業部成立史』実業之日本社，1967）．
- Chartier, Roger (1991), *The Cultural Origins of The French Revolution*, Duke University Press.（松浦義弘訳『フランス革命の文化的起源』岩波書店，1994））．
- Chattopadhyay, Amitava & Kunal Basu (1990), "Humor in Advertising : The Moderating Role of Prior Brand Evaluation", *Journal of Marketing Research*, Vol. 27, November, pp. 466-476.
- Christensen, Clayton M. (1997), *The Innovator's Dilemma*, Harvard Business School.（伊豆原弓訳『イノベーションのジレンマ』翔泳社，2000）．
- Claeys, C., A. Swinnen & P. Vanden Abeele (1995), "Consumers' means-end chains for 'think' and 'feel' products", *International Journal of Research in Marketing*, 12, pp. 193-208.
- Davis, Fred (1992), *Fashion, Culture, and Identity*, The University of Chicago

Press.
- Duncan, Calvin P. (1979), "Humor in Advertising : A Behavioral Perspective", *Journal of the Academy of Marketing Science.* Vol. 7, No. 4, pp. 285-306.
- Duncan, Calvin P. & James E. Nelson (1985), "Effects of Humor in a Radio Advertising Experiment", *Journal of Advertising* , Vol. 14 No. 2, pp. 33-40.
- Dundes, Alan (1964), *The Morphology of North American Indian Folktales*, Helsingin Liikekirjapaino oy. (池上嘉彦他訳『民話の構造：アメリカ・インディアンの民話の形態論』大修館書店，1980）．
- Eagleton, Terry (1983), *Literary Theory : An Introduction*, Basil Blackwell. (大橋洋一訳『文学とは何か：現代批評理論への招待』岩波書店，1985）．
- Eco, Umberto (1979), *Lector in Fabula*, Bompiani. (篠原資明訳『物語における読者』青土社，1993）．
- Elias, Norbert (1970), *Was Ist Soziologie?*, Juventa Verlag. (徳安彰訳『社会学とは何か：関係構造・ネットワーク形成・権力』法政大学出版局，1994）．
- Ewen, Stuart & Elizabeth Ewen (1982), *Channels of Desire*, McGraw-Hill Book Company. (小沢瑞穂訳『欲望と消費：トレンドはいかに形づくられるか』晶文社，1988）．
- Ewen, Stuart (1988), *All Consuming Images : The Politics of Style in Contemporary Culture*, Basic Books, Inc. (平野秀秋・中江桂子訳『浪費の政治学：商品としてのスタイル』晶文社，1990）．
- Finkelstein, Joanne (1996), *After a Fashion*, Melbourne University Press. (成実弘至訳『ファッションの文化社会学』せりか書房，1998）．
- Firat, A. Fuat (1985), "A Critique of the Orientations in Theory Development in Consumer Behavior : Suggestions for the Future", *Advances in Conseumer Research*, Vol. 12, pp. 3-6.
- Galbraith, John Kenneth (1976) , *The Affluent Society, Third Edition*, Houghaton Mifflin Company. (鈴木哲太郎訳『豊かな社会』岩波書店，1978）．
- Gay, Paul du, Stuart Hall, Linda Janes, Hugh Mackay, & Keith Negus (1997), *Doing Cultural Studies : The Story of Sony Walkman*, Sage Publication

Ltd.（暮沢剛巳訳『実践カルチュラル・スタディーズ：ソニー・ウォークマンの戦略』大修館書店，2000）．
- Gelb, Betsy D. & George M. Zinkhan (1986), "Humor and Advertising Effectiveness after Repeated Exposures to A Radio Commercial", *Journal of Advertising*, Vol. 15 No. 2, pp. 15-20.
- Girard, René (1961), *Mensonge Romantique et Verite Romanesque*, Bernard Grasset.（古田幸男訳『欲望の現象学：ロマンティークの虚偽とロマネスクの真実』法政大学出版局，1971）．
- Goffman, Erving (1959), *The Presentation on Self in Everyday Life*, Doubleday & Company Inc.（石黒毅訳『行為と演技：日常生活における自己呈示』誠信書房，1974）．
- Grubb, E. L. & H. L. Grathwohl (1967), "Consumer Self-Concept, Symbollism and Market Behavior : A Theoretical Approach", *Journal of Marketing*, 31, pp. 22-27.
- Grunert, Klaus G. & Suzanne C. Grunert (1995), "Measuring subjective meaning structures by the laddering method : Theoretical considerations and methodological problems", *International Journal of Research in Marketing*, 12, pp. 209-225.
- Gutman, Jonathan (1982) "A Means-End Chain Model Based on Consumer Categorization Processes", *Journal of Marketing*, Vol. 46 (Spring), pp. 60-72.
- Gutman, Jonathan (1990), "Adding Meaning to Values by Directly Assessing Value-Benefit Relations", *Journal of Business Research*, 20, pp. 153-160.
- Gutman, Jonathan (1997), 'Means-End Chains as Goal Hierarchies", *Psychology & Marketing*, Vol. 14-6, pp. 545-560.
- Hamel, Gary & Prahalad C. K. (1994), *Competing for The Future*, Harvard Business School Press.（一條和生訳『コア・コンピタンス経営：大競争時代を勝ち抜く戦略』日本経済新聞社，1995）．
- Hammer, Michael & James Champy (1993), *Reengineering The Corporation: A Manifesto for Business Revolution*（野中郁次郎監訳『リエンジニアリング

革命：企業を根本から変える業務革新』日本経済新聞社，1993）.
- Hartley, Robert F. (1998), *Marketing Mistakes And Successes, 7th Edition*, John Wiley & Sons, Inc.
- Holbrook, Morris B. (1987), "O, Consumer, How You've Changed : Some Radical Reflections on the Roots of Consumption", A. Fuat Firat, Nikhilesh Dholakia & Richard P. Bagozzi ed., *Philosophical and Radical Thought in Marketing*, Lexington Books.
- Holbrook, Morris B. (1999), "Introduction to consumer value", Morris B. Holbrook ed., *Consumer Value : A framewok for analysis and research*, Routledge.
- Illich, Ivan (1981), *Shadow Work*, Marion Boyars.（玉野井芳郎・栗原彬訳『シャドウ・ワーク』岩波書店，1998）.
- Kotler, Philip (1994), *Marketing Management : Analysis, Planning, Implementation, and Control : Eighth Edition*, Prentice-Hall, Inc.
- Keller, Kevin Lane (1998), *Strategic Brand Management*, Prentice-Hall, Inc.（恩蔵直人・亀井昭宏訳『戦略的ブランド・マネジメント』東急エージェンシー，2000）.
- Levitt, Theodore (1962), *Innovation in Marketing : New Perspectives for Profit and Growth*, McGraw-Hill Book Company.（土岐坤訳『マーケティングの革新：未来戦略の新視点』ダイヤモンド社，1983）.
- Madden, Thomas J. & Marc G. Weinberger (1984), " Humor in Advetising : A Practitioner View", *Journal of Advertising Research* , Vol. 24 No. 4, pp. 23-29.
- Mahajan, Vijay, Eitan Muller, & Frank M. Bass (1990), "New Product Diffusion Models in Marketing : A Review and Directions for Research", *Journal of Marketing*, Vol. 54, January, pp. 537-555.
- Mason, Roger (1998), *The Economics of Conspicuous Consumption*, Edward Elger.（鈴木信雄・高哲男・橋本努訳『顕示的消費の経済学』名古屋大学出版会，2000）.
- McCarthy, E. Jerome (1975), *Basic Marketing : A Managerial Approach (5ed.)*,

Richard D. Irwin, Inc.（粟屋義純監訳『ベーシック・マーケティング』東京教学社，1978）．
- McCracken, Grant (1988), *Culture and Consumption : New Approaches to Symbolic Character of Consumer Goods and Activities*, Indiana University Press.（小池和子訳『文化と消費とシンボルと』勁草書房，1990）．
- McGhee, Paul E. (1979), *Humor : Its Origin and Development*, W. H. Freeman & Company.（島津一夫監訳，石川直弘訳『子供とユーモア：その発達と起源』誠信書房，1999）．
- Merleau-Ponty, Maurice (1945), *Phénoménologie De La Perception*, Gallimard（竹内芳郎・小木貞孝訳『知覚の現象学・第Ⅰ巻』みすず書房，1967）．
- Merton, Robert K. (1957), *Social Theory and Social Structure*, The Free Press.（森東吾・森好夫・金沢実・中島竜太郎訳『社会理論と社会構造』みすず書房，1961）．
- Mick, David G. (1987), "Toward a Semiotic of Advertising Story Grammars", Sebeok, Jean Umiker (ed.) *Marketing and Semiotics*, Mouton de Gruyter, pp. 249-278.
- Minsky, Marvin, (1986), *The Society of Mind*, Simon & Schuster.（安西祐一郎訳『心の社会』産業図書，1990）．
- Morreall, John (1983), *Taking Laughter Seriously*, State University of New York Press.（森下伸也訳『ユーモア社会を求めて：笑いの人間学』新曜社，1995）．
- Nelson, Phillip (1974), "Advertising as Information", *Journal of Political Economy*, Vol. 82 No. 4, pp. 729-754.
- Nonaka, Ikujiro & Hirotaka Takeuchi (1995), *The Knowledge Creating Company : How Japanese Companies Create the Dynamics of Innovation*, Oxford University Press, Inc.（梅本勝博訳『知識創造企業』東洋経済新報社，1996）．
- Nöth, Winfried (1987), "Advertising : The Frame Message", Jean U. Sebeok ed., *Marketing and Semiotics*, Mouton de Gruyter, pp. 279-294.
- Nystrom, Paul H. (1928), *Economics of Fashion*, The Ronald Press.

- Pascale, Richard T. (1984), "Perspectives on Strategy : The Real Story Behind Honda's Success", *California Management Review*, Vol. 26-No. 3, Spring, pp. 47-72.
- Pine, B. Joseph & James H. Gilmore (1999), *The Experience Economy*, Harvard Business School Press. (電通・経験経済研究会訳『経験経済：エクスペリエンス・エコノミー』流通科学大学出版，2000).
- Propp, Vladimir Ja. (1928), *Morfologija Skazaki 2e*, Москва, Наука, 1969. (北岡誠司・福田美智代訳『昔話の形態学』水声社，1987).
- Rapp, Stan & Tom Collins (1990), *The Great Marketing Turnaround*, Prentice-Hall, Inc. (江口馨訳『個人回帰のマーケティング：究極の「顧客満足」戦略』ダイヤモンド社，1992).
- Reynolds, Thomas J. & Jonathan Gutman (1988), "Laddering Theory, Method, Analysis, and Interpretation", *Journal of Advertising Research*, 28 (1), pp. 11-31.
- Rogers, Everett M. (1982), *Diffusion of Innovations : Third Edition*, The Free Press. (青池慎一・宇野善康監訳『イノベーション普及学』産能大学出版部，1990).
- Roselle, Bruno du (1980), *La Mode*, Imprimerie nationale Editions. (西村愛子訳『20世紀モード史』平凡社，1995).
- Samuelson, Paul A. (1976), *Economics 10th ed.*, McGraw-Hill, Inc. (都留重人訳『経済学』岩波書店，1977).
- Schmitt, Bernd H. & Alexander Simonson (1997), *Marketing Aesthetics : The Strategic Management of Brands, Identity, and Image*, The Free Press. (河野龍太訳『「エスセティクス」のマーケティング戦略："感覚的経験"によるブランド・アイデンティティの戦略的管理』プレンティスホール出版，1998).
- Schmitt, Bernd H. (1999), *Experiential Marketing*, The Free Press. (嶋村和恵・広瀬盛一訳『経験価値マーケティング：消費者が「何か」を感じるプラスαの魅力』ダイヤモンド社，2000).
- Schumpeter, Joseph A. (1926), *Theorie der Wirtschaftlichen Entwicklung, 2.*

(塩野谷祐一・中山伊知郎・東畑精一訳『経済発展の理論(上)』岩波文庫，1977).

- Schutz, Alfred (1970), *On Phenomenology and Social Relations*, The University of Chicago Press. (森川眞規雄・浜日出夫訳『現象学的社会学』紀伊國屋書店，1980).
- Simmel, Georg (1911), *Philosophische Kultur*, Alfred Köner. (円子修平・大久保健治訳『文化の哲学』ジンメル著作集・7，白水社，1976).
- Solomon, Michael R. (1983), "The Role of Products as Social Stimuli : A Symbolic Interactionism Perspective", *Journal of Consumer Research*, Vol. 10, pp. 319-329.
- Spector, Robert & Patrick D. MaCarthy (1995), *The Nordstrom Way : The Inside Story of America's #1 Customer Service Company*, John Wiley & Sons, Inc. (山中鑽監訳，犬飼みずほ訳『ノードストローム・ウェイ』日本経済新聞社，1996).
- Spotts, Harlan E., Marc G. Weinberger, & Amy L. Parsons (1997), "Assessing the Use and Impact of Humor on Advertising Effectiveness : A Contingency Approach", *The Journal of Advertising*, Vol. 26 No. 3, pp. 17-32.
- Sternthal, Brian & C. Samuel Craig (1973), "Humor in Advertising", *Journal of Marketing*, Vol. 37, pp. 12-18.
- Stone, Elaine & Jean A. Samples (1985), *Fashion Merchandising : An Introduction*. (樫村志保訳『アメリカ・ファッション・ビジネス全知識』丹青社，1988).
- Suls, Jerry (1983), "Cognitive Processes in Humor Appreciation", Paul E. McGhee & Jeffrey H. Goldstein ed., *Handbook of Humor Research*, Springer-Verlag Inc., pp. 39-57.
- Tarde, Gabriel (1890), *Les Lois de L'imitation*. (風早八十二訳『模倣の法則』而立社，1924).
- Tedlow, Richard S. (1990), *New and Improved : The Story of Mass Marketing in America*, Basic Books, Inc. (近藤文男監訳『マス・マーケティング史』ミネルヴァ書房，1993).

- Veblen, Thorstein (1899), *The Theory of Leisure Class : An Economic Study in the Evolution of Institutions*. （小原敬士訳『有閑階級の理論』岩波文庫，1961）.
- Weinberger, Marc G., Harlan Spotts, Leland Campbell, & Amy L. Parsons (1995), "The Use and Effect of Humor in Different Advertising Media", *Journal of Advertising Research*, Vol. 35, pp. 44-56.
- Xenos, Nicholas (1989), *Scarcity and Modernity*, Routledge. （北村和夫・北村三子訳『希少性と欲望の近代：豊かさのパラドックス』新曜社，1995）.
- Zhang, Yong (1996), "Resposes to Humorous Advertising : The Moderating Effect of Need for Cognition", *The Journal of Advertising*, Vol. 25 No. 1, pp. 15-32.

索　引

ア行

IBM　184, 186
iモード　187-188
異化効果　114-116, 136
依存効果　100, 117
意図せざる結果　195
因果関係の輪　75-76
ウォークマン　204
写ルンです　150
エコロジカル・マーケティング　94
NTTドコモ　187-188
延期－投機の原理　180
オートクチュール　19-20, 52-53, 101
オープン・コンティンジェンシー構造
　　128, 135-136, 143-144

カ行

外示　137, 206
外的なフレーム・メッセージ　140-141
学習理論　159-160
覚醒仮説　157
カシオ　189
家事労働のパラドクス　57
カフェ・フロリアン　183
環境志向のマーケティング　94
還元論　104
観点　130-137, 144
記号　114, 116, 118-120, 131, 195
キヤノン　110
球面発想　44
共示　138

競争地位　180
競争的使用価値　90-91, 103, 105-108, 111,
　　117
キリン　110
偶有性　69, 111, 119, 122, 136, 143
クチュール・ハウス　47
グリーン・マーケティング　94
クリスマス　7
経験価値　183
啓蒙思想の書物　119
限定された情報処理能力　210
コア・コンピタンス　179-181
行為のシステム　26
「広告」のフレーム　163-165
広告量　161, 166
高度大衆消費時代　2
購買関与　66, 68
コーズリレイティッド・マーケティング
　　94
午後の紅茶　110
コンティンジェンシー理論　128

サ行

サービス伝説　198-199
差異化　25, 34-35, 44, 53
再帰的　77, 175, 142, 193
サウスウエスト航空　199
産業資本の運動過程　9-11
3.5インチドライブ　184-186
サントリー　149-150
シーゲート・テクノロジー　184
事業の定義　71, 182-183, 189-190

市場調査 6, 92, 186
辞書編纂型ルール 64-65
自省的な行為の主体 15, 39, 44, 54, 209
自足性 154
自足的 158, 170, 173, 212
持続的技術 185
質的な需給マッチング 97
シャープ 189
社会志向のマーケティング 94
社会的に動機づけられた消費 26
シャドウ・ワーク 56-57, 65-66
手段－目的の連鎖 66-70, 73-78, 130
循環する解釈の軌道 143-146
循環する関係 75-86, 143, 146, 168, 193, 197, 208, 210
準拠集団 33, 53
使用価値 90-91, 134
商業資本の運動過程 8-11
消費社会 2
消費者志向モデル 91-96, 117
消費者情報処理のプロセス 62-64
消費のモデル 33, 37-38, 42, 44-50, 54
消費欲望 78, 82, 89, 120
消費欲望の二面的性格 103, 107, 117
情報 120
情報格差 181, 190
情報源効果 160
情報伝達型のコミュニケーション 176, 194-197, 208-209
スカンジナビア航空 199
ストックの情報 197
斉合化 60, 80, 97
精緻化見込みモデル 155-156
製品ライフサイクル 180
セグメンテーション 92
ゼネラル・モーターズ（GM）社 4, 34
ゼログラフィー技術 186
ゼロックス社 186
潜在的機能 169
洗面ボール 109
創造的瞬間 76, 81
ソーシャル・マーケティング 94
SONY 203-205

タ行

ターゲティング 92
対話 188
対話としての競争 189
他者性と主体性の相克 42, 44
遅延化 126
知覚のサブ・プロセス 63
知識創造 184
注意分散効果仮説 159
T型フォード 4, 33-34
ティファニー 48-49
ティファニー7 110
適応性水準理論 157
適合化 80
テクスト 122
電卓事業 189
同定される自己 40
同定する自己 40
東陶機器 109
東レ 110
豊島園 162
トリクル・アクロス 29-30
トリクル・アップ 29-30
トリクル・ダウン理論 24-25, 27-29, 37-38, 53
トレーシー 110

ナ行

内的なフレーム・メッセージ 140-141
ノードストロム百貨店 199
NOVA 149

ハ行

ハードディスクドライブ 184-186
ハーレーダビッドソン 133-134
媒介された説得 49

破壊的技術　185, 190
パジェロ　110
反情報　154, 170, 173, 212
PHS　49
百貨店　6
評価のサブ・プロセス　63, 65
ファッション　3, 20-24, 52-53
普及研究　22
富士写真フィルム　150
ブランド　6, 82-84, 133-134, 202-207
フレーム　137, 139, 163
フレーム・メッセージ　140-142
フローの情報　197
ペプシマン　149
変数のシステム　26
ポジショニング　92
ボス　149

マ行

マーケティング　1, 177
マーケティング・コミュニケーション　15-17, 44-51, 86, 147, 208-214
マーケティングの二重性　13
マーケティング・ミックス　92
マクドナルド　202

三菱自動車　110
無限後退　40, 167, 170, 193, 209-210
メタ観点　136
モデル読者　115, 139
物語　122-123
物語構造　123-124
模倣　25, 31-34, 44, 53
モルツ　150

ヤ行

ヤマハ　110
ユーモア　148, 150-154
欲望の三角形　25, 97

ラ行

ライフスタイル　20, 83-84
ラダリング法　72-75
リフレクティブ・フロー　17, 175-176, 193-198, 201-202, 206-214
量的な需給マッチング　97
連結型ルール　64-65
ロシア・フォルマリズム　114, 123

ワ行

ワードタンク　110

■ 著者略歴

栗木　契（くりき　けい）
　1966年　ペンシルベニア州フィラデルフィアに生まれる
　1991年　神戸大学経営学部卒業
　1997年　神戸大学大学院経営学研究科博士課程修了（博士（商学））
　1997年　岡山大学経済学部講師，同助教授を経て
　2003年　神戸大学大学院経営学研究科助教授（2007年より准教授）

主要著作
『ビジネス三國志』プレジデント社（共著），2009
『売れる仕掛けはこうしてつくる』日本経済新聞社（共編著），2006
『仮想経験のデザイン』有斐閣（分担執筆），2006
『ゼミナール・マーケティング入門』日本経済新聞社（共著），2004
『製品・ブランド戦略：現代のマーケティング戦略①』有斐閣（分担執筆），2004
『インターネット社会のマーケティング』有斐閣（分担執筆），2002
『マーケティング・ダイアログ』白桃書房（分担執筆），1999
『マーケティング・インタフェイス』白桃書房（分担執筆），1998
『マーケティング・ダイナミズム』白桃書房（分担執筆），1996

■ リフレクティブ・フロー
　－マーケティング・コミュニケーション理論の新しい可能性－　〈検印省略〉

■ 発行日──2003年2月6日　初版第1刷発行
　　　　　　2009年7月6日　初版第4刷発行

■ 著　者──栗木　契

■ 発行者──大矢栄一郎

■ 発行所──株式会社　白桃書房
　　　　　　〒101-0021　東京都千代田区外神田5-1-15
　　　　　　☎03-3836-4781　📠03-3836-9370　振替00100-4-20192
　　　　　　http://www.hakutou.co.jp/

■ 印刷／製本──藤原印刷

　　© Kei Kuriki 2003　Printed in Japan
　　ISBN978-4-561-66129-0 C3063

JCOPY 〈㈳出版者著作権管理機構　委託出版物〉

本書の無断複写は著作権法上での例外を除き禁じられています。複写される場合は，そのつど事前に，㈳出版者著作権管理機構（電話 03-3513-6969，FAX 03-3513-6979，e-mail: info@jcopy.or.jp）の許諾を得てください。

落丁本・乱丁本はおとりかえいたします。

好 評 書

石井淳蔵・石原武政編著
マーケティング・インタフェイス
　　―開発と営業の管理― 　　　　　　　　　本体3800円

石井淳蔵・石原武政編著
マーケティング・ダイアログ
　　―意味の場としての市場― 　　　　　　　本体3300円

D.A.アーカー　共著　石井　淳蔵　訳
G.S.デイ　　　　　　野中郁次郎
マーケティング・リサーチ
　　―企業と公組織の意思決定― 　　　　　　本体4960円

武井　寿著
解釈的マーケティング研究
　　―マーケティングにおける「意味」の基礎理論的研究― 　本体3300円

豊島　襄著
解釈主義的ブランド論 　　　　　　　　　本体2200円

坂下昭宣著
組織シンボリズム論
　　―論点と方法― 　　　　　　　　　　　　本体3000円

田村正紀著
立地創造
　　―イノベータ行動と商業中心地の興亡― 　本体3400円

小川進著
競争的共創論
　　―革新参加社会の到来― 　　　　　　　　本体2500円

金井壽宏著
変革型ミドルの探求
　　―戦略・革新指向の管理者行動― 　　　　本体4800円

沼上　幹著
行為の経営学
　　―経営学における意図せざる結果の探究― 　本体3300円

――――――――――― 白 桃 書 房 ―――――――――――

本広告の価格は本体価格です。別途消費税が加算されます。